Biblioteca Germán Carrera Damas | *5*

Edición exclusiva impresa bajo demanda por CreateSpace, Charleston SC.

Editorial Alfa
Apartado postal 50.304. Caracas 1050, Venezuela
Telf.: [+58-212] 762.30.36 / Fax: [+58-212] 762.02.10
e-mail: contacto@editorial-alfa.com
www.editorial-alfa.com

ISBN: 978-980-354-296-2

Diseño de colección
Ulises Milla Lacurcia

Diagramación
Rozana Bentos Pereira

Corrección
Henry Arrayago

Imagen de portada
© Ramón Lepage / Orinoquiaphoto

Printed by CreateSpace, An Amazon.com Company

Germán Carrera Damas

El bolivarianismo-militarismo, una ideología de reemplazo

EDITORIAL
ALFA

ÍNDICE

PRÓLOGO

Este libro plantea a su autor, como historiador, un serio problema ético. Éste nace del hecho de que su texto central es el instructivo para un Seminario de graduados impartido en el Center for Latin American Studies de la Universidad de Florida, en su sede de Gainesville, durante el semestre de otoño de 2000. Este texto, reproducido sin modificación alguna, pareció anticiparse al desarrollo de acontecimientos que apenas se esbozaban. Así fue visto por colegas y no pocos de los participantes en el Seminario. Cinco años después, al prologar la primera edición impresa del mencionado instructivo, acompañado de los otros textos incluidos también en el presente volumen, cerré con un párrafo que transcribo: "La continuidad conceptual que puede apreciarse en estos textos se corresponde con la permanente preocupación de su autor por el destino de la democracia en Venezuela, enfrentada ahora a una antihistórica alianza entre los remanentes del socialismo autocrático, el bolivarianismo practicado como la segunda religión de los venezolanos y el militarismo decimonónico sobreviviente."

El problema ético al que me enfrento consiste en que el haber tenido, entonces razón, como historiador, no me consuela como ciudadano venezolano. Confieso que más me complacería, hoy, el haberme equivocado.

Pero, volviendo por sus fueros el historiador, debo confesar también que la que entonces pude considera una visión histórica avanzada, ha sido recortada en su alcance por la realidad. Lo que hoy vivimos los venezolanos no es ya el falseamiento de la Democracia en lo concerniente al Estado y a los organismo de mando, -que no de Gobierno-. Vivimos el trance de la demolición de la República, mediante el intento de volver a secuestrar la Soberanía popular, rescatada inicialmente en 1946; y de nuevo en 1959. Se pretende secuestrarla, desnaturalizándola primero y obviándola luego, porque se ha revelado como la única fuente de legalidad y legitimidad de la formación, el ejercicio y la finalidad del Poder público.

Enriquezco, igualmente, mi visión inicial de la cuestión estudiada en el Seminario, subrayando el hecho de que el adelantamiento de la conspiración contra la Democracia, -y por ende contra la Libertad,- y ahora el propósito de demoler la República, han conducido a que en el presente que está siendo los venezolanos hemos aprendido, gracias al empeñoso y heroico ejercicio de la Soberanía popular, que la Democracia ha llegado a ser, para los venezolanos, asunto de la sociedad y no de los regímenes políticos. Ha quedado comprobado que la Democracia ha arraigado en la sociedad venezolana. Así la vivimos y practicamos, con nuestra determinación soberana, hombres y mujeres, jóvenes y viejos, de todos los sectores sociales, que en forma crecientemente mayoritaria hemos sido, somos y seremos capaces de sobreponernos a todas las trabas con que ha tropezado el ejercicio de la Soberanía popular.

Hasta el punto de que si diera un nuevo título a este volumen, habría de ser algo así como "El bolivarianismo-militarismo, una frustrada ideología de reemplazo".

G.C.D.

Caracas, enero de 2011

INTRODUCCIÓN

La crisis vivida por la democracia venezolana es estudiada desde diversos puntos de vista que representan la política practicante, la sociología, las ciencias políticas, la psicología y la historia, si bien predomina la visión de la política practicante.

Como historiador quiero hacer un llamado a mis colegas, para trabajar por la mejor comprensión de la crisis de la democracia venezolana; un llamado al ejercicio del espíritu crítico y a la valoración de los acontecimientos con arreglo al sentido histórico. Para el efecto he intentado situar el fenómeno que denomino *el bolivarianismo-militarismo como ideología de reemplazo* en el continuo del tiempo histórico, a la vez que he introducido algunos referentes comparativos.

Mi preocupación por esta materia ha sido una constante en el ejercicio de mi profesión, como lo prueban los textos aquí recogidos, precedidos por la publicación, hace ya más de tres décadas, de mi obra *El culto a Bolívar*, seguida de varios ensayos y ponencias que preceden los aquí recogidos.

De allí que la presente compilación reúne las expresiones más recientes de mi interés profesional por el uso del prestigio histórico de Simón Bolívar, con fines ideológicos más o menos coherentes o crudamente políticos.

El primero de estos textos, intitulado «Alternativas ideológicas en América Latina contemporánea. (El caso de Venezuela: el bolivarianismo-militarismo)», es el documento primario que propuse, en febrero-marzo de 2001, a los participantes en un seminario de posgrado dictado en el Centro de Estudios Latinoamericanos de la Universidad de Florida, durante mi desempeño en la Bacardí Family Chair for Eminent Scholars, en Gainesville. En el seminario fueron estudiados los casos de Venezuela, Colombia, Argentina, Perú, México y Cuba.

El segundo texto, intitulado «El bolivarianismo-militarismo como ideología de reemplazo», está basado en el texto precedente. Con el propósito de someter a discusión en auditorios formados por colegas y graduandos las ideas básicas del primer texto, fue presentado en el Instituto de Estudios Latinoamericanos de la Universidad de Londres, en un seminario dictado el 27 de febrero de 2002. También fue presentado en la Universidad de Massachusetts-Amherst, EE.UU., en un seminario dictado el 11 de febrero de 2003.

El tercer texto, intitulado «El legado oculto de Simón Bolívar. (Sobre el bolivarianismo-militarismo como ideología de reemplazo)», es una versión ampliada y revisada de mi intervención en el Coloquio «Perspectives on Simón Bolívar», celebrado durante los días 12 y 13 de marzo de 2000, con motivo de la inauguración de la Sala Simón Bolívar de The John Carter Brown Library, en Brown University, Rhode Island, Estados Unidos de Norteamérica.

El cuarto texto, intitulado «Dos legados ocultos y un mensaje tácito. (De José Gil Fortoul y Simón Bolívar)», es el de la Conferencia José Gil Fortoul, dictada en la Academia Nacional de la Historia, en Caracas, el 24 de octubre de 2002.

El quinto texto, intitulado «Simón Bolívar: ideologización e historiografía», es el esquema utilizado para una charla dictada en la Escuela de Historia de la Facultad de Humanidades y Educación, de la Universidad Central de Venezuela, en Caracas, el 23 de julio de 2003.

El sexto y último texto, intitulado «Bolívar, la revolución de la Independencia y la creación del sistema republicano», corresponde a una conferencia dictada con motivo de la celebración del Primer Módulo Itinerante de la Cátedra de Historia de Iberoamérica, Red Andina de Apoyo, promovido por la Organización de Estados Iberoamericanos para la Educación, la Ciencia y la Cultura, celebrado en la Universidad Andina Simón Bolívar, Sede Ecuador, en Quito, del 9 al 12 de diciembre de 2003.

La continuidad conceptual que puede apreciarse en estos textos se corresponde con la permanente preocupación de su autor por el destino de la democracia en Venezuela, enfrentada ahora a una antihistórica alianza entre los remanentes del socialismo autocrático, el bolivarianismo practicado como la segunda religión de los venezolanos y el militarismo decimonónico sobreviviente.

G.C.D.
Caracas, 2005

ALTERNATIVAS IDEOLÓGICAS EN AMÉRICA LATINA CONTEMPORÁNEA[*]

(El caso de Venezuela: el bolivarianismo-militarismo)

ADVERTENCIA

El presente texto, intitulado «Alternativas ideológicas en América Latina contemporánea. El caso de Venezuela: el bolivarianismo-militarismo», es el desarrollo primario del instructivo elaborado para motivar el seminario de graduandos que, con la misma denominación, impartió el autor durante el semestre de otoño de 2000 en el Center for Latin American Studies de la Universidad de Florida, en Gainesville, donde se desempeñó como profesor visitante de la Cátedra de la Familia Bacardí para Estudiosos Eminentes, en el lapso enero 2000 a junio 2001.

Por consiguiente, este no es el resultado de una investigación diseñada como tal, sino antes bien una especie de vuelo rasante sobre una temática de interés histórico-contemporáneo. He tenido el cuidado de respaldar en lo posible las aproximaciones de conocimientos que adelanto. Esto explica el sumario aparato de notas y textos de apoyo, destinado a estimular en el lector la apreciación crítica tanto del fenómeno estudiado como de las mencionadas aproximaciones de conocimiento.

Merece especial mención la contribución de los participantes del seminario, quienes al estudiar la cuestión de las ideologías de reemplazo en diversos teatros históricos latinoamericanos, y al intervenir en las discusiones correspondientes, estimularon en mí la comprensión crítica del fenómeno estudiado.

Igualmente agradezco la colaboración de Jeremy D. Cohen, asistente de investigación de la cátedra, tanto en la elaboración del texto como en su diseño y edición.

G.C.D.
Gainesville, FL., marzo de 2001

---

[*] Ponencia básica para un seminario dictado en la Universidad de Florida, Centro de Estudios Latinoamericanos, Cátedra de la Familia Bacardí para Investigadores Eminentes. Gainesville, FL., Estados Unidos de Norteamérica, semestre de otoño de 2000.

UNA IDEOLOGÍA DE REEMPLAZO

Sin recurrir como explicación a la que convencionalmente ha sido denominada, en otras ocasiones, «la crisis de las ideologías», parece posible considerar que en América Latina, como en otras partes del mundo, se vive un estado de aguda desorientación ideológica, si es que no de franco extravío ideológico. Es indicio de esta situación el hecho de que en el lenguaje político se han vuelto comunes expresiones tales como «agotamiento del modelo», «crisis de la democracia» y «neomilitarismo»; y han recobrado vigencia expresiones tales como «autoritarismo», «autocracia», «oligarquía» y «continuismo», que fueron usuales en el siglo XIX y buena parte del XX.

Por lo general estas expresiones son empleadas, en la retórica política y en el periodismo, con muy poco rigor conceptual, y muchas veces, estableciendo entre ellas una forzada sinonimia. Hasta el punto de que esta práctica llega, con frecuencia, al extremo de no representar sino intentos groseros de conceptuar situaciones sociopolíticas en cuya comprensión parece haberse prescindido de conceptos ideológico-políticos específicos, y se adoptan términos, fuera de su contexto, tomados de la seudociencia económica, tales como «modelo» y «globalización»; o el seductor hallazgo de las ciencias políticas: «la gobernabilidad». Quizás la novedad de este procedimiento consiste en que los términos empleados son tomados como claves explicativas suficientes, a diferencia de lo que sucedió con el empleo de otros términos genéricos, tales como «desarrollismo» y «dependencia», que estuvieron por lo general subordinados a significados políticos acreditados, tales como «democracia» y «dictadura».

Es posible afirmar que la explicación de este estado de desconcierto y confusión terminológica radica en las repercusiones de la tormenta, padecida por el universo ideológico, a fines del siglo XX. En efecto, al ser superado en gran parte, a mediados de ese siglo, el uso de las rudimentarias y tradicionales denominaciones de «izquierda», «centro» y «derecha», que habían sido establecidas con referencia al liberalismo decimonónico, por el uso de las establecidas tomando como punto de referencia extremo el denominado «socialismo marxista-leninista», el lenguaje político se cargó de expresiones tales como «comunismo», «socialismo», «socialdemocracia» y «socialcristianismo». Se estableció de esta manera una situación de notable concisión terminológica, si bien de no siempre firme precisión conceptual, que prevaleció durante la segunda mitad del siglo XX. Parece comprobable que esa seguridad en el discurso se ha perdido desde que afloró la crisis general del socialismo, delatada por la quiebra del denominado «socialismo autocrático», así denominado para echarle un salvavidas al socialismo[1].

Para apreciar mejor el alcance del cambio así ocurrido, cabe tener en cuenta que incluso formulaciones políticas de alcance nacional revestidas de pretensiones ideológicas, como lo fueron el «varguismo» en Brasil y el «peronismo» en Argentina, requerían de la gama ideológico-política apoyada en el extremo representado por el marxismo-leninismo no sólo para legitimarse sino incluso para hacerse inteligibles.

La situación de desorientación ideológica que viven las sociedades latinoamericanas no carece de antecedentes históricos. Quizás sea de intensidad comparable a la vivida por esas sociedades en dos ocasiones durante el siglo XIX. Efectivamente, durante casi toda la primera mitad del siglo ellas lidiaron con las consecuencias de la abolición de la monarquía y del lento desvanecimiento de la conciencia monárquica socializada, orgánicamente vinculada con la conciencia cristiana católica. Durante la segunda mitad del siglo vivieron tales sociedades las repercusiones de la definitiva demolición de la institucionalidad colonial y de la instauración del ordenamiento republicano, envueltas en la disputa sobre el liberalismo.

De esta manera, mientras el siglo XX significó para las sociedades latinoamericanas un sostenido esfuerzo por institucionalizar el orden sociopolítico republicano, inspirándose de manera lata en el ideario liberal, si bien cargado de contenidos socialistas en lo tocante sobre todo a los derechos sociales y económicos, hoy parece posible percibir en América Latina una tendencia a buscar salidas a la desorientación ideológica mediante la adopción de las que cabría denominar «ideologías de reemplazo», suerte de confusas alternativas ideológico-políticas validas de procedimientos que combinan el más rancio autoritarismo con la más desenfadada demagogia, y cargadas de contenidos liberales y socialistas, si bien estos últimos han sido hasta ahora más bien retóricos[2].

Algunos observadores consideran fugaz el fenómeno descrito como «ideología de reemplazo» y, por lo mismo, de escasa o muy limitada significación. No se puede subestimar el hecho de que en el caso del «bolivarianismo-militarismo» coinciden los dos componentes de la fórmula, que podríamos calificar de tradicionales, con un cuadro de circunstancias del acontecer político, tanto internacional como nacional, que, dada la precariedad de la fórmula, pueden incidir de manera determinante tanto en la integridad de la definición primaria de esa ideología de reemplazo como en su duración. Esta perspectiva fue expuesta con toda claridad por el dirigente guerrillero Nelson Sánchez («Harold»): «...tenemos que mantenernos vigilantes con el proceso y con el rumbo que lleva, pero también tenemos que ser pacientes por la misma dinámica del proceso internacional (...) precisamente porque este proceso tiene mucho que ver con lo internacional...», lo que obliga a estar atentos a «...los reacomodos de la política internacional...». Pero la dificultad mayor parece proceder del frente interno: «...Un elemento importante es que la presencia de otros sectores, además del MBR-200 (Movimiento Bolivariano Revolucionario integrado por 200 oficiales), incorporó nuevos intereses. Esos sectores se sumaron en función de sus proyectos, que tienen coincidencias y también diferencias con nuestro proyecto original. Es por esas diferencias que no se ha logrado desarrollar una ideología sólida que coincida plenamente con el proyecto original de la Revolución bolivariana»[3].

Otros observadores alegan la comprobación objetiva de que tales recursos ideológicos carecen de organicidad en su formulación y de sistematicidad en su aplicación[4]. Esta es materia de discusión: llevada al extremo tal concepción de ideología, su existencia quedaría limitada a tiempos recientes y en sociedades desarrolladas. De ser así el punto más alto estaría representado, probablemente, por el nacionalsocialismo, que no presentó matices de aplicación a otras sociedades y culturas, aun las subordinadas, para las cuales valieron sucedáneos más o menos burdos. El rigor teórico del marxismo se desintegró al extenderse al llamado Tercer Mundo, conformando un archipiélago ideológico cargado de localismo[5].

Para el presente estudio, lo actual es la evaluación de la eficacia que las ideologías de reemplazo demuestran en la desorientación de los pueblos, alejándolos del siempre difícil ejercicio de la democracia. Para este efecto, tales ideologías parecen resultar de la conjunción de las que José Ortega y Gasset denominaba creencias –es decir, ideas asumidas como verdaderas, sin sujetarlas a comprobación crítica–, fuertemente arraigadas en la sociedad, que

crean un ambiente propicio para que hagan efecto proposiciones salvacionistas, por descabelladas que éstas puedan parecer a la mentalidad ilustrada
y crítica. Esta conjunción de factores puede movilizar la inconmensurable
fuerza contenida en el inconsciente colectivo, como quedó de sobra demostrado en la segunda mitad del siglo XX. Pero este asalto a la razón comienza
por minar la democracia despojando al individuo de su capacidad crítica y
subyugándolo a mitos o esperanzas colectivos[6].

Pero no debe confundirse la formulación de ideologías de reemplazo
con la tendencia, nada reciente en América Latina, a convertir en símbolos situaciones, hechos y personajes, con el fin de motivar, «nacionalizar»
o sincretizar el mensaje de luchas sociales y movimientos políticos, como
se intentó hacer en Chile con Luis Emilio Recabarren –recuérdense los
poemas de Pablo Neruda en su *Canto general*–[7]; en Chiapas con Emiliano
Zapata, extrapolando espacial e ideológicamente su significación histórica[8];
en Ecuador con Eloy Alfaro, quizás como remedo de la contienda decimonónica en torno al liberalismo[9]; o en Perú con Tupac Amaru, convertido
en símbolo de un conjunto de sociedades de baja integración[10]. Quizás sea
el caso de México el más elocuente en cuanto a la eficacia y perdurabilidad
de un símbolo, en este caso el representado por la Virgen de Guadalupe[11].

En los casos mencionados el propósito no ha sido evocar un legado
ideológico, ni elaborar un programa de acción política inspirado en la figura simbólica invocada; mucho menos de llevar a la práctica el pensamiento social o político, relativamente desarrollado y sistemático, reconocido o
atribuido a esa figura simbólica[12]. Este montaje ideológico, generalmente
arbitrario, se basa en una interpretación de la significación de personajes y
hechos que la traspone ahistóricamente al presente, mediante una operación más bien retórica que parece ser la única conveniente a tales fines. El
desbordamiento de la retórica que alimenta y se alimenta del culto a los
héroes, convertidos en símbolos de propósitos o luchas sociales y políticas
del presente, si bien suena hueco al sentido crítico del historiador, no carece
de fundamento, pues se corresponde con procesos psicológicos individuales
y colectivos complejos y de prolongada vigencia. Esta cuestión ha sido muy
estudiada con base en lo aportado por el siglo XX en esa materia, dadas las
experiencias del fascismo, el nacionalsocialismo y el socialismo estalinista[13].

Obviamente, cuando hay un legado ideológico o un cuerpo de pensamiento comparativamente muy estructurado y sistemático, como sucede en el caso de Simón Bolívar[14], se da la oportunidad de trascender el

símbolo utilizando ese legado para componer, respaldar o suplir programas de acción política de todo género. Pero al hacerlo también se incurre en el traslado ahistórico de ese legado o pensamiento al tiempo presente, si bien mediante una exégesis de ese legado o de ese pensamiento que es, también, una operación muy proclive al ahistoricismo, envuelto por lo general en la admiración, tan rudimentaria como exaltada, que constituye en este caso la esencia del «culto a Bolívar», cuando no en el más agresivo patrioterismo[15].

SOBRE EL CONCEPTO DE IDEOLOGÍA DE REEMPLAZO Y LA ACTUAL OFERTA DE MATRICES IDEOLÓGICAS

Es cosa aceptada que el estado generalizado de crisis ideológica presente en el ámbito internacional está directamente vinculado con la crisis del socialismo, tanto en sus derivaciones más o menos coherentes, desde el leninismo hasta el fidelismo, como en su dimensión doctrinaria, particularmente en lo referido a la economía de mercado, a los derechos políticos y a los derechos humanos.

Pero el vínculo no parece ser menor con el hecho de que frente al socialismo en crisis se yerga como alternativa una difusa concepción de la democracia. No obstante, de la maraña de versiones y concepciones ideológico-políticas que envuelve hoy la relación entre el socialismo y la democracia, parece que tiende a resultar la proposición de una suerte de socialismo democrático. En nada parecido a la democracia socialista que era proclamada por el más crudo autoritarismo estalinista, y enfrentándola a la estigmatizada por el mismo como democracia burguesa, la nueva versión del socialismo democrático resultaría de una hibridación entre el socialismo humanitario –que fue a su vez estigmatizado por Lenin como «socialismo utópico»– y la democracia liberal, aportando el primero su vocación de seguridad social y de búsqueda de equidad en el reparto de la riqueza socialmente generada, y aportando la segunda la economía de mercado, el ejercicio de los derechos políticos y el disfrute de los derechos humanos en el marco del Estado de derecho.

Este es un proceso sociohistórico que apenas se inicia. No obstante, parece visible la tendencia a que se opere una confluencia entre el que podría ser caracterizado como un socialismo democratizado y la que podría ser denominada una democracia socializada, partiendo de la crítica de ambos sistemas sociopolíticos, a juzgar por el reciente «Informe sobre desarrollo humano

2000» presentado por el Programa de las Naciones Unidas para el Desarrollo (PNUD), si bien esta tendencia encierra, como veremos, un grave riesgo para el vínculo necesario de la democracia con el ejercicio de la libertad[16].

En función de estas expectativas, todavía vagamente entrevistas, se crea un terreno propicio para el brote de las posturas más o menos demagógicas, y se alientan proyectos salvacionistas que manipulan las carencias reales y urgentes que afectan a la mayoría de los latinoamericanos. El juego de estos proyectos se ve favorecido por el desconcierto ideológico que reina en las clases medias, impidiéndoles desempeñar su papel histórico de bastión de la democracia liberal y llevándoles, al difundir su desconcierto ideológico a través de los medios de comunicación de masas, y practicando un nefasto apoliticismo exhibido como ejemplarizante, a estimular la proposición de soluciones salvacionistas, siempre peligrosas para el ejercicio de la libertad.

En América Latina hoy parecen ser dos los factores más importantes de la pobreza de la oferta de matrices ideológicas. En primer lugar la circunstancia de que el anquilosado socialismo tercermundista latinoamericano aún no adelanta su franca reelaboración crítica, y por lo mismo estorba la de la socialdemocracia y el socialcristianismo, y con ello perturba todo el mapa ideológico. A esto se suma, en segundo lugar, el sostenido y eficaz esfuerzo adelantado por fuerzas muy disímiles, que abarcan desde los nostálgicos del socialismo autocrático hasta los predicadores de la teología de la liberación, por desvirtuar la democracia liberal, tanto conceptualmente como en su expresión social y política.

En lo concerniente al socialismo tercermundista latinoamericano, quizás la explicación de esta situación esté en que para adelantar su reelaboración crítica, superando el comienzo desordenado recogido en este estudio, tendría no sólo que manejar la crisis general del socialismo, en términos similares a los expuestos, sino explicar igualmente sus grandes fracasos: el de los experimentos socialistas de Cuba, Chile y Nicaragua, y el de los movimientos guerrilleros que hicieron su bandera del socialismo o de su versión fidelista[17].

En lo concerniente a la democracia es posible afirmar que ella ha sido desvirtuada en América Latina al ser confundida con el socialismo en lo que toca a los derechos económicos y sociales y, en general, al bienestar social. Tanto en gran parte de la sociedad como en dirigentes políticos y sociales ha arraigado la creencia de que si la democracia entrega lo único que puede ofrecer y entregar, es decir, el ejercicio de la libertad y la creciente vigencia de las condiciones políticas y legales para el goce de la igualdad, no sólo no es verdadera democracia sino ni siquiera pura y simple democracia, porque para serlo debería garantizar además el disfrute de los derechos económicos y sociales.

Al rescate de la democracia minada por la mencionada creencia, y asediada tanto por los remanentes conceptuales del socialismo autocrático como por el autoritarismo militar, ha llegado la globalización, presentada como la ineludible puerta de acceso al desarrollo económico y al progreso general de la sociedad, pero ella es cuestionada como una versión apenas disimulada del más crudo neoliberalismo. En todo caso los requisitos conceptuales de esta proposición parecen estar fuera del alcance cultural de la generalidad de la población de América Latina. Lo que ésta percibe, hasta ahora, son promesas de portentosos cambios económicos e incremento del desempleo y la pobreza. En todo caso, como ha sido señalado recientemente en México, la globalización sería mejor para los Estados que para las sociedades subdesarrolladas.

Parece posible correlacionar la desorientación ideológica con el auge del fundamentalismo, en sus diversas versiones, visto como un recurso extremo y desesperado para responder a la necesidad de seguridad del individuo. En todo caso, el contenido de fundamentalismo bolivariano que rige el «bolivarianismo-militarismo», como ideología de reemplazo, puede ser valorado también como una evasión hacia el pasado, la comprobación de cuya eficacia luce más atractiva a medida que aumenta la distancia entre él y un presente cargado de cuestionamientos. En este sentido quizás valga considerar que el bolivarianismo podría pretender convertirse en una especie de fundamentalismo latinoamericano[18], sobre todo al asociarse con el militarismo tradicional, enmarcándolo ideológicamente y reclutando a los sobrevivientes del socialismo autocrático.

La conexión entre el bolivarianismo basado en el Bolívar del culto, es decir un Bolívar ad hoc, que sirve de eje al culto heroico practicado en los países denominados bolivarianos, y el militarismo básico que aun impregna grandes sectores de las Fuerzas Armadas venezolanas orientándolos en un sentido antidemocrático, es resultado de la acción de dos factores que tienen a su vez un vínculo entre sí. Uno de esos factores es la enseñanza de la historia y de las ciencias sociales impartida en las escuelas e institutos militares, consagrada a inculcar un patriotismo simplificado basado en el culto heroico. El otro factor ha sido el indoctrinamiento basado en la concepción de la lucha contra el comunismo, promovido por los ideólogos de la Guerra Fría, que aún prevalece en las Fuerzas Armadas latinoamericanas y que induce en el presente a desconfiar de la democracia.

A esos factores se añade, como resultado de la crisis general del socialismo, la orfandad ideológica que ha reducido la Revolución cubana a la condición de tiranía militar caribeña, cuyo único asidero ideológico es el antinorteamericanismo (no el antiimperialismo, pues exime a los europeos). Se ha preparado así el terreno para que el militarismo tradicional establezca una simbiosis con los náufragos del socialismo autocrático, bajo la égida del bolivarianismo basado en el Bolívar del culto, es decir convertido en mascarón de proa del antinorteamericanismo, y esto en buena parte por el celo bolivariano ondeado por el fidelismo. (Recuérdese el bolivarianismo escolar de Fidel Castro y los recorridos por casi toda América Latina de su evangelizador bolivariano Francisco Pividal)[19].

Se han creado de esta manera las condiciones para que a la sombra del bolivarianismo tradicional, oficialmente cultivado y promovido, e imprudentemente convalidado por las corrientes democráticas, resurjan hasta las más disparatadas posiciones y prédicas salvacionistas, e incluso brotes de xenofobia[20]. Las primeras extienden su abanico abarcando desde la dictadura supuestamente correctiva de los vicios de la democracia, para salvar a la sociedad de una corrupción consecuentemente practicada también por los militares, hasta las sectas y credos salvadores de almas[21].

EL BOLIVARIANISMO: SU ORIGEN COMO IDEOLOGÍA DE REEMPLAZO

En Venezuela el bolivarianismo, expresión socialmente activa del culto a Bolívar, ha funcionado de manera creciente, desde fines del siglo XIX, como una ideología de reemplazo. Perfeccionó de esta manera el papel que había desempeñado en el apuntalamiento y hasta la suplantación de una precaria y vacilante conciencia nacional, que iniciaba su formación afectada por el contraste adverso entre los productos reales de la independencia costosamente alcanzada, y las ilusiones y esperanzas de los actores.

Se buscaba compensar ideológicamente una realidad caracterizada por la incipiente institucionalidad. A su vez, ésta expresaba el dislocamiento de la estructura de poder interna de la sociedad, ocurrido en el curso de la disputa de la independencia. Se formó de esta manera un estado de conciencia cuyo ciclo partía de la decepción, era seguida por la desilusión y desembocaba en la desesperanza, ciclo que generaba un estado de ánimo colectivo proclive a la violencia. Este fenómeno psicosocial es perceptible en las obras de historiadores y escritores, pero también y desde muy temprano en las memorias de actores destacados de la disputa de la independencia[22]. (Cabe preguntarse si no rige un proceso semejante para la democracia latinoamericana contemporánea).

En suma, llegó a reinar un acentuado desconcierto ideológico, perceptible con especial vigor en la confusión reinante en los planteamientos de los promotores del liberalismo, escindido en dos ramas, una conservadora y otra reformista, pero contestes ambas en el propósito de restablecer la estructura de poder interna de una sociedad que, tras catorce años de una guerra en extremo cruel y devastadora, había sido puesta en el trance de hacerse republicana, contrariando su tenaz monarquismo. Los liberales conservadores procuraban este objetivo tratando de preservar parte del ordenamiento sociopolítico colonial, dada la probada eficacia de éste en el ejercicio del poder social por la entonces clase dominante, ahora afanada en su recuperación. Coincidían en esto con el pensamiento básico de Simón Bolívar en lo concerniente al ordenamiento social, exceptuando la abolición de la esclavitud, y sobre todo, con su política dictatorial a partir de 1828. Los liberales reformistas procuraban el restablecimiento de la estructura de poder interna de la sociedad predicando la acentuación del cambio social, mediante la apertura de canales para encauzar y controlar las luchas por la libertad y por la igualdad generadas en el seno de la sociedad colonial, las cuales habían aflorado con toda violencia en el curso de la disputa de la Independencia. Era evidente la contradicción entre este pensamiento avanzado y el de Simón Bolívar, consecuente adversario del liberalismo y la democracia, englobados en el concepto de federación. Pero prevaleció la necesidad compartida de restablecer la estructura de poder interna de la sociedad, recuperando para la clase dominante el control del poder social, y esto sólo parecía posible a la sombra del prestigio de Simón Bolívar, rescatado y convertido en patrimonio común de los venezolanos, y único producto incuestionable de la disputa de la Independencia.

En este clima ideológico nació, se desarrolló y se estructuró el culto a Bolívar, y se dio comienzo a su derivación como una ideología de reemplazo del fallido programa, real y atribuido, de la disputa de la Independencia. La construcción ideológica, muy sencilla, consta de los siguientes pasos:

La Independencia fue convertida, por las historiografías patria y nacional, de un medio para alcanzar fines –acerca de los cuales se llegó a abrigar grandes esperanzas–, en un valor suficiente, y por lo mismo compensatorio de lo no logrado.

Simón Bolívar concibió la independencia y nos la dio gracias a sus facultades sobrehumanas o semidivinas, que le permitieron superar las flaquezas del pueblo venezolano.

Por consiguiente, sólo él y únicamente él podía guiar nuevamente a los venezolanos hacia los más altos logros, contemplados en su ideario reinterpretado por quienes se amparan bajo su prestigio.

Por eso Simón Bolívar debe seguir viviendo, no sólo como evocación llevada hasta la obsesión sino también como rector personificado, y sin embargo eterno, de la vida toda de los venezolanos[23].

Sobre esta base han sido conjugados los valores reales y atribuidos de Simón Bolívar hasta convertirlo, por su personalidad y su pensamiento, en paradigma de cuanto pueda ocurrírsele a los pontífices del culto sacralizado rendido a él, y por lo mismo válido de manera intemporal para la sociedad y para el individuo[24].

VENEZUELA: EL USO DEL BOLIVARIANISMO COMO IDEOLOGÍA DE REEMPLAZO

Para la comprensión del auge actual del uso del bolivarianismo como ideología de reemplazo, y su asociación con el militarismo tradicional, es necesario considerar, si bien de manera sumaria y con base en documentos de diversa índole, los antecedentes de la fase actual del fenómeno ideológico. Pero es oportuno advertir al lector que en los casos de uso ideológico del culto a Bolívar se observan, a la par, crecimiento de su intensidad y agotamiento de la creatividad, lo que por otra parte coincidiría con la dinámica de la difusión y el asentamiento de todo culto. La secuencia que puede establecerse es aproximadamente la siguiente:

La ruptura en 1830 de la República de Colombia, denominada Gran Colombia, fue la culminación de un curso plagado de conflictos sociales y políticos. Estos significaron la reanudación de la disputa de la Independencia, en su inicial y esencial expresión de conflicto interno de las sociedades coloniales involucradas. Los esfuerzos de Simón Bolívar por mantener el edificio político del cual había sido el principal arquitecto, fueron objeto de una polémica que ganó en complejidad a partir de 1825, cuando se le acusó de abrigar propósitos contrarios a la república e incluso aspiraciones monárquicas. La dictadura, reaccionaria hasta en lo ideológico, instaurada por Simón Bolívar en 1828, intensificó un movimiento de rechazo contra él y sus más fieles compañeros de armas que llegó a motivar su exilio, hasta el punto de que despertó expresiones de gozo y tranquilidad la noticia de su muerte en 1830. La República de Venezuela nació, por consiguiente, al amparo del rechazo y la condena del que había sido proclamado y reconocido como El Libertador y Padre de la Patria. Por ello no ha faltado quien interpretara el desorbitado culto a Bolívar como una permanente y creciente forma de expiación del parricidio espiritual cometido en 1830.

La repatriación en 1842 de los restos de Simón Bolívar marcó el propósito político gubernamental de poner un paliativo a la disputa de la independencia, que cobraba nuevo vigor en el seno de la clase dominante venezolana, casi a partir de haber culminado la fase bélica inicial de la misma en 1821-1824. En su Mensaje al Congreso de Venezuela, de 26 de enero de 1833, el Presidente de la República, general José Antonio Páez, exhortó al cuerpo en los siguientes términos:

> Corresponde al Congreso decretar honores públicos a la memoria de los grandes hombres. Si es degradante el abuso de esta preciosa facultad, no puede dejarse de ejercer cuando la razón pública lo exige, porque se privaría a la nación del monumento más excelso de su grandeza. La Nueva Granada, el Ecuador, el Perú, Bolivia y Venezuela, estados que nacieron bajo la dirección del ilustre Libertador Simón Bolívar, la América y la Europa os indican al héroe cuya memoria debe consagrar el Congreso Nacional.

Pero, esta exhortación, que fue cerrada con la rotunda declaración de que «...El nombre de Bolívar no puede pronunciarse sin admiración y merece todo nuestro respeto...», no se tradujo en acción[25]. En 1839 reiteró la exhortación el general Carlos Soublette, Vicepresidente encargado del Poder Ejecutivo, y el Congreso decretó el traslado de los restos mortales de Simón Bolívar a Caracas el 30 de abril de 1842. Al tomar estas iniciativas los generales José Antonio Páez y Carlos Soublette, formados en lo militar y crecidos en prestigio a la sombra del desterrado, buscaron arreglar cuentas con la historia al mismo tiempo que serenar el escenario político interno:

El acierto de la burguesía terrateniente y comercial, más que del propio Páez, consistió en reivindicar el programa de Bolívar, con lo cual se apropiaba un magnífico instrumento de unificación política, y tranquilizaba a las masas populares al dejarles abiertas las perspectivas de unos frutos que tardaban en madurar. De esta manera el prestigio de Páez creció a la sombra del de Bolívar, tan arraigado en la conciencia del pueblo por los años de guerra, y la política de la oligarquía en el poder fue, sin que haya paradoja, la supuesta realización del programa de Bolívar, del programa de la emancipación. La consigna fue: hagamos realidad aquello por lo que tanto hemos luchado.[26]

Las ceremonias de traslado de los restos del nuevamente reconocido como El Libertador, inspiradas en el triunfo de los emperadores romanos y en las más solemnes ceremonias religiosas católicas, dieron inicio a la conversión de *un culto del pueblo* en *un culto para el pueblo*. Por consiguiente, y conviene subrayarlo porque este rasgo ha sido perdurable, pese a los cambios sociopolíticos, el culto a Bolívar nació como una oferta ideológica compensatoria del decepcionante balance de la abolición de la monarquía y la ruptura del nexo colonial, logrados en Venezuela mediante una crudelísima y prolongada guerra que fue esencialmente civil y que, por lo mismo, dejó imborrables secuelas de odio y rencores en el seno de la clase dominante. Al mismo tiempo a los pardos y esclavos se les abrió una esperanza para sus ancestrales luchas por la libertad y la igualdad, que según la creencia popular habían tenido en Simón Bolívar su paladín ejemplar[27].

La acelerada conversión del culto a Bolívar, rendido espontáneamente como un «culto del pueblo», en un «culto para el pueblo», organizado, orquestado e institucionalizado, no sólo permitió a la clase dominante escamotear el programa de la Independencia en cuanto a las esperanzas de los sectores populares, sino que lo volvió el instrumento de control ideológico de la sociedad al servicio del Estado, encargándose los gobiernos de su mantenimiento, fomento y salvaguardia. En esta tarea los gobiernos han demostrado continuidad, si bien con desigual celo y fervor[28].

El ingenio político y la elocuencia del general Antonio Guzmán Blanco le permitieron sacar gran provecho de la conmemoración del Centenario del nacimiento de Simón Bolívar[29]. Para este fin no tuvo empacho en cambiar al héroe nacional de consecuente adversario del liberalismo reformista y de la democracia, reunidos en el federalismo, en la estrella norteña del liberalismo reformista y la federación, que el general pretendía personificar, para legitimar con ello su política autoritaria nominalmente federalista y en los hechos crudamente centralista, puesto que era practicada teniendo como eje una autocracia desembozada, a diferencia del centralismo practicado por los conservadores, revestido siempre de un halo institucional. No se detuvo allí el Ilustre Americano. Intentó echar «...sobre sí mismo y sobre quienes le rodean un algo de la voluntad divina» cuando, el 24 de julio de 1883, dice: «Es que el natalicio de Bolívar cumple cien años y la Providencia divina ha querido que, plenos de felicidad y esperanzas, celebremos su gloria como la de un predestinado suyo, benefactor, instrumento de sus arcanos»[30]. Tampoco se detuvo allí la exaltación bolivariana de quien por sus palabras, hechos y obras puede ser considerado el militante más radical y audaz de los liberales venezolanos del siglo XIX. Puso a su servicio la conciencia religiosa popular al dejar sentada la personalidad divina de Simón Bolívar: «...luego de calificarlo de 'hombre incomparable' y 'Semidiós'», nos dice que «...Bolívar, como Jesucristo, no es un héroe de la fantástica epopeya. Bolívar es el Libertador del Continente, el Creador de las Repúblicas Americanas, el Padre de los ciudadanos libres. Nació para eso; para eso lo dotó Dios de todos los talentos, de valor, audacia y perseverancia incomparables en toda la redondez de la Tierra, como en el pasado, en el presente y el porvenir»[31]. Consecuentemente, mediante este reconocimiento también quedaba en buenos términos con la voluntad divina quien se proclamó no solamente continuador sino también perfeccionador de la obra de Simón Bolívar. La importancia política de esta rimbombante sacralización de Simón Bolívar debe evaluarse en función del enfrentamiento de los liberales reformistas con los liberales conservadores, quienes tenían en su arsenal ideológico dos armas de las cuales habían carecido hasta entonces los liberales reformistas: el bolivarianismo y la conciencia religiosa regida por la Iglesia cristiana católica[32].

Los servidores intelectuales del general Juan Vicente Gómez Chacón realizaron la conversión de Simón Bolívar, para quien la guerra fue un instrumento político y el llamado a la unidad la bandera de su poder personal, en el inspirador, legitimador y tutor del lema de la dictadura: «Unión, paz y trabajo». Para este fin, Laureano Vallenilla Lanz, entre otros, enriqueció la interpretación cesarista de Simón Bolívar, y la actualizó al utilizarla para convalidar la conducta política del inspirador inmediato de su teoría de «el gendarme necesario», general Juan Vicente Gómez Chacón. Según este auto «...Bolívar hubo de imponerse para refrenar la anarquía, establecer el orden y el respeto a la autoridad»[33]. De esta manera un centenar de años después le habría correspondido al dictador combatir la ambición, la anarquía y la intriga para obtener la unión, la paz y el orden –simbolizado por el trabajo–, pero esto último no mediante un ejercicio arbitrario de la violencia sino siguiendo la pauta patriótica de El Libertador, como el continuador de la emancipación. No era necesario explicitar la conclusión de este artificio ideológico. Quedaba claro que el dictador habría logrado lo que no pudo lograr Simón Bolívar: domeñar al pueblo venezolano. Juan Vicente Gómez Chacón no sólo compitió con el general Antonio Guzmán Blanco en la imitación de Simón Bolívar –hasta se le reconocieron como días de nacimiento y defunción los de Simón Bolívar–[34], sino que se le atribuyó el haber completado su obra máxima, la Independencia, al saldar la deuda externa como ofrenda en el Centenario de la muerte del héroe nacional (1930)[35].

El general Eleazar López Contreras, sucesor del general Juan Vicente Gómez Chacón, de quien fuera fidelísimo ministro de Guerra y Marina, concibió, diseñó, montó, promovió y difundió personalmente el primer aparato bolivariano institucionalizado de indoctrinamiento y conducción del pueblo venezolano. Para este efecto puso a Simón Bolívar, mediante su versión personal de la acción militar y política del héroe, pero sobre todo gracias a su pensamiento forzadamente actualizado, a demostrarle a los venezolanos cuán innecesarias eran las ideas políticas y sociales que el Presidente englobaba en el término comunismo, para el caso amalgamado con toda postura democrática moderna[36]. Con ello buscaba justificar la perduración del «gomecismo» en lo concerniente a la formación, ejercicio y finalidad del poder público, sirviendo así sus propios planes políticos:

> Fundado en esta convicción se empeñó [el general Presidente] en componer una proposición programática destinada a estimular el desarrollo espiritual del pueblo –según sus propias palabras–, pero también orientada a contrarrestar los efectos nocivos de la política, a prevenir el contagio de ideas juzgadas extrañas y a servir de pauta para la acción cotidiana. En suma, una proposición programática destinada a contribuir a la consolidación del poder en momentos particularmente conflictivos, pues estaba planteada la lucha de extensos sectores populares y de los intelectuales por la liquidación de los fundamentos sociales, económicos y políticos del régimen que por veintisiete años encabezó el general Juan Vicente Gómez.[37]

Si bien en lo administrativo el general Eleazar López Contreras formuló y adelantó importantes proyectos modernizadores, integrados en el denominado «Programa de Febrero», que puso también bajo la égida institucionalizada de Simón Bolívar[38]. Esta suerte de potencia inspiradora, pero sobre todo legitimadora, de semejante empresa que se consideraba regeneradora de la sociedad, fue no solamente concebida sino montada y organizada, en escala nacional, como una ideología de reemplazo, al servicio directo del Estado por vía de la acción gubernamental, y fue promovida con gran empeño para la satisfacción intelectual y espiritual de un genuino devoto y practicante del culto a Bolívar. El bolivarianismo fervoroso del general Eleazar López Contreras, presente en sus estudios históricos, quedó claramente demostrado ante la opinión pública al inaugurar un ritual, que ha sido practicado de manera obligada por los presidentes que le han sucedido, como primer acto público tras ser investidos del poder: «Hay un rasgo que habla muy elocuentemente de la educación bolivariana del Presidente, y es éste: cuando llegó a Caracas, lo primero que hizo fue ir al Panteón Nacional para inspirarse ante los restos de Bolívar, fortalecer su espíritu y lanzar esa sentencia admirable que debe haber llegado al corazón de todos sus conciudadanos: *Gobernaré de acuerdo con el espíritu del Libertador*»[39].

El general fue reiterativo en su afirmación de que su fe bolivariana, convertida en política de Estado, tenía como propósito prevenir el contagio de «ideas extrañas» que pudiesen perturbar aún más la paz dictatorial heredada de su protector, el general Juan Vicente Gómez Chacón, a quien sirvió leal y eficientemente como ministro de Guerra y Marina hasta la muerte del dictador en diciembre de 1935:

> Pero este intento de despolitizar a un pueblo que apenas reanudaba su curso en tal sentido, tras un eclipse de más de treinta años –pues tampoco el gobierno del general Cipriano Castro [1899-1909] fue propicio al ejercicio de los derechos políticos– era, en realidad, un medio para alcanzar el objetivo fundamental, y este no era otro que el prevenir el contagio de «ideas extrañas», entendiéndose por tales las que de alguna manera se inspirasen en el socialismo.

Muy claramente lo estableció así el general López Contreras en un discurso pronunciado en el I Congreso Bolivariano, celebrado en Caracas el 7 de agosto de 1938. Luego de comprobar «...como los pueblos venezolanos, urgidos de sanas prédicas que los orienten por caminos nuevos, respondieron al llamado del Gobierno y procedieron con generoso entusiasmo a dar vida a los organismos subalternos [se refiere a las filiales de la Sociedad Bolivariana] que en cada núcleo de población han de dirigir la marcha de los trabajos bolivarianos...». Para ser más explícito, y tras comprobar el interés con que el país recibía la «providencia oficial», interpretó esta como una prueba de que «...el conglomerado venezolano, lejos de pensar en ideas extrañas, se reconcentra en sí mismo para buscar como impulsor de sus destinos hacia metas ambicionadas hace mucho tiempo, lo que ha vivido siempre dentro de nosotros mismos, conservándolo a través de nuestras vicisitudes, como algo muy arraigado y profundamente unido a la conciencia popular: la doctrina política del Libertador, hija de sus concepciones geniales»[40].

El general Isaías Medina Angarita exhibió, sobre todo en los inicios de su gobierno, un fervoroso bolivarianismo, destinado a quitarle sus banderas preferidas a su inicial patrocinador y muy pronto adversario el general Eleazar López Contreras –fue su ministro de Guerra y Marina–, quien llegó a acusarlo de alentar veleidades comunistoides por haberse excedido en la práctica de la apertura democrática pautada por la Carta del Atlántico, abriéndoles espacios de presencia pública a las «doctrinas exóticas» que tanto temía el general López Contreras[41]. Por supuesto que no pesó menos en esta animadversión la circunstancia de que el Presidente no mostrase entusiasmo respecto de los planes reeleccionistas de su antiguo mentor. El general Presidente atenuó el fervor bolivariano institucionalizado, con el propósito de desalentar la aspiración de su predecesor de retornar al poder encabezando las fuerzas sociales cerradamente conservadoras, agrupadas en las Cívicas Bolivarianas, que estaban alarmadas por el moderado giro democrático que había tomado el ejercicio del poder público, en función de los requerimientos ideológicos y políticos suscitados por el curso de la Segunda Guerra Mundial, sobre todo con la incorporación de la URSS al campo de las democracias en lucha contra el fascismo.

El general Marcos Pérez Jiménez, apelando al patriotismo, hizo del culto heroico, y en particular del rendido a Bolívar, el eje de su movimiento oficialista denominado «La Semana de la Patria», concebida como el instrumento popular legitimador del primer intento de establecer en Venezuela un régimen dictatorial de clara concepción militarista, justificado por el combate contra el comunismo en el ámbito de la Guerra Fría. Al mismo tiempo, el Ejército fue proclamado el heredero directo y universal de los ejércitos realizadores de la Independencia, y quedó instituido como el principal guardián del culto a Bolívar[42]. Estimulados por este clima ideológico, la Sociedad Bolivariana de Venezuela y la Academia Nacional de la Historia extremaron su celo inquisitorial en relación con la salvaguarda del ritual del culto a Bolívar, y en la determinación de la verdad en la investigación histórica, llegando a pretender funcionar como remedos de tribunales con competencia internacional.

El teniente coronel sobreseído y retirado Hugo Rafael Chávez Frías, actual Presidente de la por él bautizada República Bolivariana de Venezuela, ha llevado el culto a Bolívar al desenfreno[43]. Independientemente de que se valore este uso del culto a Bolívar como una ideología, en el sentido que ya comentamos, ahora es utilizado abiertamente como marco ideológico legitimador del segundo intento de establecer un régimen dictatorial militarista, pero esta vez apoyado en las prácticas democráticas pervertidas, mediante el uso demagógico y autocrático del poder, y envuelto en una vigencia más aparente que real de las formas constitucionales[44].

En los últimos tiempos han escaseado y perdido fuerza hasta casi desaparecer, las invocaciones del «Árbol de las Tres Raíces», quedando de manifiesto la maniobra de encubrimiento, así montada, del que se revela cada día más como el verdadero proyecto político del bolivarianismo-militarismo hoy denominado «chavismo». Alberto Garrido, muy cercano al proceso y a sus actores, marca el comienzo de esta evolución: «Constituido ya como ideario el Árbol de las Tres Raíces –Bolívar [Simón], Rodríguez [Simón] y Zamora [Ezequiel]– bajo el empuje de Hugo Chávez, el trabajo constante y pensante de Arias, y la disciplina incansable de los demás 'originarios', otras ideas se fueron sumando al bolivarianismo. Así, soberanía radical, Tercer Ejército y posicionamiento mundial tercerista –no adhesión a los grandes bloques, primero, y adverso a la hegemonía unipolar [sic] de EE.UU. cuando finaliza la Guerra Fría, después–, desarrollo científico alternativo, desarrollo integral latinoamericano, indigenismo, ecologismo, son conceptos que se van incorporando al discurso y al programa bolivariano»[45]. Siguiendo esta línea de pensamiento, el mismo autor llegó a la siguiente conclusión:

Así, la revolución bolivariana fue concebida como insurreccional, cívico-militar-religiosa, con miras a la creación del Tercer Ejército latinoamericano (...) [en la misma obra, el ex guerrillero Nelson Sánchez, «Harold», da la siguiente definición del Tercer Ejército latinoamericano]: «(...) habría que remitirse, estratégicamente, a una idea de Douglas [Bravo] que es muy importante

conocer: la conformación del Tercer Ejército. Este Tercer Ejército no es nacional. Es continental. En la idea de Douglas los desposeídos deben formar
parte del Tercer Ejército. Ese nuevo ejército está surgiendo de hecho con las
alianzas cívico militares que han comenzado a darse en América Latina. Pero
la idea del Tercer Ejército no puede ser tomada aisladamente. Debe comprenderse dentro de un proceso estructural de unificación de América Latina,
donde lo cultural, lo científico, lo educativo, lo económico, sea discutido previamente por los distintos sectores bolivarianos. No creo que nos asociemos a
ningún proceso impuesto desde fuera de nuestra nación» (pp. 63-64).

Alberto Garrido saca la conclusión de que, de esta manera, «...la revolución bolivariana fue concebida como insurreccional, cívico-militar-religiosa,
con miras a la creación del Tercer Ejército latinoamericano anticorrupción, con
un gobierno fundamentalmente militar de transición que dará paulatinamente
paso a civiles comprometidos con la nueva era revolucionaria: ese sería el
estadio final cívico-militar-bolivariano»[46].

En su entrevista con «Harold», Alberto Garrido, luego de trazar la
evolución del denominado «chavismo», llega al meollo de la autocracia que
está en vías de establecerse en Venezuela:

> ...mientras los comandantes todavía no habían superado sus divergencias
> en torno a los errores cometidos el 4-F [el derrotado golpe de Estado del 4
> de febrero de 1992] y sobre cuál era la vía a seguir para la toma del poder,
> Chávez forma un nuevo grupo de compañeros de ruta, que se agregan a
> algunos de los viejos amigos que habían permanecido leales a su liderazgo.
> Rangel [José Vicente], Quijada [Manuel], Miquilena [Luis], pasan a ser las
> linternas de Chávez en el oscuro mundo de la democracia representativa for-
> mal. Pero también aparece Ceresole [Norberto. Ideólogo militarista-fascista
> argentino], cuyo pensamiento es fundamental para poder comprender el
> esquema de ideas y de conductas que comienza a agregar Chávez a los pos-
> tulados bolivarianos iniciales. Con Ceresole llega el concepto del líder único,
> depositario del mandato popular, el criterio del Ejército como máxima fuer-
> za política confiable y eficiente para el proyecto multipolar, la convicción de
> que la confrontación permanente genera poder y permite evitar la entropía,
> entendida como muerte del sistema o del proyecto diseñado. Con Ceresole
> se amplían los conceptos bolivarianos latinoamericanistas y se hacen pla-
> netarios. Con Ceresole comienza a hablarse de multipolaridad y aparecen

las relaciones mundiales estratégicas. Con Ceresole se formula la tesis de la posdemocracia, donde la legitimación electoral solamente se entiende como delegación absoluta del poder por parte del soberano en un único líder. Con Ceresole, en fin, nace otro Chávez, que respeta el discurso bolivariano, pero conforma planteamientos político-estratégicos más ambiciosos, más complejos y bastante distanciados de los principios de decisión del colectivo, tal como lo entendían los comandantes [que habían acompañado a Chávez], ustedes [se refiere a los ex guerrilleros] y otros grupos de izquierda vinculados al mismo proceso. A lo que respondió «Harold»: «Así es...».[47]

Siguiendo al general Eleazar López Contreras, Chávez procede a montar un gran aparato de indoctrinamiento bolivariano mediante la instauración, utilizando la planta física ya existente, de una vasta red de «Escuelas bolivarianas», y al montaje de un costosísimo y escasamente productivo «Plan Bolívar 2000», a cargo de altos oficiales, que ha sido señalado por la Contraloría General de la República, antes y después de la instauración subrepticia de la autocracia militar, como una escuela de corrupción y peculado que ha alcanzado niveles sin precedentes, y se añade al gigantesco gasto secreto de la Fuerza Armada. Todo esto envuelto en una retórica bolivariana que no reconoce límites y que en sus expresiones concretas recuerda las prácticas de la dictadura militar perezjimenista.

Aunque con desigual fervor, los gobiernos democráticos instaurados a partir de 1958 también extrajeron legitimidad, adicional a su origen democrático, de la misma fuente de donde han pretendido extraer toda su legitimidad los gobiernos de dictadura militar. El celo en la preservación del culto a Bolívar demostrado por la Sociedad Bolivariana y la Academia Nacional de la Historia, encontró nuevo campo de acción en la lucha ideológica con el movimiento subversivo y guerrillero, el cual enarboló también las banderas del bolivarianismo[48]. Los más fervorosos miembros de esas corporaciones instauraron cátedras bolivarianas, con especial desempeño en los institutos militares. Quedó así puesta de manifiesto la creciente inconsistencia ideológica de los principales dirigentes de la democracia venezolana.

Rómulo Betancourt fue la excepción. En su genuina prédica democrática se abstuvo de practicar el bolivarianismo. En una ocasión expresó que:

El pensamiento de Bolívar, lo sabemos bien, ha sido falseado y deformado por los teóricos al servicio de los despotismos criollos, quienes con unas cuantas frases mal interpretadas y con citas de Le Bon, de Spencer y de otros forjaron la doctrina del «cesarismo democrático». Vigente continúa ese peligro para las democracias de América de los que pretenden erigirse en hombres providenciales. El ir a las fuentes del pensamiento bolivariano es esencial porque si algo caracterizó la acción y el ideario del Libertador fue su militante, constante, firme adhesión al principio de que el único soberano es el pueblo, y de que el único gobierno legítimo es el elegido por el pueblo.[49]

Sin embargo, de otras menciones al Libertador, en las diversas exposiciones orales contenidas en la obra citada, cabe deducir que Rómulo Betancourt abrigaba la creencia de que el conocimiento del pensamiento de Simón Bolívar podía constituir una barrera contra los gobiernos no democráticos, con lo que daba prueba de su participación en el culto a Bolívar, y se incorporaba, de hecho, al contingente de los dirigentes y gobernantes democráticos y no democráticos que, con auténtico o simulado fervor, utilizaron la retórica bolivariana como prueba de patriotismo y como seguro medio para llegar a la conciencia popular[50].

TODOS AL RESCATE DE BOLÍVAR

Todas las posturas ideológico-políticas comentadas participan, aunque no con igual signo, de una operación ideológica que podría definirse como «el rescate de Bolívar». Unos pretendieron rescatarlo para hacerlo legitimar su régimen. Otros quisieron hacerlo instrumento de esquemas de dominación. Otros aun, intentaron sacar de su invocación una fuerza transformadora de la sociedad. Y, otros, por último, simplemente procuraron rescatarlo de manos del adversario, fuese una dictadura, fuese un sector social.

Pero con la consigna dudosamente patriótica del rescate de Bolívar, que hace recordar la convocatoria lanzada por don Miguel de Unamuno para que los españoles se pusiesen en marcha para rescatar del sepulcro a Don Quijote, «...se busca en realidad (...) ponerlo a lidiar de nuevo, pero ahora por objetivos que suelen guardar escasa o ninguna relación histórica con aquellos hacia los que, en su tiempo, estuvieron dirigidos su pensamiento y su acción, o que incluso los contradicen diametralmente»[51].

En suma, el tan manoseado rescate es una cruda operación ideológica que, atropellando el más elemental sentido histórico, busca poner al Bolívar del culto al servicio de causas actuales: «Esta disposición al rescate del sepulcro de Bolívar desemboca, necesariamente, en intentos de actualización del mismo...». Para apreciarlo es necesario tener presente «...que el propósito no es historiográfico sino política e ideológicamente utilitario». Esa actualización «...impone la realización de osados malabarismos con los tiempos históricos. Es una operación practicada comúnmente con la significación histórica y el pensamiento de los grandes hombres cuando se les pone al servicio de causas actuales. Son mecanismos simples y no pocas veces simplistas que no por insultar la razón histórica parecen perturbar siquiera el sentido común de aquellos a quienes va dirigido su efecto...». Con este fin se toma

> ...como punto de referencia, en el pensamiento del héroe, alguna expresión que, por su nivel de abstracción, o por su contenido moralizador, se sitúa en un plano que luce como intemporal, al menos en el mediano período histórico, para hacerle corresponder de inmediato con una visión no menos simplificada del presente. Siguiendo estos procedimientos no plantea mayor dificultad, por ejemplo, actualizar el pensamiento de Simón Bolívar para reclamar la reorientación de la OEA [Organización de Estados Americanos], como puede actualizarse el pensamiento de José Martí para hacerle servir a la construcción del socialismo en Cuba [escrito en 1983]...[52]

Una vez cometido el atropello historiográfico lo que queda es tener la desfachatez de sostener, pero de ser posible con el apoyo de la fuerza, declaraciones como la siguiente: «Nuestra interpretación del pensamiento bolivariano es clara. Se trata de tomar todos aquellos elementos que permitan el desarrollo de la idiosincracia de cada pueblo»[53].

Si bien para los militaristas de todo pelo, al igual que para los autócratas y dictadores, el rescate de Bolívar así entendido no ha presentado demasiadas dificultades, dada la consecuente postura de Bolívar de rechazo a la democracia y el liberalismo federalista, y su inclinación por los gobiernos fuertes, para los sobrevivientes del socialismo autocrático la tarea ha requerido trabajos que podrían ser calificados de ímprobos, pues plantearon dos órdenes de cuestiones de las que suelen denominarse teóricas o doctrinarias. Era necesario superar la visión nada benévola de Bolívar acuñada por el marxismo ortodoxo, lo que significaba sortear una cuestión doctrinaria de orden mayor; pero también era necesario arbitrar una postrera esperanza de poder para los valetudinarios sobrevivientes del socialismo autocrático, lo que igualmente planteaba dificultades que hasta entonces habían sido consideradas de orden doctrinario.

Un ejemplo de cómo fue encarada la primera cuestión es absolutamente específico. En 1987 fue publicada en Caracas una obra titulada *Bolívar visto por marxistas*, cuyo prólogo, fechado noviembre de 1986, termina con el siguiente párrafo que pretende reconciliar a los que hasta entonces habían sido considerados adversarios, es decir el marxismo de Carlos Marx y la figura histórica de Simón Bolívar: «La revalorización [vale decir el rescate] de Simón Bolívar ha sido un nuevo gran triunfo del marxismo, una demostración de su capacidad autocrítica y de su espíritu genuinamente científico y creativo. Por ello mismo, la presente obra es un homenaje del pensamiento marxista contemporáneo a la memoria y vigencia tanto de Simón Bolívar como de Carlos Marx».

Es muy interesante la acumulación de sofismas que condujo a esa conclusión salvadora. En el prólogo mencionado se comienza por admitir que

«...hoy, en un mundo tan profundamente diferente de lo que fue el suyo [de Simón Bolívar], continúa siendo inagotable el tema bolivariano». Tras lo cual se justifica la obra: «La publicación de la presente obra —una rica compilación de trabajos diversos sobre Bolívar por autores marxistas contemporáneos— puede ser vista, desde luego, como un gesto con evidente no escasa dosis de intencionalidad política. Falsa apreciación, no obstante, sería la de no ver más que eso en estas páginas, dejando de lado su objetivo principal [que, por supuesto, el autor supone no político]: promover el estudio y la discusión del pensamiento bolivariano en el seno de todos los movimientos de carácter revolucionario que se desarrollan actualmente en nuestro continente».

Por consiguiente: «Su tema es el de la revolución, en términos generales, en pasado y en presente, en el marco de las sociedades americanas y en firme relación con el materialismo histórico»[54].

No fue necesario ir muy lejos para encontrar elementos con que elaborar una solución al segundo orden de cuestiones, es decir, el encontrar un elemento vinculatorio de los sobrevivientes del socialismo autocrático con quienes habían derrotado la guerrilla de inspiración fidelista, pero que abriese una perspectiva de poder. Luego de sopesar varias posibilidades, tales como el ecologismo, el indigenismo y hasta la Iglesia, se halló que existía un factor con el cual ya se había practicado una política de infiltración, si bien enmarcada en la doctrina socialista-leninista, previa al colapso del socialismo, que la subordinaba a la acción de las masas populares[55].

Fueron superados de esta manera los escrúpulos representados por el denominado *putchismo*, tradicionalmente condenado por la ortodoxia marxista porque desalentaba el denominado trabajo de masas, mediante artificios estratégicos que al incluir otros actores, además de los militares, encubrieron el vínculo que se establecía con el militarismo tradicional, estancado en su misión salvacionista, e inspirado en un bolivarianismo doctrinario basado en los contenidos autocráticos del pensamiento y la acción de Simón Bolívar, pero convenientemente disimulados envolviéndolos con un discurso patriotero y conceptualmente galimático. Es decir, estaban dadas las condiciones para que los sobrevivientes del socialismo autocrático treparan al carro de la conspiración militar que venía brotando esporádicamente desde 1945-1948.

VENEZUELA: VENTAJAS Y DESVENTAJAS DEL BOLIVARIANISMO COMO IDEOLOGÍA DE REEMPLAZO

En suma, es posible afirmar que el bolivarianismo actual se corresponde básicamente con la expresión ideológica tradicional del culto rendido a Simón Bolívar, establecido a lo largo de casi siglo y medio. Se inició, como se ha dicho, con la solemne repatriación de sus restos en 1842 y se ha mantenido constante[56], aunque con intensidad variable, en las más diversas áreas de expresión de la sociedad venezolana. El bolivarianismo goza, por consiguiente, de legitimidad histórica.

El culto a Bolívar pronto fue convertido de *un culto del pueblo* en *un culto para el pueblo*, como eje del culto heroico erigido por las historiografías patria y nacional, e institucionalizado hasta conformar una suerte de universo ideológico en el cual se desenvuelve la sociedad venezolana. El bolivarianismo goza, por consiguiente de acatamiento y fervor social.

El bolivarianismo dispone de todos los elementos de la institucionalización, desde los rituales hasta los legales, todo bajo el patrocinio del Ministerio del Interior, como asunto de Estado y no sólo de gobierno. El bolivarianismo ha contado y cuenta, por consiguiente, con un dispositivo de apoyo oficial, además del social.

En virtud del bolivarianismo montado en torno al culto a Bolívar, se han formado creencias que están fuertemente arraigadas en todos los niveles de la sociedad. Valgan algunos ejemplos: mientras la población de origen africano sigue creyendo que Simón Bolívar «liberó a los esclavos», en el sentido de haber abolido la esclavitud y no sólo de haber liberado sus esclavos, si bien clamó por la abolición de la esclavitud, pocos recuerdan al general José Gregorio Monagas, quien la abolió en 1854. El Simón Bolívar demócrata es una convicción presente en toda la pirámide social. Asimismo el Simón Bolívar federalista, repartidor de tierras y antiimperialista, entre las numerosas cualidades que se le atribuyen; siempre en grado ejemplar el bolivarianismo se apoya, por consiguiente, en una bien tramada red de creencias socialmente practicadas.

El bolivarianismo se nutre del culto a Bolívar, que tiene a su servicio estructuras básicas de la sociedad, como lo son el sistema monetario, el sistema educativo y las Fuerzas Armadas. El bolivarianismo goza, por consiguiente, de una presencia social tan intensa que en algún grado ha llegado a ser espontánea.

El bolivarianismo fundado en el culto a Bolívar ha definido el paradigma que rige la vida de los venezolanos, en todos los órdenes. Hubo quien sugiriese que se indoctrinase a los niños para que honrasen a Simón Bolívar cepillándose los dientes. El bolivarianismo no reconoce, por consiguiente, las fronteras de la desmesura ni del ridículo[57].

El bolivarianismo, al basarse en el culto a Bolívar posee una acreditada proyección internacional, mediante símbolos y mensajes reconocidos en diversos países y organismos internacionales (OEA, UNESCO, sociedades diversas). El bolivarianismo tiene, por consiguiente, en la escala de las glorias internacionales reconocidas, un rango no alcanzado aún por ningún otro culto heroico latinoamericano.

En suma, el bolivarianismo es una oferta ideológica acerca de cuya legitimidad histórica no se requieren muchos argumentos. En cuanto a su funcionamiento, basta con no saber quién fue Bolívar y crear un Bolívar ad hoc atribuyéndole todos los significados que se requieran para eximirse de tener que encarar creativamente el presente. Pero este es un camino que, como sucede con el seguido por todo culto llevado a la exageración, conduce al hastío causado por la reiteración, la facundia rimbombante de los discursos conmemorativos y el patrioterismo agresivo[58].

No obstante, el bolivarianismo-militarismo, como ideología de reemplazo, tropieza con grandes limitaciones nacidas del contraste entre las cualidades del bolivarianismo, mencionadas, y la pobreza de la ejecución hasta el presente. Podrían apuntarse tres rasgos fundamentales en este contraste: la elevación de las metas anunciadas, las características del liderazgo generado, y el desierto intelectual en el que se desenvuelve el actual gobierno.

Las metas proclamadas mal podían ser más altas, si bien a la exposición de las mismas le habría venido bien un poco más de claridad conceptual. Luego de afirmar que el bolivarianismo es la vía, Hugo Chávez Frías delimitó su papel, en términos que vale la pena reiterar porque han resultado muy reveladores: «...yo no soy el pensador que va a generar una doctrina original, nueva, total. No. Prefiero hacer...». Pero dijo comprender la importancia de «...tener claro hacia donde vamos y allí hay lo que hemos denominado, de una forma mucho más pragmática, pero que no deja de tener el enganche con lo ideológico, doctrinario, filosófico, que es el Proyecto Nacional Simón Bolívar». Esta estratagema le sirvió al entonces candidato para que justificasen su incorporación, a la hueste colecticia militarista-bolivariana, universitarios que creyeron ver en su entrega al militar golpista la posibilidad de recuperarse del naufragio ideológico-político de la década de los sesenta: «...estamos tratando de adelantar con diversos equipos especializados en lo petrolero, para producir un plan alternativo, en lo económico, social, político, el modelo político de la Venezuela del siglo XXI. Eso ya es más pragmático: las líneas de un proyecto nacional, no sólo de gobierno, sino de transición y un proyecto nacional a mediano plazo para Venezuela»[59].

Ya son varios los diagnósticos psiquiátricos sobre la personalidad del líder del bolivarianismo-militarismo. No del líder máximo, sino del líder, puesto que se trata de un líder único. En cuanto a su pensamiento político algo hemos adelantado. Habría que añadir como síntesis, que ese pensamiento luce, en sí, cada día más contradictorio y caótico de lo que fue en sus orígenes, y hoy es calificado muy duramente incluso por sus ex admiradores de la izquierda conspiradora e insurreccional. Cabe reconocer que Chávez advirtió involuntariamente sobre esta posibilidad cuando dio a Agustín Blanco Muñoz declaraciones que éste colocó bajo el siguiente subtítulo:

> Yo no soy el pensador que va a generar una doctrina nueva y total ni que caerá en la trampa de presentar un proyecto ideológico (...). Por eso, cuando nos

dicen, eso [el «pensamiento popular»] es muy difuso, eso está disperso por todas partes y hay que aglutinarlo, es una labor de mucha gente durante bastante tiempo. Rescatar el pensamiento popular y plasmarlo y definir cómo y dónde plasmarlo. Ahora, te digo, no me siento angustiado ni voy a caer en eso de: préstame tu proyecto ideológico completo. Creo que es una trampa...[60]

Ha quedado claro que así preparaba el terreno para convertirse en el intérprete directo, único y absoluto del «pensamiento popular», llegando a afirmar que cuando habla no lo hace Hugo Chávez sino el pueblo. Ante esta postura delirante han reaccionado incluso viejos guerrilleros y conspiradores. Uno de ellos, Gabriel Puerta Aponte, declaró recientemente que «Chávez es el más genial vendedor de mentiras que tiene este siglo [sic] venezolano...». Y sacó la conclusión: «Chávez está incapacitado para conducir al país por caminos de cambio y para lograr la superación de la crisis que vive Venezuela. Aquí cualquier proceso de cambio requiere necesariamente la sustitución del liderazgo de Chávez por uno colectivo que sea capaz de impulsar las transformaciones democráticas que el país reclama»[61].

La labor ideológica que debía realizar «...mucha gente, durante bastante tiempo...», se ha resumido en las ocurrencias del autócrata en medio de un desierto intelectual, creado por el fallecimiento de Pedro Duno y J.R. Núñez Tenorio, profesores de Filosofía cercanos a Chávez, al comenzar éste su gobierno, y por la estampida de quienes, como el filósofo Ernesto Mayz Vallenilla y el politólogo Ricardo Combellas, se pusieron espontáneamente a su servicio en los primeros momentos de su gobierno. El desierto intelectual que rodea al ex comandante de paracaidistas ha sido creado por él, y como es normal en los desiertos solo quedan reptiles y uno que otro roedor para servirles de presa.

EL BOLIVARIANISMO COMO IDEOLOGÍA DE REEMPLAZO INTERNACIONAL

La pretensión actual de darle al «bolivarianismo-militarismo», como ideología de reemplazo, una proyección de alcance continental latinoamericano, parece ser algo más que una ocurrencia en el discurso de Hugo Chávez. Pero se libra una disputa sobre la paternidad de esta concepción, bautizada como «El espacio vital bolivariano». El ex guerrillero Nelson Sánchez («Harold»), le atribuye la paternidad de la idea a Douglas Bravo, si bien le reconoce a Chávez la condición de promotor. Al decirle el entrevistador Alberto Garrido que «... está planteada la revolución continental bolivariana impulsada por Chávez, más ambiciosa, porque propone el establecimiento franco de una multipolaridad [*sic*] mundial enfrentada a los Estados Unidos...», diera la impresión de que se estaría conformando un nuevo espacio geopolítico bolivariano, donde el viejo trazado de fronteras tiende a diluirse frente al concepto de espacio vital bolivariano, pero, ¿quién lideraría la conformación de ese espacio? «Harold» respondió haciendo el recuento del inicio y el desarrollo del que denomina «espacio vital bolivariano»: «Ese tema lo discutíamos con Douglas [Bravo] en 1970. Ya en ese momento decíamos que Venezuela era la puerta abierta hacia América Latina y por esa razón los Estados Unidos siempre se encontraban muy atentos a lo que aquí pudiera ocurrir. Fíjate lo que pasó después del 23 de enero de 1958. Hasta Nixon [Richard, entonces vicepresidente] vino. '...Le parece que la historia...' quisiera repetirse. Hoy se abre otra vez la llave de la revolución bolivariana con una propuesta alternativa frente a la del modelo caduco de las democracias representativas corruptas, que el neoliberalismo está terminando de enterrar». Pero, frente al neoliberalismo «... está la tesis siempre vigente de Bolívar: el máximo de felicidad posible para el pueblo. Esto se traslada a varios países latinoamericanos. En Colombia hay una nueva realidad política y social. En Ecuador también, con otras características, bajo la influencia marcada de la revolución bolivariana que adelanta Chávez. Y pienso que la cadena seguirá»[62].

Es posible afirmar que el auge actual del bolivarianismo, como base de una ideología de reemplazo en la que se enlaza con el militarismo y, según pretenden algunos, con el marxismo-leninismo, marca la culminación de un largo proceso de utilización ideológica y política de la figura histórica y el pensamiento de Simón Bolívar en los más diversos países y escenarios, lo que ha significado también que se les ha puesto al servicio de causas muy disímiles.

La figura histórica de Simón Bolívar ha venido siendo utilizada por los más diversos movimientos políticos e ideológicos europeos, a partir de los enfrentamientos de los republicanos con los intentos de restablecimiento de la monarquía absoluta, a mediados del siglo XIX, y se ha mantenido hasta nuestros días. De esto da testimonio la extensa y rica documentación compilada por Alberto Filippi en su obra fundamental para la comprensión de este fenómeno, intitulada *Bolívar y Europa en las crónicas, el pensamiento político y la historiografía. Siglos XIX y XX*, en tres volúmenes[63].

El bolivarianismo encuentra una muy alta receptividad en las sociedades de los países llamados bolivarianos: Venezuela, Colombia, Panamá,
Ecuador y Bolivia, y en cierto grado también en Perú[64], y receptividad excepcional en los llamados países grancolombianos, es decir los que formaron
parte de la República de Colombia, denominada por la historiografía Gran
Colombia, constituida definitivamente en 1821 y desmembrada en 1830[65].
Hay fundados indicios de que el bolivarianismo-militarismo tiene ya rami-
ficaciones en los ejércitos de varios de estos países[66].

La Conferencia Tricontinental, reunida en La Habana en 1966, reco-
noció a Simón Bolívar, por su acción y su pensamiento, y por extensión
de su significación como Libertador, como ejemplo del internacionalismo
revolucionario (mal podría serlo del internacionalismo proletario, de otros
tiempos), haciéndole representar la lucha contra el imperialismo en América Latina, y poniéndolo de ejemplo para todos los pueblos del denominado
Tercer Mundo. Este reconocimiento lo hizo expreso Fidel Castro en una
carta dirigida a U-Thant, entonces Secretario General de la Organización
de las Naciones Unidas, inmediatamente después de la Conferencia, con el
fin de rebatir la acusación de intervencionismo formulada contra la declaración general de la Conferencia.

Respondiendo a una denuncia de esta proclamación presentada por
los gobiernos latinoamericanos ante el Consejo de Seguridad de la ONU,
en su carta a U-Thant, Fidel Castro invocó a Simón Bolívar y otros luchadores por la independencia para legitimar históricamente el principio intervencionista proclamado por la Conferencia Tricontinental. La carta tuvo el
propósito de «...to give an adequate reply to the letter sent to the President
of the Security Council by the representatives of the governements of Latin
America which, with the exception of Mexico, and under the guidance
of the interventionist and imperialist United States Government, dare to
'denounce' before said body, the resolutions adopted in the First Solidarity
Conference of the Peoples of Asia, Africa and Latin America».

Para apoyar el postulado de que: «It is no right to take independentism
for interventionism...», se alega una peculiar visión de los acontecimientos
políticos y militares que conformaron la Independencia:

> The militant revolutionary solidarity of the peoples of Latin America was
> manifested in a very active way throughout the liberation epic of Bolivar,
> San Martin and Sucre. It is with gratitude that the Latin American peoples

recall that solidarity. No one has ever thought of labelling the Latin American liberation movement of last century as an interventionist act.

In 1826 Simon Bolivar called the peoples of America to the Congress of Panama to discuss the most adequate ways of completing the liberation of the continent from Spanish colonial oppression.

According to the criterion of Yankee imperialism and the miserable lackeys who signed the above mentioned letter, that Congress might be conceived of as violating the sovereignty of the peoples and of being of a frankly interventionist character.

En una reciente conferencia todavía inédita, el destacado historiador colombiano Marco Palacios dijo: «Al año siguiente llegó a su fugaz esplendor la Organización Latinoamericana de Solidaridad cuya Primera Conferencia de La Habana en agosto [3 a 12 de enero de 1966] se reunió bajo la advocación y los gigantescos iconos de Simón Bolívar y José Martí y a la que el Che Guevara, entrampado en la selva boliviana, envió aquél mensaje eléctrico convocando a los revolucionarios del continente a hacer 'uno, dos, tres Vietnam'»[67].

La utilización del culto a Bolívar, junto con el rendido a José Martí, le ha servido a Fidel Castro para eludir la dificultad de definir el socialismo de su régimen más allá de las consignas, al igual que para encubrir su política intervencionista en diversos países de América Latina. Ante la hasta ahora insuperable dificultad de formular una teoría de la Revolución cubana, primero se quiso legitimarla haciendo de José Martí una especie de adelantado del socialismo en Cuba. Esta operación dio lugar a una cruda manipulación de la figuración histórica del poeta y escritor[68]. Ante la no viabilidad de un Martí precursor del socialismo en Cuba, se operó un repliegue y se le convirtió en símbolo de la moral revolucionaria[69]. De esta manera Simón Bolívar quedó consagrado como guía de la lucha revolucionaria, y otros como símbolos de esa misma lucha[70]. Estableciendo roles y asignando tareas «...Castro calificó a Simón Bolívar de 'gigante de la guerra' y a José Martí 'gigante del pensamiento' y proclamó que 'la lucha no cesará mientras persistan las acciones agresivas y las leyes infames de Estados Unidos. Así como también que no desaparezca el imperialismo, cuyos crímenes, podredumbre e injusticia conocemos muy bien'»[71]. La versión castrista del bolivarianismo es reveladora de la pobreza ideológica de la Revolución cubana, que se volvió tributaria, en este aspecto también, de la más rancia tradición ideológica representada por el culto a Bolívar, vuelto instrumento de control político y de promoción de causas desnudas de mensaje propio[72].

El caso de la guerra civil colombiana en curso ilustra el uso del culto a Bolívar, como principio legitimador, desde que el M-19 secuestró la espada de Bolívar, con la promesa de devolverla a su sitio de honor cuando terminase su lucha redentora de los colombianos, hasta la Coordinadora Guerrillera Simón Bolívar, que propuso un detallado programa de acción política, social y económica para toda América Latina[73]. La evolución del culto a Bolívar, desde su función primera y primaria como evocación legitimadora, hasta convertirse en el bolivarianismo como ideología de reemplazo, se ha acentuado al disiparse el mensaje socialista y la ilusión de la Revolución cubana, hasta suplantarlos por completo.

El actual recrudecimiento del bolivarianismo en la guerra civil colombiana tiene otros antecedentes relativamente remotos. En una carta dirigida al presidente Hugo Chávez, de 8 de diciembre de 1998, a nombre de la Comisión Internacional de las FARC-EP, se le felicita «...bolivarianamente por el significativo triunfo electoral del pasado 6 de diciembre en las elecciones que llevaron al Palacio de Miraflores [a] uno de los mejores hijos de la patria del [L]ibertador Simón Bolívar». Con intención programática se añade: «Las FARC-EP, mantiene[n] una posición política incuestionable en la lucha por conquistar para el pueblo de Colombia condiciones de vida dignas, con independencia, soberanía, libertades y justicia social, para el desarrollo y la democracia de los pobres, por ser los requisitos sin los cuales no habrá paz para las mayorías. Y, en ese legítimo deber de patria nos nutrimos del ideario libertario de Simón Bolívar». Por su parte, el ELN [Ejército de Liberación Nacional] incluye a Simón Bolívar entre sus símbolos, según la segunda estrofa del *Himno del ELN*: «Con las armas de Galán y de Bolívar / hoy combate nuestro pueblo con valor / en la gesta inclaudicable y decidida / contra siglos de miseria y opresión»[74].

En los hechos, fue difundido un manifiesto de lanzamiento del Movimiento Bolivariano por la Nueva Colombia, dirigido a los «Colombianos», fechado 29 de marzo de 2000. El documento comienza fechando el inicio de la fase actual de la lucha armada y precisando su finalidad:

> Desde el 27 de mayo de 1964 a los integrantes de las FARC-EP, nos han obligado a recorrer innumerables caminos y a combatir en forma de guerra de guerrillas móviles sin vacilación ni desmayo, primero como recurso de

resistencia ante la agresión [se refiere a los sucesos de Marquetalia, Tolima, hace 35 años] y ahora, en la búsqueda del poder político para construir un nuevo país, democrático, soberano y con justicia social. (...) Así se forjó, al calor de la lucha, la concepción del combate por el poder político como objetivo concreto y única herramienta efectiva para construir una Nueva Colombia.

Para este fin, prosigue el Manifiesto, «...le estamos proponiendo al país, la construcción del Movimiento Bolivariano por la Nueva Colombia como instrumento civil, alternativa a los partidos tradicionales, que luche por incorporar a todos los inconformes a la acción por la defensa de sus intereses y por la conquista del poder político para los trabajadores y los sectores democráticos de la nación».

El Manifiesto justifica prolijamente el calificativo de Bolivariano:

Bolivariano, porque rescata la esencia del pensamiento, la vida y la obra de El Libertador. Porque asimila y hace propio su profundo sentido latinoamericanista que convoca a nuestros pueblos, no a las oligarquías, a unir esfuerzos para construir esa gran nación que pueda enfrentar los grandes retos del futuro en igualdad de condiciones a las potencias contemporáneas. Por su hondo amor a la independencia de nuestros pueblos frente a las potencias imperiales. Por su enorme visión de futuro. Por su comprensión de que sólo un poder que surja del pueblo garantiza el futuro de nuestras naciones. Por su grandeza y genialidad en los campos de batalla, por su entrega a la causa de todos y por su total desprendimiento personal que lo llevó a sacrificar salud, comodidades y lujos en aras del bien común. Porque la epopeya sintetizada en su vida, resume todas las tradiciones de nuestros ancestros y se proyecta, vigorosa, vigente y luminosa como un faro, en estos tormentosos tiempos que debemos superar.[75]

El tránsito desde el bolivarianismo compartido hacia el bolivarianismo-militarismo de Hugo Chávez, tropieza con la dificultad planteada por el vínculo todavía subsistente —y quizás meramente táctico— del golpista militar venezolano con los poquísimos sobrevivientes del socialismo autocrático. El sábado 10 de junio de 2000 el diario *El Universal* publicó una entrevista realizada por Andrés Mata Osorio y Roberto Giusti al presidente Hugo Chávez Frías, intitulada: «Sí me he visto con delegados de la guerrilla. El entrevistado niega, en cambio, que haya habido relación directa con los jefes de la insurrección». En los siguientes fragmentos Chávez se esfuerza por deslindar posiciones:

En la guerrilla colombiana, tanto en las FARC como en el ELN, el sentimiento de admiración por usted y su proyecto político llega al punto de que lo asumen como propio. En una entrevista con el comandante Raúl Reyes, al indagar sobre la educación de los jóvenes guerrilleros, este me afirmó que «las FARC son marxistas, leninistas y bolivarianas (...) que yo haya tenido contacto con la guerrilla colombiana, como se especuló tanto, jamás. Ahora sí lo hay, aunque no directamente. Por otra parte, nosotros tenemos un proyecto y una visión filosófica, ideológica y política. Habría que compararla con la de ellos (...) si Reyes te dijo que ellos imparten marxismo-leninismo, bueno, por ahí ya no es 'igualito' (...) Nosotros no somos marxista-leninistas sino bolivarianos y hacemos esfuerzos por rescatar el pensamiento republicano, humanista y democrático de Simón Bolívar. Yo he seguido ese fenómeno con atención y curiosidad, lamentablemente no me ha llegado hasta ahora un proyecto, como tal, de las FARC o del ELN, para poder hacer todas las comparaciones».

Llámese contacto, estrecho o no; llámese coincidencia programática, el hecho es que en el acto de lanzamiento del Movimiento Bolivariano por la Nueva Colombia, efectuado el 29 de marzo de 2000 en San Vicente de Caguán, el jefe militar de las FARC «...ordenó ataques para 'estremecer a la oligarquía', sin importar que se rompa el proceso de paz» (*El Universal*, Caracas, 30 de abril de 2000). Es cosa admitida la existencia de la oligarquía colombiana. No sucede igual con Venezuela, donde generalmente se admite que los remanentes de la oligarquía colonial desaparecieron en la denominada Guerra Federal (1859-1863). No obstante: «El presidente Hugo Chávez, reeditando el juramento del Libertador en el Monte Sacro, prometió ante la tumba donde reposan sus restos, que 'una vez más no daremos descanso a nuestra alma ni reposo a nuestros brazos hasta que no hayamos echado hasta el último vestigio de la oligarquía que traicionó tu sueño y destrozó la obra que comenzaste hace doscientos años. Lo juramos. La vida se nos irá en el esfuerzo'» (*El Nacional*, Caracas, 25 de julio de 2000).

El resultado es que pese a las negativas del Presidente y a los estallidos de cólera del intemperante (para entonces) Canciller venezolano, José Vicente Rangel, ahora Vicepresidente, tiende a consolidarse la creencia de que existe una conexión de solidaridad activa entre el gobierno de la República Bolivariana de Venezuela y las FARC, e incluso el ELN. En reciente editorial el diario bogotano *El Espectador* (8 de febrero de 2001), elevó su protesta a este respecto:

Todo esto afecta las relaciones con nuestro país, como cuando el mandatario decidió descalificar con el mote de «oligárquico» todo lo que no estuviese de acuerdo con su proyecto revolucionario; o cuando el canciller Rangel, en no pocas y vehementes intervenciones, más parecía estar comandando la defensa que la diplomacia de su país (...) no conceptuamos sobre los asuntos internos de un país vecino, pero sí reclamamos el derecho legítimo e irrevocable de decidir sobre los propios.[76]

Como era de esperarse, la invocación bolivariana también está presente en las Fuerzas Armadas colombianas. El diario venezolano *El Universal* publicó el 10 de noviembre de 2000 una nota titulada «Coronel lanza proclama bolivariana contra Pastrana», en la que se lee:

«Un coronel del Ejército colombiano acusó públicamente al gobierno del presidente Andrés Pastrana de haber 'ofendido el honor' de la institución, e invocando al Libertador Simón Bolívar llamó al pueblo a 'reconstruir la patria'. Al defender nuestro honor defendemos el papel que heredamos del Libertador. Por ello ponemos en riesgo nuestra cómoda condición silenciosa a cambio de una condición de honesta franqueza, como es la de jugarnos nuestra vida por la defensa del bienestar colectivo», dijo el teniente coronel Guillermo Lora «... ante una multitud reunida en una céntrica plaza de la ciudad de Cali (...) en un acto que calificó de 'desagravio' al saliente comandante de la Tercera Brigada, general Jaime Canal, quien renunció [*sic*] la semana pasada por presuntas discrepancias con el gobierno».

Restándole importancia al hecho el ministro de Defensa, Luis Fernando Ramírez

...insistió [en] que las palabras del coronel no representan posición alguna dentro de las fuerzas del orden, ya que las mismas fueron proferidas en su condición de civil, al subrayar que Lora había sido apartado del servicio días atrás por faltas a la disciplina. (...) La prensa aseguró que Lora, quien trabajaba en el área de Instrucción del Ejército en Bogotá, ya había sido retirado de ese organismo hacía ocho años por criticar a la cúpula militar, pero que debió ser reintegrado en 1999 debido a un recurso de amparo (...) Lora afirmó que la dimisión de Canal «no es un hecho aislado, sino un gesto que expresa un sentimiento generalizado de inconformidad, no sólo de los militares activos, sino también de los retirados. Ya que desde tiempo atrás hemos visto quebrantado nuestro honor».

Por su parte, el general Jaime Canal «...dijo que no avalaba las aseveraciones del coronel, pues 'no representan en modo alguno el sentir del Ejército'».

Es necesario preguntarse, respecto de las expresiones de bolivarianismo militar en Colombia, al igual de las que veremos en el caso de militares ecuatorianos, sobre cuánto hay en ellas de elemental encantamiento del militarismo tradicional por el triunfo político de Chávez, y cuánto hay de auténtico vínculo ideológico, por disparatado que también pueda parecer[77].

Los movimientos políticos ocurridos en Ecuador en el mes de enero del año 2000, que fueron promovidos por un grupo de oficiales del Ejército con la cooperación de las organizaciones de indígenas, no sólo se colocaron programáticamente en el campo del bolivarianismo sino que le atribuyeron a éste una proyección internacional. Invocando expresamente el ejemplo de Venezuela los líderes golpistas, militares e indígenas, se declararon dispuestos a constituir una república bolivariana.

Se produjeron las declaraciones bolivarianas del teniente coronel Guillermo E. Pacheco Pérez, quien participó en la toma del Congreso el 21 de enero:

> ...cited Mr. Chávez's pan-American ideals in a letter he made public after he sought political asylum in the Venezuelan Consulate in Guayaquil (...) In the document, Lt. Col. Guillermo Pacheco Pérez proclaimed his identification with «the cause of Bolivarian liberation» and the «ultra-free Bolivarian Republic of Venezuela». His goal, he said was «to refound a New Republic that permanently marginalizes all that has swept us away to institutional putrefaction and the servitude that Bolivar repudiate».[78]

El comentarista añade:

> A poll taken here just before the coup, for instance, found that the military in Ecuador has reached a level of popularity even higher than the Roman Catholic Church. «Over the past 20 years, the Ecuadorean Armed Forces have maintained a course of action that, in the midst of the chaos the country has lived through, has managed to transform them into the only institution that enjoyed prestige and respect among the citizenry», said Simon

Pachano, an analyst at the Latin American Faculty of Social Science here. Given that oportunity, the armed forces here and elesewhere have been searching for a new role and model, and the emergence of Mr. Chavez has been fortuitous for them. His repeated citation of Bolivar's pan-American vision and the nationalist and populist regime he has installed in Venezuela resonate deeply, both among frustrated and idealistic junior military officers and left-wing politicians who have been shut out of power.

Echoing Mr. Chavez, the colonels who launched Ecuador's coup offered a classic populist program.[79]

Refuerzan esta visión de los sucesos ecuatorianos dos hechos. En primer lugar: «Significantly, Venezuela has been the only country to break ranks and not speak out against the coup here. On his weekly radio program, Mr. Chavez (...) not only condoned the rebelion, but sounded downright sympathetic to its leaders and their goals and tactics» (*idem*). El segundo hecho es la clara y directa referencia a la vinculación del movimiento bolivariano colombiano con el ecuatoriano, hecha por el comandante Ariel, de las FARC[80] (véase la nota N° 75).

No corresponde al presente estudio examinar el uso del bolivarianismo en el debate sobre la unidad continental implícito en el panamericanismo representado por la OEA (Organización de Estados Americanos), pues si bien él representa la culminación de un proceso histórico prolongado que mantiene su vigencia, ha derivado en una suerte de foro para la consideración de las crisis locales y para el montaje de programas de cooperación de diversa índole, si bien tiene una proyección ideológica expresa en lo tocante a la preservación de los sistemas políticos liberal-democráticos, lo que hace descartar toda inclinación militarista y socialista. En cambio, una variante del bolivarianismo está presente vinculada con los proyectos de integración latinoamericana en el orden económico y cultural (véase la nota N° 64).

Volviendo sobre las desventajas del bolivarianismo, no ya necesariamente vinculado con el militarismo, como ideología de reemplazo, cabe subrayar el hecho de que las señaladas como ventajas, respecto de Venezuela, se vuelven desventajas cuando se les proyecta en escala internacional americana, lo que generalmente se acentúa por su actual vinculación con el militarismo tradicional y el fidelismo.

El destacado historiador colombiano Marco Palacios tiene razón cuando apunta las características que tiene el culto a Bolívar en Venezuela (véase la nota N° 74). Ahora bien, tanto en Colombia como en Ecuador las manifestaciones de ese culto marcan diferencias considerables con el rendido por los venezolanos.

En Perú las posibilidades de propagación del bolivarianismo-militarismo se ven decididamente contrariadas por la disputa sobre los libertadores, si Simón Bolívar o José de San Martín, pero también pesa mucho el recuerdo del militarismo, aún vigente bajo el gobierno del presidente Fujimori.

No se han advertido signos de bolivarianismo en Bolivia, donde además, en la admiración nacional predomina la figura del general venezolano Antonio José de Sucre, vinculada con el nacimiento y la puesta en marcha del Estado independiente.

Si bien en Centroamérica, y particularmente en Panamá, la figura de Bolívar goza de cierto grado de apego, los requerimientos de una difícil identidad nacional, y los propósitos de unificación plurinacional orientan preferiblemente hacia el culto a los héroes propios.

En Argentina, Chile, Uruguay y Brasil están vivas las huellas del militarismo y tardarán mucho en cerrarse las heridas que causó. En cuanto a Brasil, parece no haber manifestaciones de cultos heroicos, por el carácter propio de su proceso de Independencia, y la veneración por Bolívar está reducida a círculos minúsculos. En suma, las graves heridas dejadas por las dictaduras militares en el Cono Sur impiden que se genere entusiasmo colectivo en torno a ideologías de reemplazo relacionadas con el militarismo.

México sigue un curso propio, dada su vecindad y sus vínculos con los Estados Unidos de América, en lo reciente, por su curso histórico específico y por su compleja integración nacional.

Por otra parte, lo confuso e inmaduro del mensaje bolivariano-militarista, personificado en el autócrata venezolano, y manifiesto en su disparatado discurso y en sus arrestos de unificador de Latinoamérica, añadido a su arcaizante vínculo con Fidel Castro, son factores limitantes considerables de la expansión internacional latinoamericana del bolivarianismo-militarismo como ideología de reemplazo.

No obstante, la conflictiva situación interna en países como Colombia y Ecuador parece dar oportunidad al empleo del bolivarianismo como ideología de reemplazo, aunque no necesariamente vinculado con el militarismo. El 6 de agosto de 2000 publicó Larry Rohter un artículo en *The New York Times* intitulado: «Bolívar's Your Hero? No, He's Mine», del cual extraigo el siguiente párrafo:

Thanks largely to Mr. Chávez, it seems to be the left that is getting the most mileage out of Bolívar in nearby countries in Latin America at the moment. The political party recently formed by Colombia's main Marxist guerrilla group bears Bolívar's name, and the populist-nationalist colonels who joined with Indians to overthrow President Jamil Mahuad of Ecuador in January have also described themselves as followers of Bolívar.

CONSIDERACIONES FINALES SOBRE EL BOLIVARIANISMO COMO IDEOLOGÍA DE REEMPLAZO

Como se ha dicho, la crisis general del socialismo al extenderse hasta el marxismo doctrinario ha generado una grave desorientación ideológica. Esta ha desquiciado la estructura ideológico-política a la cual servía de base, en la cual la socialdemocracia y el socialcristianismo eran partes de una gama de posiciones políticas moderadas. Quedó así abierto el campo a las ideologías de reemplazo.

Para estos efectos el bolivarianismo cumple una doble función: «De manera general puede decirse que el pensamiento, la obra y aun la personalidad de Simón Bolívar son utilizados, en esta operación ideológica, en una doble función, según los casos: funciona como ideología de reemplazo y como factor legitimador de toda suerte de actitudes, posturas y aun proposiciones ideológicas»[81].

Tempranamente fue utilizado para combatir el comunismo:

El haberlo convertido en permanente, universal e ineludible contexto del pensamiento americano, hace posible el recurso a Simón Bolívar en toda circunstancia, mediante una operación ideológica elemental y –pareciera que quiso expresarlo así el ministro del Interior del general Juan Vicente Gómez, quien, según dicho que se le atribuye al propio dictador, fue el inventor de que tras la rebeldía estudiantil venezolana de 1928 se agitaba el fantasma del comunismo– tan natural que hasta los rusos la practicaban[82] (véase la nota N° 12).

Hubo quien vio en el uso del bolivarianismo un arma del nacionalismo:

Pero si bien el culto heroico necesita recurrir a la pretendida universalidad de su naturaleza en búsqueda de legitimación para su urgencia, en ella también encuentra la proposición que vuelve irrisorio su anhelo de representar las causas nobles, únicas a las cuales pueden servir los héroes por exigencia de la índole moralizadora del culto: «A falta de un rey –escribió hacia 1936 Andrés Ponte–, el nacionalismo busca realizarse en un héroe o un gran patriota o un gran conductor: Bolívar en los países bolivarianos; Lenin en Rusia; Moussolini [sic] en Italia; Hitler en Alemania»[83].

Pero en el fondo de este malabarismo seudohistoricista ejecutado con el bolivarianismo está como legitimador forzado el afán, a veces confeso, de completar la obra –para el caso desnaturalizada– de Simón Bolívar:

...el bolivarianismo oficial, entendido cual ideología de reemplazo, puede adquirir formas tan sencillas como la misión de «completar la independencia», o servir de motivación y símbolo a un movimiento fascistoide. En el primer sentido se enunciaba en forma llana lo que, con mayor o menor elaboración, ha constituido el pretexto legitimador de proyectos políticos de todo género. El completar la obra de Bolívar fue el objeto de los desvelos del general Juan Vicente Gómez Chacón, según lo repetían sus voceros y allegados. También la democracia y el socialismo han pretendido completar la obra de Bolívar».[84]

Completar la obra de Bolívar, como mandato espontáneamente asumido, puede tener una doble proyección, nacional e internacional. Así lo entiende el recién reelecto presidente de Venezuela Hugo Chávez Frías, quien para el efecto parte del hecho, cada día más ilustrado, de creerse una suerte de reencarnación de Bolívar, al parodiar con voz y gestos que se quieren solemnes el llamado «Juramento del Monte Sacro»[85].

El balance de este montaje político-ideológico ha perdurado en su esencia desde que el general Eleazar López Contreras lo concibió y puso en práctica, como hemos visto, desde el inicio de su gobierno (1937):

En síntesis, el general utilizó el bolivarianismo para intentar estorbar o impedir la marcha de la sociedad venezolana hacia la democracia. Hoy se le utiliza con igual propósito. La diferencia consiste en que lo que en el general era sincera convicción es hoy grosero artificio para encubrir el autoritarismo y erradicar la democracia. Este es y ha sido el triste sino del bolivarianismo, engendro del pensamiento atribuido a Simón Bolívar, más que producto legítimo del pensamiento de Simón Bolívar».[86]

Pero hay fuertes indicios de que no se trata, en el caso de las diversas expresiones nacionales del bolivarianismo-militarismo, de montajes ideológicos locales, más o menos circunstanciales, que buscaban sobre todo halagar la vanidad del déspota de turno, como lo fue el peronismo o pretendió serlo el efímero «torrijismo», sino de la ambiciosa proposición de una «nueva teoría de la revolución latinoamericana»[87], utilizando como vehículo un prestigio históricamente establecido, ampliamente reconocido y abierto, por virtud del culto a Bolívar, a todas las adaptaciones imaginables. La mejor expresión de este fenómeno es la actual proposición del híbrido imposible denominado «marxismo-leninismo-bolivarianismo»[88], convertido en coartada doctrinaria del militarismo tradicional y en refugio de los pocos sobrevivientes venezolanos del socialismo autocrático.

Parece razonable evaluar esta empresa ideológico-política situándola en el marco del empeño que pusieron los movimientos comunistas latinoamericanos, desde su aparición organizada en la década de 1930, en lo que se llamó «nacionalizar el marxismo». Para este efecto se elaboraron versiones de las historias nacionales que permitiesen establecer la vinculación del marxismo con el desarrollo histórico de cada sociedad latinoamericana, aunque de manera más o menos forzada, pues era necesario preservar a toda costa la ortodoxia doctrinaria[89]. Al introducir el bolivarianismo-militarismo como componente ideológico de las autocracias neomilitaristas, actuales y en proyecto, se ha operado una perversión de la tendencia ideológico-política cuya fase formativa expuse sumariamente en una conferencia intitulada «Bolívar y el presente latinoamericano: el rescate de Bolívar», pronunciada en 1983, cuyo texto incluí en mi obra *Venezuela: Proyecto Nacional y poder social*. Allí hice un primer intento de analizar los mecanismos ideológicos que operan tras la fachada de esta empresa antihistórica.

NOTAS Y TEXTOS DE APOYO

1. Como cabía esperarlo, la desorientación ideológica tiene expresiones colectivas e individuales. Pero no siempre es posible, mucho menos fácil, separar tales expresiones atendiendo a su índole y alcance. Es justamente en esta franja de indefinición donde encuentran terreno propicio las que en el presente estudio denomino «ideologías de reemplazo», como también los movimientos mesiánicos, los fundamentalismos y las actitudes mesiánicas, relacionados en mayor o menor escala con esas ideologías.

Se ha ofrecido como ejemplo de desorientación ideológica colectiva el reciente movimiento estudiantil que paralizó durante unos nueve meses la Universidad Nacional Autónoma de México (UNAM). Al parecer en su desarrollo se practicaron procedimientos que lo diferenciaron radicalmente de las tradicionales huelgas de estudiantes universitarios. Para algunos observadores lo resaltante fue la ausencia de contenidos ideológicos, que de alguna manera se identificaran con las tendencias ideológicas vigentes hasta hace poco tiempo. El movimiento fue calificado de anárquico por exhibir la que fue interpretada como una total desorientación ideológica, si bien los recientes acontecimientos de Seattle, Washington y Praga, con motivo de importantes reuniones económicas y financieras internacionales, parecieran indicar que más que ausencia de contenidos ideológicos lo que estos movimientos sugieren es una búsqueda primaria de nuevas orientaciones ideológicas. Sin embargo, esto mismo abonaría también la tesis de la desorientación ideológica.

En un artículo titulado «Young and Anarchic, the Angry Left is Reborn in Mexico», Julia Roberts dice que lo sucedido en la UNAM «...revealed a new kind of leftist movement, one whose new foe is the global economy (...) But the conundrum for their movement was that the new adversary –globalism– was faceless. It was a product of commerce and technology more than of government or guns. It was emerging everywhere at once, with no clear alternative in sight».

La explicación de esta conducta parece sencilla: «If the student were confronting anarchic change, they met it with an anarchic movement. The strike steering committee took over the campus, using barbed wire to keep other students out. They elected no outstanding leaders and took their decisions in chaotic all-night assemblies. Over the months the university conceded demand after demand, but the strikers only upped the ante».

En suma, «...it seemed that the strike had been an end in itself, a form of complete resistance against social and economic changes they could never hope to control».

Un acabado ejemplo de desorientación ideológica individual se ofrece en una larga entrevista, recogida por Agustín Blanco Muñoz en un volumen intitulado *Venezuela del 04F-92 al 06D-98. Habla el comandante Hugo Chávez Frías*, concedida por el teniente coronel golpista sobreseído Hugo Chávez Frías, cuando era candidato a la Presidencia de Venezuela.

El declarante comenzó haciendo una rotunda afirmación: «Con frecuencia nos conseguimos con gente que habla del fin de la historia, del fin de la ideología comunista. Eso no significa que el comunismo no tenga un planteamiento científico como idea y como método. No estamos señalando que no sirva para nada. Pero estamos convencidos de que el comunismo no es la ideología a través de la cual se va a conducir el futuro venezolano. Hablo del marxismo puro. Y por otra parte, vemos esta ideología democrática neoliberal, capitalista, que hemos conocido y nos ha llevado a este desastre. Son dos líneas de pensamiento, y hasta pudiéramos optar por una tercera: la de los tecnócratas, como otra alternativa» (pp. 69-70).

Dicho esto, confesó tener un conocimiento muy rudimentario del marxismo, lo cual no le incomodó para hacer generalizaciones como la precedente y la siguiente: «Yo no puedo adueñarme ahora del pensamiento marxista y declararme como tal, porque no lo conozco. Yo nunca leí *El Capital*. He leído elementos del marxismo, pero de forma superficial. Para yo decir: soy marxista, debería conocerlo a fondo. ¿Soy cristiano? No, no conozco la teoría cristiana ni la practico...».

Igualmente rechazó todo intento de ubicarlo en la gama ideológica tradicional: «Ahora, una vez un periodista –estoy recordando– me preguntaba: ¿dónde se ubica usted? ¿En la izquierda o en la derecha? No sé, no me ubico. Yo me niego a ubicarme, a limitarme a un sector que además no está bien definido, cuál es izquierda y cuál es derecha. Entonces me preguntaba: pero es que todo lo que usted me ha dicho es de izquierda. Bueno, ese es su punto de vista, su enfoque. Ahora yo mismo, no estoy ubicado en ese sector» (p. 74).

Dicho lo cual se extendió en una caótica exposición de la búsqueda ideológica que llevó a los conjurados, con él, a formular la pintoresca seudodoctrina que denominan «El árbol de las tres raíces»: «Voy a tratar de explicar eso con una figura. Primero para explicarnos a nosotros mismos, en esos años, de la construcción del movimiento y de la ideología que nos movía. Después de muchas discusiones llegamos allí. Y creemos que eso explica esa aparente contradicción, que a lo mejor no es aparente, sino que está allí. Fíjate, yo te hablaba de Miranda [Francisco de], y hay otro ejemplo que estudiábamos mucho, no de pensadores, pero sí de actores, que fueron los hermanos Farfán, Francisco y Juan Pablo, que hicieron una rebelión en contra de Páez [general José Antonio] (...) Pudiésemos ampliar esto y no hacer tres, sino quinientas fuentes, y en verdad cuando decimos tres no son en verdad fuentes, hablamos de tres raíces, de tres figuras. Porque del marxismo hay que beber, del planteamiento liberal, del estructuralismo hay que beber, de muchas corrientes. Del cristianismo hay que beber, de los pensadores clásicos de la antigüedad. Son fuentes. Cuando nosotros hablamos de estas tres figuras [Simón Bolívar, Ezequiel Zamora y Simón Rodríguez], hablamos de tres raíces. Entonces la figura que te mencionaba al inicio, es el árbol de tres raíces, con un tronco, con ramas y un follaje de trescientos sesenta grados. Ese árbol toma del subsuelo y de más allá de la atmósfera, de los rayos del sol, del infinito casi, para poder crecer y vivir. Entonces toma del ambiente, del entorno, desde el sol hasta la sombra es una fuente para ese árbol, desde la luz hasta la sombra, desde el ápice de las raíces, toma. Con eso nos explicábamos, porque mucha gente nos preguntaba por Miranda [Francisco de], que fue precursor de la independencia. Estando preso, recuerdo que una vez nos llegó un afiche que hablaba de las cinco raíces, de un grupo. Y tuvimos que discutirlo bastante. Ellos planteaban Guaicaipuro, como representante de la lucha indígena. Y especialmente porque la rebelión nuestra fue cuando los quinientos años de lo que ustedes [se refiere al entrevistador] llaman los No Descubiertos. Y después apareció otro grupo que planteaba que el cantor Alí [Primera] fuese otra raíz» (pp. 74-75).

La imagen del «Árbol de las tres raíces», alusivas a Simón Bolívar, Simón Rodríguez y Ezequiel Zamora, es decir a las figuras históricas que Hugo Chávez considera personificaciones del líder, el ideólogo y el guerrero popular, respectivamente, parece corresponderse con la percepción totémica de un árbol bautizado «El Samán de Güere», por estar cerca de la población de ese nombre. Ha sido convertido en una suerte de árbol sagrado por el culto bolivariano tradicional, dada la circunstancia de que en algún momento Simón Bolívar se cobijó bajo su sombra.

Muy sintomáticamente, los conspiradores, con Hugo Chávez Frías a la cabeza, se juramentaron a su pie, ritual que fue realizado igualmente por el también teniente coronel sobreseído Francisco Arias Cárdenas, ahora enfrentado a su compañero de aventura Hugo Chávez Frías, junto con algunos de sus seguidores, en marzo de 2000.

En consecuencia con la mejor tradición, no puede concebirse una conjura sin un sagrado juramento de los conjurados, si bien está visto que en el presente caso ello no fue garantía de fidelidad. Uno de los ahora seguidores de Francisco Arias Cárdenas, Yoel Acosta Chirinos, procura hoy la reconciliación con Hugo Chávez Frías: «Acosta Chirinos, quien ejerció como coordinador nacional del MVR [Movimiento Quinta República] hasta que hizo causa común con Arias Cárdenas y Urdaneta, en la llamada 'Declaración de los comandantes del 4-F', en la cual se hicieron duros cuestionamientos contra el Presidente y su Gobierno, cree ahora que debe estar al lado de Chávez, 'para ir juntos en pos del cambio'». («¿Lealtad o traición? Acosta Chirinos está dispuesto a volver con Chávez». El Nacional, Caracas, 10 de noviembre de 2000).

Pero lo significativo en los casos comentados es la relación del juramento con Simón Bolívar, aunque cambie la naturaleza del objeto que lo represente. Queda revelado así que el juramento se ha prestado indirectamente ante Simón Bolívar, lo que acentuaría el significado patriótico del juramento, y se supone que también lo depura de la sospecha de encubrir censurables propósitos. William Izarra, otro de los militares conspiradores, promotor de su propio movimiento: ARMA [Alianza Revolucionaria de Militares Activos), declaró a Alberto Garrido: «Sí. Nosotros teníamos nuestro juramento. Así como se conoció que el MBR [Movimiento Bolivariano Revolucionario] hacía su juramento ante el Samán de Güere, nosotros jurábamos ante el Panteón Nacional... Y se entregaba una moneda, que era un símbolo para cada oficial que se comprometía ante el Panteón con su juramento revolucionario». (Guerrilla y conspiración militar en Venezuela. Testimonios de Douglas Bravo, William Izarra y Francisco Prada, p. 75).

Necesitados de juramentarse ante Simón Bolívar, e imposibilitados de hacerlo ante el monumento funerario, en el Panteón Nacional, lo que además habría sido imitar el ritual inaugurado por el general Eleazar López Contreras, como su primer acto público al asumir la Presidencia de la República (véase en el texto la nota N° 39), los conspiradores tuvieron que conformarse con establecer una línea indirecta con su santo patrono, bien fuera juramentándose al pie del vetusto Samán de Güere, bien fuera ante el edificio del Panteón Nacional.

Este simbolismo hace recordar lo que escribió un político y letrado venezolano de no muy loable trayectoria: «...los más letales efectos de la falsificación de la historia se producen en la conciencia histórica de los pueblos»; según Rafael López Baralt [1855-1918]: «Si se falsea la historia, se siembra en la conciencia de los pueblos errores que pueden serles fatales mañana en la escogencia de los medios á que han de pedir su salvación en casos dados». (Epígrafe seleccionado por Domingo Antonio Olavarría [Luis Ruiz], en su obra *Historia patria. X Estudio histórico político. Refutación del «Manifiesto Liberal» de 1893*, p. 148.

Casi un siglo después, y mediando los excesos del culto heroico bolivariano convertido en eje de la *historia oficial*, se ha visto confirmada la prevención del médico historiador, como lo ilustra la siguiente participación de fe conspirativa, publicada en el diario *El Universal*, Caracas, el 3 de noviembre de 1992: «Hago del conocimiento a [*sic*] los miembros de las FF.AA. [Fuerzas Armadas], y de la opinión pública en general, que pertenezco al Movimiento Bolivariano Revolucionario 200, desde su misma raíz en el año 1983, cuando en compañía del para entonces capitán Hugo Rafael Chávez Frías y Felipe Acosta Carles, juramos ante el histórico monumento [*sic*] del Samán de Güere rescatar la dignidad e identidad de nuestro pueblo venezolano, vilmente ultrajadas por la dirigencia política del país. *(Fdo.)* *Tcnel. (EM) Jesús E. Urdaneta Hernández*». (Germán Carrera Damas, *Aviso a los historiadores críticos: «...tantos peligros como corre la verdad en manos del historiador...»*, Andrés Bello, p. 396).

El alcance de esta aparente ingenuidad totémica, reveladora de una falta de coherencia ideológica rayana en lo pintoresco, no debe ser desdeñado en cuanto a su poder vinculante, al ejercerse en el ámbito de una mentalidad militarista de bajo nivel cultural, como es el caso en estudio.

Pero si bien el desconcierto ideológico se da también en forma individual, y no sólo colectiva, ello no significa que no pueda darse simultáneamente en varios y diversos individuos, ni que deje de asumir grados diversos de virulencia. Puede alcanzar niveles de alta peligrosidad, como en el caso del delirante colaborador de Hugo Chávez Frías, Carlos Lanz Rodríguez, delegado y coordinador del Proyecto Educativo Nacional, encargado de convertir el área educativa en un aparato de indoctrinamiento mediante la elaboración de un Proyecto (Constituyente) Educativo Nacional. Declaró recientemente: «Soy gramsciano desde el punto de vista filosófico, y mis ideas son un compendio de la teología de la liberación, el marxismo, el bolivarianismo, la indianidad y el cimarronismo». (Pedro Llorens/Alfredo Meza, «Programa educativo del Chavismo: Ideólogo de MinEducación se inspira en Bolívar, Marx y Gramsci». *El Nacional*, Caracas, 27 de agosto de 2000).

Quizás por considerársele una añagaza ideológica eficaz, quizás porque ella sólo tiene de verdad el dar prueba de la capacidad demostrada por Hugo Chávez para adoptar ideas; pero quizás sobre todo por preservar el propio bolivarianismo, es decir, por supuesto, «el auténtico», al bolivarianismo de Hugo Chávez Frías le han brotado contendores. Uno de ellos es Douglas Bravo, quien fuera jefe de un derrotado frente guerrillero en los años 60. En una reciente entrevista concedida al periodista Alberto Garrido, recogida en un volumen (*op. cit.*), el ex guerrillero ofrece el siguiente pintoresco testimonio: «Hay un elemento que nosotros no percibíamos bien en un período determinado, pero cuando fue tomando cuerpo produjo, por sus propias peculiaridades, una doctrina autónoma, independiente, que quiso, al menos en los primeros momentos, que el marxismo bajara a nuestra geografía y tomara el contenido de los andes, el contenido de los llanos, el contenido de la selva, el contenido de la indianidad, el contenido de la negrura, que no tenía la doctrina en abstracto».

Al observarle el periodista «...que una buena parte del discurso de Chávez contiene estos pensamientos», Douglas Bravo añadió: «Exacto. Te voy a explicar. Cuando a nosotros nos expulsan del Partido Comunista es porque estamos reivindicando los elementos teóricos de Simón Bolívar, de Simón Rodríguez, de Zamora y de otros pensadores nuestros, cuyos postulados chocaban con los de la ortodoxia del pensamiento soviético. Por ejemplo, había planteamientos de Simón Rodríguez que significaban una ruptura, para usar una palabra dominguera y clásica, con la filosofía que nos llegaba de Europa. Decir por ejemplo que era necesario errar o inventar [la expresión de Simón Rodríguez, referida al tránsito desde la monarquía colonial a la República, reza: 'O inventamos o erramos', lo que sí tenía sentido, G.C.D.] chocaba con un pensamiento que sostenía que ya no había por qué inventar nada. Nosotros redactamos un documento que publicó Pedro Duno llamado 'Marxismo-leninismo-bolivariano' [aún no he podido localizarlo, G.C.D.], donde por primera vez se planteó el problema de la nacionalización del pensamiento revolucionario» (pp. 34-35). Véanse, sobre este último punto, las «Consideraciones finales» y la nota N° 40.

Simón Sáez Mérida, fundador del MIR (Movimiento de Izquierda Revolucionaria) y secretario general de AD (Acción Democrática) en la clandestinidad durante la dictadura del general Marcos Pérez Jiménez, declaró sobre esta abigarrada base ideológica del denominado «chavismo»: «El árbol de las tres raíces –Bolívar, Rodríguez y Zamora–, base teórica del levantamiento del 4 de febrero, es un planteamiento ritualista, muy del gusto rimbombante de ciertos sectores castrenses. Salvo las invocaciones devocionarias y el uso de frases fuera de contexto, no hay ninguna seriedad en el análisis del pensamiento de Simón Bolívar, sino mucho discurso vacío, mucha palabrería inútil y mucha generalización. En las piezas centrales de Bolívar existen constantes políticas e ideológicas, pero se trata de un pensamiento disperso y contradictorio que responde a situaciones políticas concretas. Sin embargo, se ha utilizado para las legitimaciones más diversas. Guzmán Blanco lo utilizó para armar su 'religión laica' y adocenar la historia oficial; los ideólogos del gomecismo lo ensamblaron para legitimar al 'gendarme necesario'. Algunos de esos rituales continuaron en los 40 años de democracia bipartidista, para rebrotar ahora abrumados de palabras y algarabías, en máscaras y cartones. ¿Qué decir de la 'raíz' de Simón Rodríguez? Las citas han sido entresacadas con las mismas pinzas que desdentaron a Bolívar, sin tocar la densidad de su pensamiento ni su capacidad crítica y subversiva. No se aborda la riqueza de su pensamiento económico que desplumaba teóricamente el librecambismo de entonces, aunque muchos de cuyos criterios pueden ser reevaluados para análisis contemporáneo. Entonces, ¿cuál 'raíz'? Acaso adventicia y parásita. ¿Y del gran guerrero y luchador social Ezequiel Zamora? Muy poco. Si fue leído y estudiado como estratega y táctico, muy poco se aplicó el 4 de febrero. ¿Y de su valor y tenacidad combatiente? Estamos seguros que esta 'raíz' será un cartelón más, y la más fantasmal de todas. Las tres 'raíces' están agónicas por la politiquería y la repetición, en el mismo trance del Samán de Güere» (Ramón Hernández, «Simón Sáez Mérida: El Gobierno de Chávez es la continuación de la Agenda Venezuela». *El Nacional*, Caracas, 12 de noviembre de 2000).

Pero la imagen de «El Árbol de las Tres Raíces», que se pretende poética, tuvo un antecedente bastante más pedestre: «La Mesa de cinco patas», para significar los factores estratégicos de la conspiración. Fue presentada de esta manera por Pablo Medina: «Esas eran las famosas cuatro patas de la mesa. Los trabajadores, las luchas vecinales, las luchas estudiantiles y los intelectuales. Pero había una quinta pata. En realidad se trataba de una mesa de cinco patas. Pero aquella quinta pata casi nunca salía a la superficie, y cuando salía era invisible [*sic*], no se nombraba jamás. «La quinta pata eran los militares» (*Rebeliones*, p. 93).

2. Por otra parte, esta cuestión de la generación de una ideología de reemplazo para el marxismo revolucionario, ha sido relacionada con el llamado «Foro de Sao Paulo». En un artículo de opinión de Alejandro Peña Esclusa, publicado en internet el 21 de junio de 2000, intitulado «A propósito de la visita de Raúl Reyes, líder de las FARC.- ¿Qué es el Foro de São Paulo?», se dice que dicho foro, convocado por Fidel Castro y Luis Ignacio «Lula» Da Silva en 1990, reunió «...a todos los grupos guerrilleros de América Latina...». Dice el artículo: «En vista de que el marxismo de los años sesenta estaba ya caduco y desprestigiado, los directivos del Foro de São Paulo decidieron adoptar formalmente diversos disfraces: uno el del indigenismo, o la supuesta lucha por los derechos de los indígenas, para encubrir la formación de grupos guerrilleros (Ejército Zapatista de Liberación Nacional); y también la promoción del separatismo, argumentando que el territorio ocupado por las tribus indígenas es propio y no del Estado nacional. Otro fue el del ecologismo radical que, alegando la protección del medio ambiente, justificó la acción de terroristas que obstaculizaron el avance del Estado a través de obras de infraestructura, como carreteras y tendidos eléctricos, y finalmente el de una versión extremista de la llamada teología de la liberación (Fray Beto, Leonardo Boff, Evaristo Arns), con el objetivo de dividir la Iglesia católica y justificar la violencia con argumentos presuntamente cristianos.

«Según un cable de AP, fechado en Montevideo, Hugo Chávez se inscribió en el Foro de São Paulo el 30 de mayo de 1995. Esto fue confirmado por Pablo Beltrán, líder del ELN, en una entrevista realizada por Globovisión el 17 de noviembre de 1999».

La formulación de una ideología de reemplazo para el marxismo tradicional se desenvuelve entre el «espontoneísmo» y la religiosidad, según el ex guerrillero Douglas Bravo: «El pueblo de Venezuela ha tenido dos enamoramientos. Con AD (Acción Democrática), y ahora con Chávez, frente a quien ya hay síntomas de agotamiento.

Y esa fatiga anuncia una ruptura beneficiosa que abre paso a luchas que no están dirigidas por la izquierda clásica, sino por fuerzas espontáneas como la de los invasores [de tierras agrícolas]. Los indígenas, los ecologistas, los sectores religiosos...». Al observarle la periodista que la Iglesia «...está reaccionando contra el clima de anarquía...», respondió el interrogado: «No me refiero a esa Iglesia que es reaccionaria. Yo hablo de los cristianos y de los evangélicos de los barrios populares». Al preguntársele: «¿La Iglesia evangélica está incorporada a todo esto?», Douglas Bravo replicó: «Y hay otra religiosidad que está peleando en varias zonas del país, que es la de los indígenas. También la de María Lionza, que viene con cierta fuerza. Toma en cuenta que en los campos hay una religiosidad que no se parece en nada a la de la ciudad. Eso es un fenómeno...». La periodista se permitió sacar de su entrevista con quien califica de «este guerrillero de siempre», la siguiente conclusión: «Un incorregible que fabrica certezas concatenando hechos comúnmente ignorados, desde los cuales se maceran [sic], paradójicamente, las potenciales rebeliones del futuro. Movimientos silenciosos cuyos protagonistas se hallan en fuentes encubiertas por luchas de insospechable proyección. No en balde, Douglas Bravo es ahora un invasor confeso, un indigenista radical, un ecologista de los más puros y, por si fuera poco, un enamorado de la nueva religiosidad del campo y de los barrios populares... Pura 'poesía revolucionaria', que anuncia, según sus palabras, la inevitable ruptura con el viejo orden civilizatorio» («Mar de los zargazos. La verdadera revolución es indetenible», entrevista realizada por Argelia Ríos. *Tal Cual*, Caracas, 25 de abril de 2000).

Infortunadamente para «este guerrillero de siempre», también en el campo de la religiosidad habrá de toparse con su hoy adversario Hugo Chávez Frías, según un artículo de Uwe Siemon Netto intitulado «Embrujado por Bolívar». Parte de una comprobación y formula una explicación: «Últimamente, los espiritistas venezolanos no han podido conjurar a Simón Bolívar (...) ¿Se han cansado de las sesiones, o ha reencarnado como el nuevo, inmensamente popular presidente del país, Hugo Chávez?». El autor se explica así: «Hoy en día, Bolívar es uno de los espíritus más poderosos del culto a María Lionza, con rango bajo [sic] Dios, Cristo, La Virgen María, la propia María Lionza y los familiares santos católicos (...) Bolívar ya no aparece en un médium con tanta frecuencia, si bien es el que tiene mayor demanda (...) Tal vez Bolívar no se ha manifestado mucho en los años recientes porque se ha establecido en otro cuerpo, también muy prominente –el de Hugo Chávez, líder carismático de

Venezuela (...) Hans-Dieter Nassakk, un estimado brujo germano-venezolano, llegó recientemente a Caracas y causó sensación al profetizar que Bolívar, reencarnado en Chávez haría cosas maravillosas para su país. Su aseveración parecía compadecerse con una declaración de oráculo de Beatriz Veit-Tané, la auto-proclamada alta sacerdotisa de María Lionza. En 1987, Veit-Tané predijo que en el año 2000 un 'mensajero de luz surgirá de las clases humildes' para resucitar a la Gran Colombia (...) Ahora, cada vez más, los devotos de María Lionza ven en Chávez al mensajero esperado desde hace mucho tiempo, una suerte de Mesías...». Veit-Tané, en su propio cuerpo, se ha convertido en activista del movimiento político de Chávez (...) No es de sorprender, pues, que Bolívar pudiera volver a materializarse, a los ojos de los miembros del culto, en una persona tan predominante, en medio de una avalancha de promesas de ponerle fin, a través de una 'revolución pacífica', al desempleo, a la corrupción, y a la pobreza que han azotado a la Venezuela rica en petróleo desde la década de 1960. Como muchos de sus predecesores, Chávez ha descubierto –y explotado– el atractivo de Bolívar...» («Bewitched by Bolivar», *Civilization*, abril de 2000. Traducción libre por Carlos Armando Figueredo). (Véase le nota N° 87).

3. Alberto Garrido, *La historia secreta de la Revolución bolivariana. Conversaciones con Harold, Puerta, Aponte y Camilo*, p. 69. El autor afirma que la «...exposición de Sánchez es columna vertebral de estas notas y del libro que se presente» (*ibidem*, p. 7). Pablo Medina da una explicación de esta dificultad para superar la cual dice haber propuesto la formación del denominado «Polo Patriótico», lo que fue aceptado «... porque consideramos que la contradicción fundamental era entre los intereses del país y los factores internacionales que estrangulan la vida económica y política de Venezuela y del continente (...) Porque resulta muy difícil resolver el problema de la pobreza y que la sociedad alcance alguna felicidad, sin resolver esta tremenda contradicción (...) Además del MVR (Movimiento V República), el PPT (Patria para Todos) y el MAS (Movimiento al Socialismo), la fuerza quedó integrada por el MEP (Movimiento Electoral Popular), el PCV (Partido Comunista Venezolano), Gente Emergente de Álvarez Paz (agrupación dirigida por Oswaldo Álvarez Paz, ex candidato a la Presidencia), SI de Paciano Padrón, PST (Partido Socialista de Trabajadores), Acción Agropecuaria, que al frente estaban Hirán [*sic*] Gaviria y los productores, Nuevo Régimen Democrático, con Guillermo García Ponce y Manuel Isidro Molina (...) En términos generales esos fueron los factores y personalidades independientes que inicialmente se asociaron, sobre todo a nivel regional. El Polo nació como una conjunción de fuerzas políticas, pero no ha logrado desarrollar todavía [la obra fue publicada en agosto de 1999] suficiente fuerza social, ni articular la que cada fuerza mantiene por separado» (*Rebeliones*, pp. 76-77).

4. En la conclusión de su obra *Ideology. An Introduction*, Terry Eagleton sostiene que: «The rationalist view of ideologies as conscious, well-articulated systems of belief is clearly inadequate: it misses the effective, unconcious, mythical or symbolic dimensions of ideology; the way it constitutes the subject's lived, apparently spontaneous relations to a power-structure and comes to provide the invisible colour of daily life itself. But if ideology is in this sense primarily performative, rethorical pseudo-propositional discourse, this is not to say it lacks an important propositional content-or that such propositions as it advances, including moral and normative ones, cannot be assessed for their truth or falsehood...» (pp. 221-222).

5. Tal fue el origen del «bolivarianismo-militarismo», según Alberto Garrido. Al ser derrotada militar y políticamente la lucha armada, a fines de la década de 1960, sólo Douglas Bravo no entró por la vía de la pacificación y la lucha política civil, e inició «...el proceso de reflexión sobre la derrota...», dándole forma a una nueva estrategia, que «...partía de una ruptura parcial con el marxismo-leninismo. Se tomaron ideas fundamentales de Bolívar (Patria Grande latinoamericana, Tercer Ejército, lucha contra la corrupción, entre otras); de Simón Rodríguez –inventar (los poderes creadores del pueblo) o errar–; y de Zamora (lucha contra la oligarquía y democracia directa –el pueblo decidiendo en la plaza–).

«Del socialismo permaneció el sentido de igualdad social, entendida como horror a la oligarquía, que conducía a la inevitable lucha de clases. Mientras a falta de un concepto claro de Estado, sobresalía la idea clave para la revolución: insurrección cívico-militar-religiosa. Ya se configuraba el 'marxismo-leninismo-bolivariano', que se plasmó en un documento publicado por Pedro Duno».

A continuación el autor ilustra, con su propio juicio sobre el fenómeno aquí estudiado, las diferencias conceptuales en relación con la noción de ideología: «El bolivarianismo fue –y es–, entonces, un programa para la acción revolucionaria, basado en un conjunto de ideas que le dan cierta coherencia. No es una ideología. Es un ideario eficiente para impulsar la revolución. Un ideario de contenido nacional y latinoamericano que le confiere rasgos militares al pensamiento de izquierda, distanciándose de la posición de otros partidos comunistas, que solamente veían en las Fuerzas Armadas el brazo artillado del poder constituido» (*La historia secreta de la Revolución bolivariana*, p. 6).

6. Sobre el amplio uso del término ideología, particularmente con fines políticos, añade Terry Eagleton: «The term ideology has a wide range of historical meanings, all the way from the unworkably broad sense of the social determination of thought to the suspiciously narrow idea of the deployment of false ideas in the direct interest of a ruling class. Very often, it refers to the ways in which signs, meanings and values help to reproduce a dominant social power; but it can also denote any significant conjuncture between discourse and political interests. From a radical standpoint, the former meaning is pejorative, while the latter is more neutral. My own view is that both of these senses of the term have their uses, but that a good deal of confusion has arisen from the failure to disentangle them» (*op. cit.*, p. 221).

7. «Luis Emilio Recabarren. Chilean, he founded the Partido Socialista Obrero in 1912 and later persuaded his comrades to support the Russian Revolution and to join the Comintern in 1921. He commited suicide in 1924». (Manuel Caballero, *Latin American and the Comintern. 1919-1943*. Cambridge University Press, 1986, p. 162). Pablo Neruda exalta la figura de Recabarren como creador del Partido Comunista en los poemas que forman el «Canto XXXIX» de su *Canto general.*

8. La significación de Emiliano Zapata en la concepción del agrarismo formulada en el marco de la Revolución mexicana, es utilizada para simbolizar las aspiraciones sociales, políticas, económicas y culturales de las muy distantes sociedades aborígenes de Chiapas, al igual que como catalizador de movimientos semejantes en todo el país.

9. Un estudio más detenido de este caso podría revelar semejanzas considerables respecto del patrón ideológico del bolivarianismo, que sirve de base al bolivarianismo-militarismo contemporáneo: «...el aparecimiento en la escena nacional [ecuatoriana] del grupo guerrillero Alfaro Vive Carajo (AVC) sorprendió a muchos, en especial por la violencia de las acciones que rodearon y caracterizaron sus enfrentamientos con las fuerzas militares y policiales». (*El crimen político en la historia del Ecuador*, p. 167). «El grupo guerrillero Alfaro Vive Carajo, conformado fundamentalmente por jóvenes estudiantes de los sectores medios y altos de la sociedad, aparece pocos meses antes de la posesión [presidencial] del Ing. Febres Cordero con varias acciones que llaman la atención del país: asaltos a bancos, proclamas públicas a través de los medios de comunicación y el robo del busto y espadas del General Eloy Alfaro...» (p. 165). (Cabe apuntar que en Colombia el M-19 secuestró la espada de Simón Bolívar, con la declaración de que sólo sería devuelta a su lugar cuando triunfase el Movimiento. Hugo Chávez Frías ha repartido réplicas de la espada de Simón Bolívar, ha sacado en procesión la original y la ha blandido frente al Panteón Nacional, juramentándose ante la memoria de su dueño para realizar la unión revolucionaria de América Latina).

«Al siguiente año, en 1982, la organización había logrado superar varios problemas en su conformación, en especial el sectarismo, y deciden [*sic*] estructurar realmente un proyecto que les permita proponer a la sociedad ecuatoriana una alternativa creíble y confiable. Para poder hacerlo se remiten, y lo adoptan, al pensamiento, la propuesta política e incluso las formas de lucha militar del General Eloy Alfaro, el Viejo Luchador. 'Hay un primer documento que yo lo he considerado siempre como el documento que abre el pensamiento de lo que es AVC. Es un documento que elabora Arturo (Jarrín) en 1982. No digo que es grandioso, pero ya plantea el rescate de la historia nuestra. El rescate de la figura de Alfaro con una perspectiva insurreccional. Habla de construir un proyecto propio y de las armas como una alternativa posible y viable...'» (entrevista con Mariana Neira y Pablo Salgado, en febrero de 1991) (*ibidem*, p. 169). Véase también la tesis de grado de Jimmy Xavier Herrera Vinieza intitulada «La Alfarada, jóvenes insurgentes. La década de los 80, Alfaro Vive Carajo», Quito, Universidad Central del Ecuador, Facultad de Comunicación Social, 18 de enero de 2000).

Juan Fernando Terán, autor de la obra *AVC. Revelaciones y reflexiones sobre una guerrilla inconclusa?* [*sic*], me confirmó durante una entrevista que en la figura de Alfaro los jóvenes revolucionarios ecuatorianos valoran las actitudes y los hechos, y no las ideas, pues no parece posible hablar de un ideario «alfarista» que supere el elemental credo liberal. Igualmente me explicó que mientras Simón Bolívar es símbolo en las clases media y alta, por representar la independencia, Eloy Alfaro lo es en los sectores populares, por su mensaje liberal.

10. El uso simbólico de la figura histórica de Tupac Amaru probablemente adquiera sentido encuadrándola en la reivindicación del pasado de las sociedades aborígenes por una corriente de la historiografía peruana contemporánea, enfrentándolo al pasado virreinal rechazado, y extendiendo el alcance del símbolo a la sociedad criolla peruana. Igualmente se correspondería con la vertiente indigenista de las ideologías de reemplazo.

11. Simón Bolívar apreció críticamente en su «Carta de Jamaica», de 6 de septiembre de 1815, la naturaleza y el alcance del símbolo en la lucha por la independencia de México. Hizo una evaluación de la eventual utilización del mito de Quetzalcoatl como símbolo en esa lucha y concluyó negativamente: «Pienso como usted [dice al destinatario de la Carta] que causas individuales pueden producir resultados generales; sobre todo en las revoluciones. Pero no es el héroe, gran profeta, o Dios del Anahuac, Quetzalcoatl el que es capaz de operar los prodigiosos beneficios que usted propone». Como razones adujo que era poco y mal conocido por los mexicanos: «Este personaje es apenas conocido del pueblo mexicano y no ventajosamente, porque tal es la suerte de los vencidos aunque sean dioses...». Porque era sólo conocido por los eruditos, quienes discutían sobre su significado: «Sólo los historiadores y literatos se han ocupado cuidadosamente en investigar su origen, verdadera o falsa misión, sus profecías y el término de su carrera. Se disputa si fue un apóstol de Cristo o bien pagano (...) Y porque el predominio de la religión cristiana lo impediría: (...) De aquí se infiere que nuestros mexicanos no seguirían al gentil Quetzacoatl [*sic*], aunque apareciese bajo las formas más idénticas y favorables, pues que profesan una religión la más intolerante y exclusiva de las otras». En suma, un conjunto de razones que prueban un conocimiento nada superficial de la cuestión, al igual que de la siguiente.

En cambio consideró muy acertado el recurso a la Virgen de Guadalupe: «Felizmente los directores de la independencia de México se han aprovechado del fanatismo con el mejor acierto, proclamando a la famosa Virgen de Guadalupe, por reina de los patriotas; invocándola en todos los casos arduos y llevándola en sus banderas. Con esto el entusiasmo político ha formado una mezcla con la religión, que ha producido un fervor vehemente por la sagrada causa de la libertad. La veneración de esta imagen en México es superior a la más exaltada que pudiera inspirar el más diestro profeta».

Con esto último Simón Bolívar estableció un contraste, si bien confirmativo de la penetración social del símbolo, con el enfoque de la devoción guadalupana que tanto infortunio acarreó a fray Servando Teresa de Mier, quien dijo en un sermón:

«Saben los pícaros que así como con pretexto de religión se subyugó a la América, así la Virgen de Guadalupe es el cabestro con que llevan los mexicanos a beber agua en la fuente del burro...» (*Memorias*, p. 234). La apreciación hecha por Simón Bolívar sobre la utilización emblemática de la Virgen de Guadalupe por los emancipadores mexicanos correspondía a la realidad, a juzgar por el siguiente testimonio: «En el Museo del Ejército de Madrid se encuentran dos importantes banderas mexicanas. Estas enseñas, ignoradas hasta ahora, proceden de la batalla de Puente Calderón. El 17 de enero de 1811 el general Félix María Calleja tomó a las tropas de Ignacio Allende y Miguel Hidalgo cinco banderas y dos estandartes, y de esos siete, en dos banderas y dos estandartes se representaba a la Virgen de Guadalupe. Para entonces ya se habían recogido a los insurgentes al menos dos estandartes guadalupanos en la batalla de encuentro que habían librado con los realistas en Aculco...» (Marta Terán, «La Virgen de Guadalupe contra Napoleón Bonaparte. La defensa de la religión en el Obispado de Michoacán entre 1793 y 1814». *Estudios de historia novohispana*, México, Universidad Nacional Autónoma de México, 1999, v. 19, p. 81).

Quizás inspirándose en el pensamiento de Simón Bolívar sobre esta cuestión –porque no lo dice expresamente–, el guerrillero Francisco Prada declaró a Alberto Garrido: «Bolívar es el sentimiento más profundo, la religiosidad más profunda de nuestro pueblo» (*op. cit.*, p. 112. Ver notas N° 21, 27 y 56). Lo que confirmaría mi tesis de 1960 acerca de la conversión del culto heroico, con eje en el rendido a Simón Bolívar, en una suerte de «segunda religión», practicada y fomentada por el Estado para ejercer el control ideológico de la sociedad venezolana. (Véase la nota 21).

12. El uso del símbolo ha acompañado siempre los movimientos políticos, incluso los que se prevalieron de una orientación ideológico-doctrinaria sistemática. Cuando ha habido necesidad de apelar más que a la razón, o en lugar de ella, a los sentimientos más elementales de los individuos y las sociedades, se ha recurrido a los símbolos. En 1945 el historiador y político Pedro M. Arcaya, servidor del dictador Juan Vicente Gómez Chacón como ministro del Interior, observó: «En Rusia misma el comunismo ha culminado con la resurrección del Zar Pedro el Grande con algo de Iván el Terrible en la maravillosa personalidad de Stalin y en un régimen completamente distinto del que habían soñado los apóstoles del socialismo teórico» (*La pena de confiscación general de bienes en Venezuela. Estudio de historia y derecho*, p. 61). Una galopante desviación de esta forma de conducción política de la sociedad fue el culto a la personalidad que se dio simultáneamente en Benito Mussolini, Adolfo Hitler y José Stalin, y que alcanzó niveles de hipertrofia con el culto rendido a Mao Tse-tung y Kim Il Sung.

Más que tempranamente se intenta comenzar a institucionalizar, en Venezuela, el culto a la personalidad del presidente Hugo Chávez Frías. En este propósito se destaca el «Programa de estudios del área ciencias sociales. Segunda etapa de educación básica. Sexto grado», formulado por el Ministerio de Educación y difundido con fecha agosto de 1999. Esta grosera ideologización de la enseñanza, luego de globalizar la que denomina «La Venezuela desestructurada 1900-1940», se salta todo el período democrático y se concentra en «La Revolución pacífica y democrática» y «El gobierno del presidente Hugo Chávez Frías», asignándoles a los estudiantes las siguientes tareas: «Búsqueda de información sobre la revolución pacífica y democrática del Presidente Hugo Chávez Frías», «Participación en conversaciones acerca del gobierno del Presidente Hugo Chávez Frías» y «Elaboración de textos escritos [*sic*] sobre el gobierno del Presidente Hugo Chávez Frías», y dedica gran parte del programa a la condena, no ya la crítica, del régimen democrático. El escándalo causado por esta empresa de indoctrinamiento, que remeda la revisión de la historia de Cuba por el fidelismo, obligó al ministro a declarar que él no había leído el texto y a suspender su aplicación mientras se le somete a correcciones, que la opinión pública supone serán meramente cosméticas.

13. Rolland Anrup y Carlos Vidales se ocuparon del símbolo como cuestión psicosocial y en relación con Simón Bolívar. Según los resultados de sus investigaciones: «Las representaciones así concebidas – 'símbolos'– se integran y combinan en complejos conjuntos de significados que condicionan toda la existencia consciente e inconsciente de los sujetos participantes en el marco de una cultura determinada. Las formas particulares de asociación de esos conjuntos de significados, y el modo particular que asume su acción en la conducta política de individuos y muchedumbres en una sociedad dada, pueden dar cuenta –eventualmente– tanto de la pervivencia de cierta herencia humana arcaica, como de la historia cultural y social de tales representaciones y del modo como ellas condicionan y limitan las formas y los contenidos de la acción política en el seno de dicha sociedad. Porque, sin duda, ni los símbolos ni los conjuntos de significados son inmutables en la medida en que la ideología social influye en la estructura sicológica de los hombres; no sólo se reproduce a sí misma en la mente de éstos sino que, además, se convierte en una fuerza real, en un poder material dentro del individuo, quien de esta manera se ve modificado concretamente y actúa, en consecuencia, de un modo diferente» («El padre y el poder. Simón Bolívar y la concepción del poder y la política». *Bolívar y Europa en las crónicas, el pensamiento político y la historiografía. Siglos XIX y XX*, v. II, p. 485).

Estos autores creen identificar la clave de la proyección del símbolo en la acción tanto individual como colectiva, al observar que: «Es en este laboratorio –el de la intimidad psicológica de los individuos y el de las expresiones del inconsciente en colectivos, grupos, muchedumbres–, en donde se producen y desarrollan los símbolos, imágenes y representaciones que se constituyen en premisas de las acciones humanas y que, por tanto, son nexos y vía entre la 'idea pura' de los proyectos políticos y las formulaciones ideológicas, y la 'fuerza material', transformadora, que la idea asume en la dinámica de los conflictos sociales» (p. 484).

Refiriendo estos criterios al caso de Simón Bolívar, los mencionados autores hacen la siguiente declaración de propósitos: «No es nuestro deseo agregar un estudio más sobre las formulaciones ideológicas y políticas del Libertador. Nuestro interés se centra más bien en los factores sicológicos que actúan en el desarrollo y en la existencia histórica de tales formulaciones –de qué modo se representan en la mente de los individuos, de qué manera satisfacen requerimientos individuales y colectivos de carácter sicológico, cómo se asocian y combinan, en el ámbito inconsciente, con los símbolos y representaciones que provee la tradición y la estructura cultural, etc.– y en aquellas funciones del siquismo que, al hacer posible la construcción de esas representaciones, tienen directa incidencia en el desarrollo de hábitos y conductas políticas, individuales y colectivas...» (p. 483).

14. En el estudio antes citado Rolland Anrup y Carlos Vidales afirman: «Pero Bolívar es, además, el único de todos los caudillos patriotas de aquel período que consigue elaborar, metódica y sistemáticamente, una crítica de la Primera República [venezolana, 1811-1812], un análisis que permite corregir sus errores y evitar una nueva derrota [*sic*], una estrategia general de la guerra libertadora, y una teoría acerca del Poder y del Estado que la revolución debe construir» (*ibidem*, p. 489). Evaluada la contribución de Bolívar a la causa de la independencia de las colonias españolas de la América del Sur, cabe afirmar que él sintetizó una teoría y una práctica de esa lucha, formulada y librada por diversos luchadores en diversos teatros.

15. Para el manejo del concepto de ideología de reemplazo, conviene tener presente que: «Much of what ideologies say is true, and would be ineffectual if it were not, but ideologies also contains a good many propositions which are flagrantly false, and do so less because of some inherent quality than because of the distorsions into which they are commonly forced in their attempts to ratify and legitimate injust, oppressive political systems. The falsity in question (...) may be epistemic, functional or generic, or some combination of the three» (Terry Eagleton, *op. cit.*, p. 222).

16. En el diario *El Nacional*, de Caracas, publiqué sobre este tema el siguiente artículo intitulado «La democracia que no es»:

«El viernes 30 de junio del presente año [2000] leí en este Diario una nota intitulada 'Ningún país latinoamericano disfruta de una verdadera democracia'. Un antetítulo precisaba la fuente de tan rotundo aserto: 'PNUD presentó informe sobre desarrollo humano 2000'. El texto abre con esta sentencia, que tiene visos de inapelable: 'Aunque muestra progresos en su sistema electoral América Latina no cumple con los requisitos mínimos de una verdadera democracia al negar derechos básicos a millones de personas y profundizar en las desigualdades'.

«Confieso que esta lectura me produjo un estado de ánimo en el que se combinaban un difícilmente identificable asombro con un franco desasosiego, que procedían de diversas fuentes: eran afirmaciones cuadradas sobre hechos y situaciones difícilmente evaluables, por su diversidad y riqueza de matices, en su estado presente: México como Argentina, pasando por Venezuela y Perú; situaciones históricas valoradas de manera intemporal y homogeneizada; siglas que deberían inspirar cierto respeto y disponer a la confiabilidad.

«No pude menos que preguntarme si la nota, transmitida por las agencias noticiosas EFE-AFP, reflejaban fielmente el contenido del Informe, pues la versión resumida me parecía recargada de flaquezas. Hasta el punto de que se me ocurrió pensar en lo sencillo que sería colegir de ella que en Latinoamérica hemos perdido cuando menos medio siglo dedicado a edificar la democracia, de manera que quienes demuelen esa farsa, o la mantienen tiránicamente subyugada, no deben tener escrúpulos ni padecer cargos de conciencia.

«No me quedó más remedio que ir a la parte correspondiente del Informe, presentado por la directora para América Latina y el Caribe del Programa de las

Naciones Unidas para el Desarrollo (PNUD), en San José de Costa Rica, el 29 de junio de 2000. Me fue incómodo leerlo: mi sentido histórico, amén de mi espíritu crítico, padecieron reiteradas agresiones.

«Mi asombro y mi desasosiego aumentaron con la lectura, pues se confirmaba mi persistente preocupación acerca de que la democracia –no la latinoamericana, que es considerada una subespecie degenerativa por observadores europeos de sociedades que hasta ayer soportaron el nazismo, el fascismo, el falangismo y hasta el salazarismo; sino la democracia considerada en su más desnuda presentación–, viene soportando el asedio de cuestionamientos desatinados que acentúan su esencial fragilidad para conveniencia de componedores, remendones, rescatadores, restauradores y demás conculcadores de la libertad. No es el ropaje de un lenguaje pseudocientífico ni la pomposa objetividad lo que puede cambiar la odiosa presencia de la antidemocracia.

«Hay varias maneras de debilitar la democracia y el capítulo 3 del Informe de hecho las aúpa. Una, que resulta grosera para el más elemental sentido crítico, consiste en recargar la democracia de obligaciones que ella ni ningún otro régimen sociopolítico conocido ha podido cumplir, y sobre esto tiene mucho que decir el estruendoso fracaso del socialismo, desde el autocrático patentado hasta el tiránico mal disimulado. Pertenece al reino, no de la utopía sino de la fantasía, la existencia de un régimen sociopolítico, llámese democracia o como se llame, capaz de agotar la agenda que le pone a la democracia la escasa conciencia histórica de los redactores de informes como el comentado.

«Pero hay otra manera de debilitar la democracia, para facilidad del acoso de que es objeto. Es la empleada en el Informe. Consiste en combinar la sobrecarga de objetivos, propósitos y deberes ajenos a su naturaleza, y por lo mismo irrealizables, con su descomposición al fragmentarla. Para ello se pretende distinguir entre 'democracia electoral' y 'democracia incluyente' (lo que permite pensar que se está señalando, sin decirlo, a la 'democracia excluyente'), a las que se añadirían la 'democracia representativa' y la 'democracia participativa'.

«Así disecada la democracia se juega con una suerte de patología política que permite hacer recaer sobre el sistema político la responsabilidad de males sociales que sólo la misma sociedad podría encarar, con alguna posibilidad de éxito, en la medida en que ella adelante su formación social democrática, la cual tiene varias fuentes y no sólo la política (probablemente ésta ni siquiera sea la primordial).

«En el campo quedan los restos de la democracia como expresión de la libertad. Así resulta del hecho de que si bien la democracia es el clima más favorable al ejercicio y preservación de los derechos humanos en lo social y económico, como lo reconoce el Informe, esto no significa que la democracia se defina por la realización plena y absoluta de esos derechos. Podría serlo porque es el único régimen sociopolítico que puede ofrecer la libertad y las razonables condiciones de igualdad requeridas para que los individuos se realicen procurando su bienestar y el de la sociedad. Contra la 'democracia-libertad' conspira el concepto de 'democracia electoral', el cual no pide mucha malicia interpretativa para soltar su ponzoña, revelándonos que la 'democracia-libertad' no es una democracia suficiente, y quizás ni siquiera 'verdadera democracia', la cual podría brotar de una ambición personal desenfrenada».

17. En el caso de Venezuela esta revisión es diferente de la disidencia respecto de políticas seguidas por la ex Unión Soviética, como quedó ilustrada en la posición asumida por Teodoro Petkoff ante la represión de la denominada «Primavera de Praga». Ahora se trata de enjuiciar críticamente los propios errores políticos, y de asumir la responsabilidad de ellos ante la sociedad contemporánea y ante la historia.

Dos hechos muy recientes indicarían que el proceso de revisión crítica, en el sentido aquí comentado, pugna por iniciarse abiertamente. El primero de esos hechos fue una entrevista concedida por Pompeyo Márquez a Jesús Sanoja Hernández, intitulada «Pompeyo Márquez analiza las enseñanzas del 23 de Enero [de 1958]. Nuestro error fue haber creído en el fracaso de la democracia». El entrevistado fue, con el seudónimo Santos Yorme, Secretario General del Partido Comunista en la clandestinidad, durante la dictadura del general Marcos Pérez Jiménez, y también el más destacado dirigente de ese partido hasta la división que dio origen al Movimiento al Socialismo (MAS). Actualmente parece haberse marginado del MAS. Dice el entrevistado:

PM: «Cuando a mí se me pregunta cuál es el principal error en mi vida política, yo respondo: haber participado en aquel movimiento insurreccional [se refiere al movimiento guerrillero y terrorista]. En 1960 nosotros queríamos convencer al país de que la democracia había fracasado, la misma que habíamos propulsado y que en 1959...

JS: «En 1959 decíamos, lo recuerdo bien, que había que defender al Gobierno.

PM: «—Claro, eso consta en los diarios de debates y en nuestra prensa de entonces. Era el tramo de los intentos reaccionarios y de la ofensiva del dictador Trujillo [Rafael Leónidas]. Pero en 1960 damos la vuelta en U, impulsados por la creación del MIR [Movimiento de Izquierda Revolucionaria, desprendimiento de Acción Democrática], el retiro de URD [Unión Republicana Democrática] de la coalición gubernamental, la huelga telefónica y la influencia de la Revolución cubana.

JS: «¿Puede decirse entonces que en noviembre del 60 comienza el vuelco?.

PM: «Comienza allí, pero se desarrolló con cierta fuerza en 1961 y aun más en 1962. Y mi conclusión es ésta: en verdad, no podía decirse en 1960 que la democracia había fracasado. Y la demostración más relevante fueron los resultados electorales frente a la abstención militante que propugnábamos. Ya en plena recta insurreccional, alrededor de 90% de la población acudió a las mesas [de votación]. Y eso se constituyó en materia de reflexiones posteriores: no eran derrotas militares las que estábamos sufriendo, sino derrotas políticas.

JS: «Lo cierto es que se inició un período en que el PCV y el MIR, inhabilitados, y definidos por la lucha armada, prácticamente se excluyeron del juego político.

PM: «—Cuando levantamos la línea de la paz democrática, que era de rectificación, comenzó la polémica con el MIR, el douglismo [corriente representada por el jefe guerrillero Douglas Bravo] y los cubanos. En aquel entonces había que tener más coraje para rectificar que para seguir la corriente. No nos amedrentamos a la hora de proclamar que aquel camino insurreccional no era el que correspondía a la Venezuela de entonces. Había sido un error nuestro, un error al cuadrado, tratar de transplantar mecánicamente la Revolución cubana». (*El Nacional,* Caracas, 21 de enero de 2001).

Siete días después fue publicada una entrevista concedida por Felipe Mujica a Ramón Hernández: «Felipe Mujica: al Gobierno le falta apertura al diálogo». El entrevistado, actual presidente del partido Movimiento al Socialismo (MAS) declaró:

RH: «El MAS nació como un partido cuyas banderas eran el derecho a debatir y a disentir, a la democracia interna, pero ahora se asoció con sus antiguos adversarios de la izquierda que sustentaban la lucha de clases y la dictadura del proletariado. ¿Cómo explica esa metamorfosis retrógrada?

FM: «No es un retroceso. El MAS al romper en lo ideológico con la ortodoxia y la línea pro soviética del comunismo internacional, con el PCV [Partido Comunista Venezolano], se vinculó con los procesos democráticos. Es imposible hablar de los 30 años del MAS sin referirse a sus contenidos democráticos, consustanciales con sus definiciones.

RH: «Pareciera que el MAS se prepara para dar el salto a...

FM: «Es hora de ir haciendo una distinción en cuanto al papel del MAS. En el proceso que culminó el 3 de diciembre [de 1999], por encima de divergencias y diferencias, privilegiamos la necesidad de consolidar los resultados políticos, para derrotar a AD [Acción Democrática] y Copei [partido socialcristiano] y fortalecer una estructura que le diera un funcionamiento definitivo a los cambios surgidos con Chávez. El MAS ahora se va a comportar de una manera distinta porque habrá que buscar salidas que sean democráticas, que sean producto del debate y de una visión contemporánea, moderna, no de visiones trasnochadas.

FM: «Nosotros hemos dicho que nuestro problema político principal es evitar la extinción del MAS. Ahora cuando el Presidente de la República está en un momento de popularidad sumamente elevado, el MAS decide cambiar su conducta. Ha decidido actuar para que los cambios sean debatidos y aplicados democráticamente (...) No es posible imaginar el fortalecimiento de la democracia sin la presencia de los partidos políticos (...) La ruptura del MAS con Fidel Castro data del momento en que el Partido Comunista decidió abandonar la lucha armada. El MAS nació distanciado del proceso cubano y de lo que significa Castro. No son divergencias nuevas. Las hemos señalado siempre. No compartimos la forma como se han hecho las cosas en Cuba. Es absurdo que una persona dirija un país por tanto tiempo. Creemos que independientemente de los aciertos en algunos campos, el resultado no es el que se pensó que [se] podría obtener cuando Fidel Castro derrocó a Batista. No tenemos confusiones con Cuba. (...) En el asunto cubano hay dos anacronismos. Uno que cree que todos los cubanos opositores a Castro son batisteros, gusanos; y otro que pretende convertir a Cuba en el paradigma de lo que vamos a hacer en Venezuela. Eso es un absurdo. Los venezolanos tienen internalizado el concepto de la democracia de tal manera que es imposible que pueda haber un proceso abiertamente en contra de la democracia». (*El Nacional*, Caracas, 28 de enero de 2001).

18. El núcleo ideológico del fundamentalismo bolivariano latinoamericano fue expuesto sintéticamente por José Luis Salcedo Bastardo en su obra *Visión y revisión de Bolívar*, publicada en 1957: «El empeño de Bolívar es conseguir que nuestra América logre personalidad afirmativa. Los pueblos necesitan metas para su acción; es necesario señalar un norte que sirva para orientar y organizar las voluntades de gobierno, de hombres y de pueblos, para que las energías no se dispersen ni se neutralicen unas a otras. Bolívar piensa que sus grandes directrices revolucionarias representan las vías posibles para unificar el esfuerzo de los americanos, no sólo de los hombres de entonces, sino fusionándolos con la positiva acción de los del ayer más lejano, del hoy, y de los creadores del mañana. Porque las tareas bolivarianas son tareas para muchos siglos de máxima labor colectiva. La herencia del Libertador y su anhelo es que América realice la Independencia en lo que falta» (pp. 387-388. Citado por Germán Carrera Damas, *Venezuela: Proyecto Nacional y poder social*, p. 234). La obra citada fue publicada en medio de la exaltación bolivariana orquestada por el dictador general Marcos Pérez Jiménez. Fue reeditada varias veces con patrocinio oficial. Se comentó que incluso alguna edición formó parte de los regalos navideños enviados a los oficiales de todas las Fuerzas Armadas. El autor ha sido un constante y omnipresente difusor del culto a Bolívar.

En la citada obra de Agustín Blanco Muñoz, se recoge la siguiente declaración del teniente coronel Hugo Chávez Frías: «Se trata de echar mano de esos pensamientos para transformar esta realidad, de Venezuela y de la América Latina. Hay elementos que indican que ese pensamiento sigue teniendo vigencia, no textualmente, sino en un contexto histórico que hay que reconocer y que es una situación muy distinta de la de hace 200 años. O hay cosas como esta: la concepción bolivariana de la inte-gración latinoamericana, el pensamiento antiimperialista. Elementos muy vigentes y actuales. Era eso lo que decíamos en Cuba, en la Universidad de La Habana: 'Sí Martí, Bolívar es el tiempo que vuelve'. Una de las palabras que dijo Castro, y que mejor nos cayó fue aquello de *que si las luchas hoy se llaman bolivarianismo, estoy de acuerdo y si se llaman cristianismo estoy de acuerdo*» (*op. cit.*, p. 70).

19. El vínculo entre bolivarianismo y militarismo, eje de la política desarrollada por el hoy Presidente de la hoy República Bolivariana de Venezuela, fue reconocido por el teniente coronel Hugo Chávez Frías en las conversaciones, ya mencionadas. Con Agustín Blanco Muñoz: «En resumen, no sólo es la inspiración del poeta, es buscar aquello que trate de explicar y entender la realidad de hoy. Por supuesto, no exclusivamente con ese pensamiento [el bolivariano]. Debemos tomar elementos del pensamiento universal y del actual, de la ciencia, del marxismo, del capitalismo, del comunismo, de la experiencia de ese militarismo que va surgiendo con nuevo signo y que hace dos décadas trató de imponerse e implantarse en América Latina. Aún hay destellos de eso. Hay que alimentarse de todos esos elementos, pero aquello es lo nuestro, y tiene vigencia en muy buena parte de su contenido» (Agustín Blanco Muñoz, *op. cit.*, p. 73).

Los alcances de los acontecimientos políticos y militares de enero de 2000 en Ecuador han sido vistos en los siguientes términos: «The political leadership of the continent should not be sleeping too heavy a sleep today, Argentina's leading newspaper, *La Nación*, warned in a editorial titled 'The Ecuadorean Mirror'. 'Something is happening in Ecuador and in other countries of Latin America, and the forecast is not for an easy passage'.

«Coming after the recent rise to power of Hugo Chavez in Venezuela, the coup here indicates that groups of military officers all over Latin America are coming under the spell of an old ideology that is being dressed in new clothes. Mr. Chavez calls it 'Bolivarismo', after the 19th-century liberator Simon Bolivar, and posits a system in which the armed forces bypass traditional political parties seen as corrupt and ally themselves directly with the masses» (Larry Rohter, «Ecuador's Coup Alerts Region to a Resurgent Military», *The New York Times*, 20 de enero de 2000).

20. Mi interés por este tema ocupó buena parte de mi trabajo de investigador. El resultado más significativo fue mi tesis doctoral, intitulada «El culto a Bolívar, esbozo para un estudio de historia de las ideas en Venezuela», de la cual han aparecido cuatro ediciones (1970, 1973, 1978 y 1979). Las razones que me movieron a realizar esa investigación histórico-historiográfica están expuestas en el siguiente artículo, publicado recientemente en el diario *El Nacional*, de Caracas, intitulado «*Yo no comparto el crimen*»:

«Cuando volví [a Venezuela], después de diez años de exilio, en mayo de 1958, ya había tomado la decisión de alejarme, y mantenerme alejado, de toda militancia partidista. Había vivido una experiencia que me hizo perfeccionar esa decisión, largo tiempo madurada. Topé con la para mí inaceptable pretensión de que debía 'dar a leer' mis incipientes trabajos históricos a una comisión calificadora, para su aprobación.

«Por si esto fuera poco, no disimulaba mi desacuerdo con el dogma historiográfico por cuya pureza velaba la tal comisión. Fundamentales en ese dogma eran tres ruedas de molino con las que yo debía comulgar para contar con el beneplácito de los guardianes del dogma. La primera estaba representada por el José Tomás Boves repartidor agrario, de clara inspiración agrarista mexicana. La segunda estaba conformada por el Ezequiel Zamora revolucionario avanzado, si no socialista, sin base documental confiable y como contrapeso a la figura de Antonio Guzmán Blanco. La tercera era nada menos que la del Simón Bolívar demócrata ejemplar. En esto último la ortodoxia seudomarxista se daba la mano con el bolivarianismo ultramontano, de tan triste ejecutoria.

«No podía tragar la rueda de molino representada por el agrarismo de Boves, reivindicado con motivo del debate sobre la Ley de reforma agraria. Me lo impedía un estudio, entonces no del todo sumario, de la cuestión, si bien admitía la existencia de 'la cuestión agraria'. Un estudio historiográfico crítico, recogido en mi obra *Boves: aspectos socioeconómicos de la Independencia*, me llevó a descartar por completo el pretendido agrarismo de Boves.

«La segunda rueda de molino, representada por la pretendida condición revolucionaria y aun socialista de Ezequiel Zamora, invocada como precursor de la ahora procurada revolución socialista, me llevó a hacer un estudio histórico-historiográfico crítico de la Guerra Federal y su significación sociopolítica e ideológica. El resultado, recogido en mis obras *Venezuela: Proyecto Nacional y poder social* y *Formulación definitiva del Proyecto Nacional, 1870-1900*, es que no ha sido presentada la base documental imprescindible para sostener semejante interpretación, pese a que hay pruebas documentales de que en ese momento era conocido en Venezuela el debate europeo sobre socialismo y comunismo.

«La tercera rueda de molino planteaba especiales dificultades. La proposición de Simón Bolívar como símbolo de la lucha por la democracia y aun por el sociofidelismo, me parecía, de entrada, un exabrupto. Este choque intelectual intensificó una preocupación nacida de la incongruencia que advertía entre lo bien que se habían servido las dictaduras venezolanas de la figura y el pensamiento de Simón Bolívar, y la propensión que mostraban los sectores democráticos a 'rescatar' esos valores.

«Mi preocupación llegó al punto de temer por el destino de la naciente democracia institucionalizada, si tomaba el camino ideológico de las dictaduras de Antonio Guzmán Blanco, Juan Vicente Gómez Chacón, Eleazar López Contreras y Marcos Pérez Jiménez. Veía en la invocación bolivariana acrítica un peligro para la consolidación del poder civil en la incipiente democracia venezolana. Mis primeras inquietudes a este respecto las publiqué en mayo de 1960, bajo el título *Los ingenuos patricios del 19 de Abril y el testimonio de Bolívar*».

«El considerable escándalo que suscitó el mencionado artículo me estimuló para emprender un estudio sistemático de la cuestión. El resultado fue mi obra *El culto a Bolívar*, que también ha suscitado cierta controversia. La tesis fundamental de la obra es que el fenómeno psicosocial iniciado espontáneamente como un culto del pueblo, fue convertido por la clase dominante en un culto para el pueblo. Es decir que pasó de ser expresión de admiración y agradecimiento a ser un instrumento de manipulación ideológica del pueblo, al servicio de las causas dictatoriales, despóticas o de dudosa calidad democrática. Mi recordado amigo Luis Castro Leiva me hizo el honor de tomar el tema, y de llevarlo a un nivel de análisis que desarrolló el alcanzado en mi estudio histórico-historiográfico crítico. Recientemente, Napoleón Franceschi González hizo un estudio densamente documentado del culto heroico y la nación venezolana.

«En los tres casos comentados, pero sobre todo en el concerniente a la infundada proyección democrática de Simón Bolívar, quise contribuir a fortalecer la institucionalización de la democracia venezolana. Mi ingenuidad quedó al descubierto cuando observé al Presidente de la República, como parte de la conmemoración del Bicentenario del nacimiento de Simón Bolívar, aguardando a la puerta de la iglesia de San Francisco la desmarrida comitiva que, con fondo de autobuses, recorrió la avenida Sucre simbolizando la entrada victoriosa de El Libertador en 1813.

«Me quedé corto en mi asombro. Todo indica que el jueves 5 del presente habremos presenciado un remedo del Congreso instalado en Angostura el 15 de febrero de 1819.

«Desde el fondo de mi conciencia democrática, consecuente en el ejercicio responsable de mi oficio de historiador, y reivindicando la serena admiración, fundada en el conocimiento histórico crítico, que siento y he expresado, por Simón Bolívar, estoy obligado a exclamar, siguiendo a Pablo Neruda: 'Yo no comparto el crimen'».

La publicación de este artículo tuvo como finalidad disociarme del aquelarre bolivariano montado por el actual gobierno de Venezuela, y en particular de la siguiente referencia a mi obra mencionada que hizo el todavía candidato presidencial teniente coronel golpista sobreseído Hugo Chávez Frías: «Hay una obra que influyó mucho en nuestro pensamiento, que fue *El culto a Bolívar*, de Germán Carrera Damas. En la Cátedra Bolivariana de la Academia Militar cayó mal. Pero Ortiz y yo que leíamos mucho, empezamos a analizar la situación, y pensamos igual que Carrera: a Bolívar se le mistificaba demasiado [por el contexto parece que quiso decir *mitificaba*], y era sólo un hombre. Consideramos que era necesario estudiar las contradicciones de estos hombres, de Bolívar, de Zamora [general Ezequiel], de Guzmán [¿general Antonio Guzmán Blanco?], para contraponer ideas» (Agustín Blanco Muñoz, *op. cit.*, p. 67).

Una muestra del uso disparatado del ideario de Simón Bolívar la tenemos en el «Primer documento de ARMA a los militares venezolanos», de 24 de junio de 1982: «ARMA. Alianza Revolucionaria Militar en Acción [*sic*]. A los militares venezolanos. Carta para reflexionar y tomar una decisión histórica». Dice el párrafo final: «Solamente ACTUANDO, con decisión y voluntad podrá hacerse realidad el ideal más grande de nuestro LIBERTADOR SIMÓN BOLÍVAR: La revolución social y moral de Venezuela» (Alberto Garrido, *op. cit.*, p. 133). Esa asociación de valores no tiene cabida en ese ideario.

El «Documento elaborado por el Comité de Militares Bolivarianos, Patrióticos y Revolucionarios de las FAN [Fuerzas Armadas Nacionales]», sin fecha, termina con el siguiente párrafo: «Compañeros de armas: marchemos juntos hacia la conformación del segundo ejército patriota y libertador, ocupemos nuestro puesto histórico de lucha, vamos a repetir esta frase de Simón Bolívar, timón y guía que debe orientar la revolución venezolana del presente siglo: 'Echemos el miedo a la espalda y salvemos a la patria'. Comité de Militares Bolivarianos, Patrióticos y Revolucionarios» (*ibidem*, p. 145).

La derivación desde el simplismo militarista hacia el patrioterismo y la xenofobia está ejemplificada en un documento intitulado: «A ser considerado por la Comisión Legislativa Nacional. Frente Simón Bolívar del soberano pueblo de Venezuela». Fue distribuido en Caracas y otras ciudades, y transmitido vía internet el 18 de agosto de 2000. El contenido es de una brutal xenofobia. Pretende que los inmigrantes procedentes de España, Italia y Portugal, están dedicados a actividades delictivas y paradelictivas, que explotan a los venezolanos y que incluso los descendientes de esos inmigrantes «...seguirán siendo europeos y que por sus venas sigue corriendo el desprecio hacia nuestros símbolos patrios y contra el venezolano». En consecuencia se pide: «Que el pueblo venezolano constituya tribunales populares con el concurso de venezolanos trabajadores y estudiantes para que juzguen a estos enemigos del pueblo venezolano». El primer paso sería la comprobación del origen y la legalidad de los bienes de los encausados, y, en caso de ser declarados culpables... serán expulsados y sus bienes confiscados sin ningún recurso».

21. «El resultado de este proceso es convertir el pensamiento *referido a Bolívar* en el pensamiento *de Bolívar*, dotándolo de paso de los atributos de la universalidad, de la intemporalidad y de la compulsión casi religiosa» (Germán Carrera Damas, *op. cit.*, p. 234). La instauración de uno religión cívica o «segunda religión», que guarda muchas semejanzas con la religión cristiana católica, como corresponde a una sociedad que se piensa a sí misma dentro de los cánones de esta última, es uno de los rasgos más reveladores de la fragilidad ideológica de la sociedad venezolana. Sobre este aspecto véase mi obra «La segunda religión», en *Crítica histórica*.(Caracas, Dirección de Cultura de la Universidad Central de Venezuela, 1961). (Véase la nota 11).

22. El más destacado de esos actores, Simón Bolívar, dio la pauta cuando escribió al general Francisco de Paula Santander desde Valencia, el 10 de julio de 1821: «... hasta que no se haga la paz, no podré abandonar esta demoniópolis o pueblo de diablos, que por todas partes dan que hacer, sea en paz, o en guerra. Este es un caos: no se puede hacer nada de bueno, porque los hombres buenos han desaparecido, y los malos se han multiplicado. Venezuela presenta el aspecto de un pueblo que, repentinamente, sale de un gran letargo, y nadie sabe cuál es su estado, ni lo que debe hacer, ni lo que es. Todo está en embrión, y no hay hombres para nada...» (*Cartas del Libertador*, t. III, p. 90). La persistencia de este estado de cosas, como realidad y como pronóstico, explica el planteamiento de la reivindicación heroica de Simón Bolívar a partir de 1833, y el recurso a su figuración histórica a partir de la repatriación de sus restos mortales en 1842.

23. Bolívar quedó así convertido en causa involuntaria y remedio único de los males que desde su instauración definitiva en 1821 acosaban a la República, a la vez que su gloria era bálsamo para los espíritus atribulados. El escritor venezolano Enrique Bernardo Núñez condicionó la existencia actualizada de Simón Bolívar en términos cuya ambigüedad permite dudar acerca de si se refirió a un venezolano genérico o a un *heredero vocacional* individual del héroe, lo que sería un estímulo para eventuales «salvadores de la patria»: «Para que Bolívar exista realmente es necesario que se halle en un nuevo hombre. Éste podría invocarlo como el máximo representante de los valores de un pueblo...». Aunque de seguidas el autor introdujo consideraciones generalizadoras que abonarían la primera interpretación de su aserto: «...Como en otro sentido podrían invocarse los grandes caciques que acaudillaron la resistencia al Conquistador, así como éste podría también invocarse pues son los elementos que entraron en la formación de un pueblo. Todos estos hombres, todas estas figuras históricas son expresiones suyas. El pueblo es así lo único vital, la única verdad, como se ve renovado siempre en su existencia y en sus valores. O en sus símbolos...» (*op. cit.*, p. 58).

24. Enrique Bernardo Núñez hizo la siguiente crítica de los intentos de «actualizar a Simón Bolívar»: «...se concibe que Bolívar venga al presente, pero no se concibe que el presente retroceda a Bolívar. No se puede aspirar, pues sería una aspiración ilusoria, que la historia se detenga en un momento determinado. Cada época ha de tener su conductor salido de ella misma. Bolívar fue el de su tiempo...» (*Bajo el samán*, p. 57). Puso así al descubierto el propósito históricamente reaccionario de la invocación bolivariana, manipulada por los gobiernos abierta o solapadamente dictatoriales, empeñados en detener la marcha de la historia en cuanto esta significaba cambio social y político, especialmente en favor de la democracia, como fue el caso del general Eleazar López Contreras a partir de 1937, contra cuyo bolivarianismo, tan exaltado como instrumental, estaba dirigida la crítica del escritor.

En diversas ocasiones me he ocupado de las proyecciones sociopolíticas e ideológicas del culto a Bolívar, en sí y enmarcado en el culto a los héroes. Además de en mi tesis doctoral ya mencionada, *El culto a Bolívar*, me ocupé del tema de manera general en mi obra *Venezuela: Proyecto Nacional y poder social*, publicada en 1986, y particularmente en los capítulos 4, 6, y 7, intitulados respectivamente «Bolívar y el Proyecto Nacional venezolano», «Simón Bolívar, el culto heroico y la nación» y «Bolívar y el presente latinoamericano: el rescate de Bolívar». El último de los capítulos mencionados recoge una conferencia dictada como parte de los actos conmemorativos del Bicentenario del nacimiento de Simón Bolívar, organizados por el Instituto Iberoamericano del Patrimonio Cultural Prusiano, en Berlín, y celebrados del 21 al 24 de septiembre de 1983.

En la mencionada conferencia hice la descripción histórico-crítica de la conformación y el funcionamiento del culto a Bolívar que sirvió de estructura básica al seminario sobre «Alternativas ideológicas en América Latina Contemporánea. Venezuela: el bolivarianismo-militarismo», impartido en el Center for Latin American Studies de la Universidad de Florida-Gainesville durante el segundo semestre de 2000. En la conferencia sostengo en síntesis que el objetivo central del culto a Bolívar así practicado es «rescatar del sepulcro» a Bolívar, cual propuso hacerlo Don Miguel de Unamuno con el sepulcro de don Quijote, en su obra *Vida de don Quijote y Sancho*, y ponerlo a actuar en el presente. No se trata de una operación ideológica reciente. Se funda en un propósito, más que en un esfuerzo, de actualización ahistórica de la figura histórica y el pensamiento, ambos más atribuidos que auténticos, del Simón Bolívar hecho por y para el culto.

En cuanto al funcionamiento de este montaje ideológico, que tiene objetivos precisos, puede considerársele una operación sencilla pero con pretensiones de universalidad, que adopta formas según el gusto del intérprete y utilizador, si bien éste se ve obligado a obviar algunas dificultades básicas, como los conceptos emitidos por Simón Bolívar sobre la democracia y el pueblo. El todo luce como una operación vana, desde el punto de vista historiográfico crítico, pero que se ha revelado eficaz en cuanto a sus objetivos reales de legitimación ideológica del poder político, sobre todo del ejercido de manera dictatorial. Termino haciendo algunas consideraciones sobre el que estimo genuino legado de Bolívar. (Véase también mi obra *El culto a Bolívar*, publicada por primera vez en 1972).

25. José Antonio Páez, *Autobiografía*, v. II, cap. XIX, p. 196.

26. Germán Carrera Damas, *El culto a Bolívar*, p. 49.

27. En la *Descripción de los honores fúnebres consagrados a los restos del Libertador Simón Bolívar* en cumplimiento del decreto legislativo de 30 de abril de 1842, hecha de orden del Gobierno por Fermín Toro, se estableció la pauta interpretativa de «... esta oblación debida a los manes del que aún en la tumba protege».

«¿Quién es grande en estos días? ¿Quién es alto como el cedro y fuerte como la roca para resistir, dominar y serenar la tormenta? (...) ¿Y quién fue grande en medio de estas escenas? Bolívar, sólo Bolívar que en los días de terror sólo puede compararse a los héroes bíblicos que, armados de la ira de Saboath, rodaron su carro sangriento sobre los ejércitos destruidos, pero que en los días de reparación fue semejante a los genios bienhechores que presiden a la creación de lo grande, al sentimiento de lo justo y a la concepción de lo bello» (pp. 12-13. Citado por Germán Carrera Damas, *El culto a Bolívar*, p. 56).

El fundamento del mensaje, dirigido a la clase política y a través de ella al pueblo, era muy claro: «La solución dada a esta dificultad por los ideólogos de la burguesía terrateniente y comercial, promotora y usufructuaria de la Independencia, consistió en declarar permanentemente abierto el proceso de búsqueda de aquellos resultados hermosos que fueron presentados en un comienzo como el producto automático de la emancipación. De esta manera, todo lo vivido se redujo a una mera etapa previa cuyos resultados era necesario no ya consolidar sino lograr de entonces en adelante.

«Ahora bien, la vida de Bolívar condensa y ejemplifica admirablemente todo el proceso: desde la ciega y sincera convicción inicial hasta la amarga desilusión final, pasando por un accidentado trayecto de captación y análisis de las razones de tan desdichado tránsito. Tal se refleja en las numerosas muestras de su pensamiento, tal se expresa en el trágico curso de su acción y de su vida. Este era, a la vez, el señalamiento de la perfección posible y la evidencia de las contrariedades que le habían impedido realizarse. De allí la necesidad histórica del culto y la justificación de la exégesis ideológica. De allí, también, las tres líneas fundamentales que componen la necesidad histórica del culto bolivariano, al convertirlo en factor de unidad nacional, como reivindicación del principio del orden; en factor de gobierno, como manadero de inspiración política; y en factor de superación nacional, como religión de la perfección moral y cívica del pueblo» (Germán Carrera Damas, *ibidem*, p. 43). Sobre este último aspecto, véase también mi obra «La segunda religión», en *Crítica histórica*).

28. El fundamento histórico-historiográfico de esta continuidad fue expuesto certeramente por Luis Castro Leiva en su obra *El historicismo político bolivariano, de la patria boba a la teología bolivariana*, pp. 117-121.

29. El general Presidente, con el voto afirmativo del Consejo Federal, decretó el 3 de septiembre de 1881: «El 24 de julio de 1883, centenario del natalicio de Bolívar, se declara fiesta nacional, para rendir la primera de las grandes manifestaciones que a cada siglo consagrará la gratitud de los pueblos americanos a su Libertador».(Citado por Rafael Ramón Castellanos, *Caracas y el Libertador. La apoteosis del centenario*, 1883, t. I, p. 12). La comisión organizadora de la conmemoración del Centenario del natalicio del Libertador, cuyo punto culminante sería el 24 de julio de 1883, estuvo presidida por Antonio Leocadio Guzmán, padre del presidente y fundador del Partido Liberal, quien había hecho a los venezolanos la siguiente recomendación: «Cumplida su misión, ejecutado el Decreto de Dios, no toca a los mortales más que agradecer, venerar, edificar, la memoria del Libertador» (citado por Germán Carrera Damas, *El culto a Bolívar*, p. 196).

30. Citado por Germán Carrera Damas, *El culto a Bolívar*, p. 193.

31. *Ibidem*, pp. 195-196.

32. Según Rogelio Pérez Perdomo: «Guzmán construyó símbolos. Instituyó u oficializó el culto a Bolívar, símbolo fundamental de la unidad nacional, y erigió otros símbolos, como el himno nacional y la codificación. También levantó obras públicas como no se habían visto antes en el país. Naturalmente, Guzmán no inventó a Bolívar, ni el *Gloria al bravo pueblo*, ni los códigos. Su labor fue convertirlos en símbolos de una nación y dar así cohesión ideológica a esa nación» («La organización del Estado en el siglo XIX, 1830-1899», *Politeia*, N° 14, p. 391).

33. «El gendarme necesario», *Cesarismo democrático*, p. 177. Por supuesto, el puente entre el Simón Bolívar dictador de 1828-1830 y el Juan Vicente Gómez Chacón eterno dictador desde 1909, lo establecía el primer modelo de «gendarme necesario», el general José Antonio Páez, quien emprendió el restablecimiento de la estructura de poder interna de la sociedad a partir de 1821.

34. José Pareja y Paz Soldán dijo de Juan Vicente Gómez Chacón: «...fue un auténtico bolivariano y sintió la grandeza y el genio del Libertador. Se jactaba de ser –y áulicos y favoritos lo pregonaban en todos los estilos– el Presidente bolivariano por excelencia, tal como el Libertador lo había concebido en su constitución vitalicia. Se consideraba fideicomisario de su gloria (...) Refería con emoción: 'Por aquí pasó Bolívar, por aquellos caños lo acompañó Páez, en aquella casita durmió, entre estos árboles colgó su chinchorro la noche anterior a San Mateo [la batalla de], revelando un conocimiento efectivo del Héroe'» (*Juan Vicente Gómez, un fenómeno telúrico*, pp. 84-85. Citado por Germán Carrera Damas, *El culto a Bolívar*, pp. 229-230).

35. El general Juan Vicente Gómez Chacón, en ese momento como Jefe del Ejército, comunicó la noticia al Congreso a través del Presidente de la República, doctor Juan Bautista Pérez: «Expone Gómez que, al momento de asumir la primera magistratura, se propuso dos objetivos. El primero, de carácter político, unir a los venezolanos para trabajar por el progreso de la Patria. Con ello daba cumplimiento al mandato de Bolívar en su patética proclama final. El otro, de orden económico, sanear el erario nacional dando cabal cumplimiento a los compromisos de la deuda pública, contraída desde la época de la guerra emancipadora. Ambos guiaron su administración, era lo que le dictaba la 'conciencia del deber que tenemos todos los venezolanos de ser fieles a la obra de los Libertadores. Si ellos realizaron la independencia política –me dije entonces– yo debo completar su obra realizando la independencia económica (...) Hoy, cuando Venezuela toda y con ella la América y el Mundo, apréstanse a conmemorar como uno de los hechos más importantes de la Historia Universal el Centenario de la muerte de Bolívar, Libertador y Padre de la Patria, creo que la mejor ofrenda, la más grata y perdurable a su memoria, es la cancelación de la Deuda Externa (...) La obra de Bolívar estará así completa, puesto que la Patria que él soñó libre, próspera y feliz, se alzará ante el mundo en el pleno goce no sólo de su soberanía política sino también de su independencia económica» [«Juan Vicente Gómez a Juan Bautista Pérez. Maracay, 22 de mayo de 1930». *Centenario de 1930. Recopilación del Homenaje Universal al Libertador*, pp. 3-4). Citado por Inés Quintero, «Bolivarianismo y gomecismo: La primera conmemoración de la muerte de Simón Bolívar en Europa», *Bolívar y Europa en las crónicas, el pensamiento político y la historiografía. Siglos XIX y XX*, v. II, p. 776.

36. El general Eleazar López Contreras tuvo ocasión de defenderse ante la acusación, que resultó estar bien fundada, de que se esforzó en poner la gloria del Libertador al servicio no sólo de su gobierno sino también de sus propósitos políticos de alcanzar por segunda vez la Presidencia, contando para ello con las Sociedades Bolivarianas, como base de opinión para desalentar las aspiraciones de democracia que amenazaban esa ambición: «Sincero siempre, por mi devoción a la Doctrina Bolivariana, que es independencia de todo poder extraño, libertad, democracia y republicanismo auténticos, dentro de un nacionalismo constructivo, no es que yo no acepté la beligerancia de otras doctrinas, sino que combatí todas aquellas que en alguna forma pudiesen afectar nuestra nacionalidad, nuestras tradiciones y nuestras conciencias» (*El triunfo de la verdad. Documentos para la historia venezolana*, p. 23).

37. «Necesitado de apaciguar la escena política, el general Eleazar López Contreras ideó la constitución de sociedades bolivarianas en todo el país, con lo cual esperaba apartar a los venezolanos de la lucha a través de los resurgentes partidos políticos: 'Para poder marchar dentro de la doctrina verdaderamente bolivariana, la sociedad [se refería a la Sociedad Bolivariana] debe apartarse completamente de toda actividad política'. El logro de este objetivo se amparaba en la invocación de un precepto universal: 'La sociedad bolivariana debe estar compuesta por individuos de todos los credos sin excepción, tanto religioso como político, pero sin que éstos tengan ninguna influencia en el seno de ella'. [«Discurso del general Eleazar López Contreras en la Sociedad Bolivariana de Cumaná», Rafael Brunicardi, *Por los caminos de la Patria*, pp. 64-65]». (Germán Carrera Damas, *Venezuela: Proyecto Nacional y poder social*, pp. 230-231). «Se conformó, de esta manera, un complejo ideológico que constituyó la fundamentación de la política oficial destinada a procurar la 'unión de todos para la grandeza y para encauzar nuestro destino hacia una ansiada meta de superioridad'. Esta es 'la idea fundamental del bolivarianismo como doctrina social', la cual es considerada 'en grado eminentemente persuasiva y perfectamente adaptada a nuestro ambiente, a nuestro espíritu y a nuestras costumbres'. El fundamento de este edificio ideológico era, justamente, la alegada vigencia y actualidad del pensamiento y la obra de Simón Bolívar, expresada en el rescate de los valores por él encarnados» (*ibidem*, pp. 231-232).

38. Para respaldar su concepción política bolivariana el General elaboró una caracterización sintética de la significación del «pensamiento bolivariano», es decir un compuesto ideológico en el que se mezclan «el pensamiento interpretado» de Simón Bolívar con «el pensamiento atribuido» al Libertador, y pasada esta mezcla por el filtro ideológico y político del hombre que más confianza mereció del dictador Juan Vicente Gómez Chacón: «El pensamiento bolivariano es creador de normas que hoy, a pesar de la evolución social que se ha perfilado en lo que llevamos de siglo [XX], cobran cada día actualidad y sirven de orientación precisa para el mejor desenvolvimiento de los pueblos en su vida cultural, social y política. Las ideas bolivarianas no son para nosotros un simple legado histórico. Los hechos que se realizaron bajo la inspiración genial de Bolívar, son efectivamente patrimonio de nuestro pasado glorioso, pero sus ideas, que forman todo un credo político, no deben quedar en el dominio de la especulación histórico-filosófica, sino constituir una realidad para aprovecharla como guía de la acción vitalizadora que demanda la República. [Eleazar López Contreras, *El triunfo de la verdad. Documentos para la historia venezolana*, p. 324]». (Germán Carrera Damas, *ibidem*, p. 232).

39. Eleazar López Contreras, *op. cit.*, p. 302.

40. Eleazar López Contreras, *op. cit.*, p. 319. (Germán Carrera Damas, *Venezuela: Proyecto Nacional y poder social*, p. 231). Como antecedente comparativo de la institucionalización del bolivarianismo intentada hoy en Venezuela, y para apreciar su grado de creatividad y novedad, vale la pena conocer con algún detalle la empresa pionera realizada en esa materia por el general Eleazar López Contreras.

Consecuente con sus ideas y sus miras políticas, el general se dedicó a montar una organización que le permitiese transmitir su bolivarianismo a toda la población. Para este fin creó la Sociedad Bolivariana de Venezuela, aún existente pero silenciosa, por decreto de 23 de marzo de 1938, atendiendo a que «...el pueblo de Venezuela alienta indestructibles sentimientos de gratitud y veneración hacia los Fundadores de la Patria, y cumple al Gobierno Nacional estimular ese culto...», y respondiendo al hecho de que «...el país aguarda una acción social y cultural informada precisamente en el ideario del Libertador y de los Próceres que lo secundaron en la magna obra emancipadora, porque ese ideario contempla la mayor suma de bienestar para los pueblos; y que propender desde la esfera oficial a la efectividad de aquella acción, es dictado de patriotismo...». La Sociedad tendría su sede en Caracas y «...un organismo autónomo correspondiente en cada capital de Estado y de Territorio Federal». Luego se procedería «...a la organización de Centros subalternos en las capitales de Distrito y de Municipio (Departamento, Parroquia)». Los estatutos definitivos los aprobaría un congreso de delegados. Y, decisión muy reveladora del nexo entre la Sociedad y el Gobierno, los gastos de organización se cargarían «...al Capítulo VII del Departamento de Relaciones Interiores» (Eleazar López Contreras, *op. cit.*, pp. 308-309).

En una circular a los presidentes de estado quedó claramente establecido el carácter de política de Estado y de Gobierno del organismo decretado, y se les instruyó para que colaborasen en las tareas de promoción y organización de la Sociedad, cuyos objetivos eran, en primer lugar «...propender a agrupar en torno a un mismo ideal común a los hombres de buena voluntad...» con el alto propósito, «...en esta hora republicana de halagadoras perspectivas...», de «...estudiar el ideario político del Padre de la Patria, para poner en marcha los postulados sociales y culturales informados en los más puros principios que aquella mente privilegiada y excepcional dejó grabados en la conciencia americana». En segundo lugar: «Una preocupación constante por hacer perdurar en la mente de nuestro pueblo el ideario político del Libertador (...) pues en dicho ideario político se contemplan con clara percepción las previsiones inmediatas de los vitales problemas que confronta nuestra nacionalidad». Y en tercer lugar: «Unificar» (...) todas las fuerzas vivas del país, es procurar estrechar los nexos que nos unen a los venezolanos y es, a la vez, una invitación a deponer viejos rencores y odio lugareños» (*ibidem*, pp. 309-310).

En los Estatutos aprobados el 7 de agosto de 1938 por el Comité encargado de constituir la Sociedad, esta fue definida como «...una institución nacional destinada a formar y mantener un culto fervoroso y activo, manifiesto en obras de engrandecimiento común, hacia la egregia persona del Libertador, ora difundiendo sus ideas, principalmente las sociales, culturales y políticas, ora procurando que el espíritu de esas ideas viva a diario con nosotros y dirija nuestra acción hacia eminentes destinos». Le fue asignado a la Sociedad un vasto conjunto de tareas de mejoramiento social y cultural. Sus miembros debían contribuir, «...conforme al respectivo reglamento y según la medida de sus capacidades económicas, al sostenimiento material de la corporación» (*ibid.*).

Se celebraron congresos bolivarianos en 1938 y 1940. En el *Primer Congreso Bolivariano de Venezuela*, reunido el 7 de agosto de 1938, el general-Presidente trazó las líneas de acción de la Sociedad, dándoles un alcance tan amplio que constituían un programa de regeneración social y moral de los venezolanos, de apoyo al plan administrativo adelantado por el Gobierno y una doctrina de acción internacional: «A las actividades ennoblecedoras de la *Sociedad Bolivariana de Venezuela*, podemos señalarle dos proyecciones, cada una de las cuales conduce a la máxima finalidad que constituye su programa: ser en [el] ambiente venezolano propulsora del movimiento cívico que, tendiendo a la mayor gloria del Libertador, crea una definida conciencia nacional, dentro de la cual las masas pobladoras de la República, adquieran el concepto de la misión que Venezuela debe llenar como país libre en el conjunto de las naciones del continente latinoamericano».

Para estos fines, «...la labor interna (...) conduciría: (...) a desarrollar una campaña de depuración y de enseñanza, a fomentar diariamente el culto a los genitores de la nacionalidad, no sólo en forma reverencial, sino tomando su ejemplo como estímulo para el avance, como deber sagrado de conservar su herencia y acrecentar el tesoro que nos legaron y que nos reclama trabajo, voluntad creadora, realizaciones concretas; a intensificar una acción social y cultural inspirada en el credo político del Libertador; a auspiciar de uno a otro extremo del país, cuanto se dirija al bienestar general; a propiciar movimientos cuyo norte sea la mejora del medio venezolano; la aplicación de remedios a los perentorios problemas que confrontan las clases menesterosas; al estudio, desde el punto de vista práctico, de esa serie de dificultades que entorpecen nuestro progreso moral y material; y, en fin, a servir de fuerza de cooperación al Programa que el Ejecutivo Federal [el llamado «Programa de Febrero»] realiza en su afán de cambiar la fisonomía nacional y devolver al país el lustre a que es acreedor por su glorioso pasado. A estos propósitos quiero agregar —dijo el general-Presidente–, uno de aspecto espiritual, el cual se dirige a elevarnos cada día con mayor decisión en el camino de nuestro mejoramiento ético. Considero que la *Sociedad Bolivariana de Venezuela* debe constituir un Poder Moral que, irradiando su acción educativa dentro de su propio seno, abarque también el conglomerado de la nación y, principalmente, los hombres que han de ejercer la dirección de los asuntos públicos; que sea, en fin, guía e instrumento de perfección individual y colectiva».

En lo internacional no era menos ambiciosa, aunque sí mucho menos precisa, la proyección asignada a la Sociedad por su creador: «La otra fase de actividad tiene un radio que va más allá de nuestras fronteras. El organismo bolivariano, entre cuyos postulados tiene lugar preferente aquel pensamiento que hace más de cien años llevó al Héroe a propiciar el Congreso de Panamá, debe robustecer la unión moral de los pueblos hermanados por la raza y por la historia, cuyo basamento existe en el esfuerzo común realizado para la conquista de la independencia americana».

El *Segundo Congreso Bolivariano de Venezuela*, celebrado en junio-julio de 1940, ya en curso la Segunda Guerra Mundial, dio ocasión al general Presidente para exponer su doctrina bolivariana en función de los procesos sociopolíticos de actualidad. Para él, la Sociedad «...tiene un importantísimo papel en la estructuración social venezolana, no sólo por el aporte que ofrece a la obra material, necesaria y útil para nuestro adelanto, sino porque ella orienta los espíritus hacia la unión y la solidaridad, único medio de hacernos fuertes para resistir con éxito las contingencias de la angustiosa hora que vive la humanidad».

Consideró que era necesario erigir una fortaleza moral: «La fuerza moral que cohesiona a los pueblos, es factor imprescindible para mantener en todo momento el concepto del honor y el amor por las tradiciones de la Patria. Destruida aquella fuerza, muy fácil es destruir el equilibrio social, y ante precedente tan funesto, las corrientes contrarias a los intereses de la República consiguen luego infiltrarse en el espíritu nacional para aniquilarlo y conducirlo a la sumisión ideológica y política. Mantenernos fuertes ante los embates del materialismo despotizante, velar porque nuestras tradiciones vivan y perduren en el alma de las masas venezolanas, conducirnos siempre de modo que nuestros actos respondan a nuestra propia ideología, sin la influencia de extrañas orientaciones, es conservar el patrimonio moral como un baluarte ante las circunstancias especiales del actual momento histórico».

El orador advirtió que «...la infiltración de doctrinas disolventes inicia un proceso de anarquía primero y de desintegración después». E hizo la siguiente prevención: «Tales perniciosas influencias propugnan que no se debe reconocer el esfuerzo realizado ni la capacidad de acción para el logro de lo que existe actualmente, y que las modernas corrientes de renovación deben aplicarse en forma revolucionaria y no con métodos de progresiva y constructiva capacitación». En suma, se «...pretende llegar por saltos violentos a mejor situación, cuando el estudio, la capacidad, la experiencia y la autoridad se alcanzan por etapas y mediante procesos largos los cuales no pueden ser impunemente abolidos, ya que, de no realizarse normalmente, la serie de saltos acabará por destruir la moral y eficiencia de las generaciones sucesivas». De estas consideraciones se desprende la urgencia de una tarea: «Contener esos impulsos de la juventud y llevar al ánimo de los hombres responsables de hoy la convicción de que deben abrirle paso a las justas aspiraciones de aquella, para que la fuerza que aportaron, ya gastada por el tiempo, se nutra de nueva savia y el proceso de renovación se realice normalmente...». Para ello es necesario estar conscientes de que «...En todas partes nos hallamos frente a una crisis moral, y sólo con una campaña educadora, a base de patriotismo, podremos fortalecer esa debilidad espiritual, mucho más grave que la deficiencia mental y que la inconsistencia que generalmente se nos atribuye».

«En este cuadro de debilidades, amenazas y riesgos, debemos escudarnos tras el bolivarianismo, (...) que significa para nosotros el acercamiento integral de los pueblos y, por consiguiente, el vínculo que estrecha la unión espiritual de los venezolanos. Es una doctrina social que debemos practicar porque está formada por el pensamiento director, pleno de hondo conocimiento de la realidad de estos pueblos, como lo fue el de Bolívar, quien no sólo formó esta patria, sino que le indicó la manera de conducirse para alcanzar el vértice de su potencialidad y su progreso». El bolivarianismo, y sólo el bolivarianismo, puede cumplir esta vital función entre los venezolanos, por muy poderosas razones: «Políticamente tiene un contenido denso de doctrina en grado eminentemente persuasiva y perfectamente adaptada a nuestro ambiente, a nuestro espíritu y nuestras costumbres. El pensamiento bolivariano es creador de normas que hoy, a pesar de la evolución social que se ha perfilado en lo que llevamos del siglo [XX], cobran cada día actualidad y sirven de orientación precisa para el mejor desenvolvimiento de los pueblos en su vida cultural, social y política. Las ideas bolivarianas no son para nosotros un simple legado histórico. Los hechos que se realizaron bajo la inspiración genial de Bolívar, son efectivamente patrimonio de nuestro pasado glorioso, pero sus ideas, que forman todo un credo político, no deben quedar en el dominio de la especulación histórico-filosófica, sino constituir una realidad para aprovecharla como guía de la acción vitalizadora que demanda la República».

Obligado por las circunstancias nacionales e internacionales a demostrar la actualidad de la doctrina bolivariana, el general Presidente tuvo que dar respuesta a una de las principales cuestiones contemporáneas, a la que no se había pretendido que esa doctrina ilustrada, el trabajo, y le dio el único tratamiento de que era capaz, el moral: «Se toca en las ideas antes expuestas [se refiere a las ideas disolventes] lo relacionado, con el trabajo, factor de producción y hábito bienhechor, del cual se dice estar siempre en crisis, por falta de actividad y de desarrollo. A este respecto debemos señalar que en nuestro medio existen muchas formas de trabajo que no requieren gran capacidad técnica y dinero en abundancia para su desarrollo, sino amor por la ocupación útil, o sea propósito de alcanzar el único remedio contra la ociosidad voluntaria y perniciosa. Ese interés en obtener trabajo y la voluntad de rendir una labor útil y eficiente es cuestión de moral».

Llevando esta última concepción a la práctica, el 18 de abril de 1938 el general Presidente había dictado un decreto estableciendo «...el *Día del Obrero*, y se fija para su celebración el 24 de julio, natalicio del Padre de la Patria». El considerando reza que «...es norma del Ejecutivo Federal fomentar el culto por el Libertador y Padre de la Patria; y que la clase obrera del país contribuye con su esfuerzo personal al progreso de la Nación y al desenvolvimiento de su economía, y que en ella arraigan firmemente las gloriosas tradiciones que sirven de fundamento a la nacionalidad». A lo que correspondió la Unión General de Trabajadores con un manifiesto en el cual se incluyó la siguiente exaltación: *«Compañeros*: El Ciudadano Presidente de la República ha tenido la iniciativa de escoger de entre nuestras grandes fechas gloriosas el 24 de julio, natalicio del Libertador, para celebrar el *Día del Obrero*. Y nosotros, obreros de la *Unión General de Trabajadores*, unidos a todos los obreros del mundo por unos mismos ideales y unas mismas aspiraciones nobles, mas no por ideologías ni doctrinas políticas internacionales, fuerza es que acojamos complacidos la iniciativa de declarar el 24 de julio, fecha inmortal de nuestra historia, *Día del Obrero*» (*ibidem*, pp. 326-327).

En suma, partiendo de su fehaciente bolivarianismo el general Presidente utilizó el poder heredado del dictador Juan Vicente Gómez Chacón para formular e institucionalizar una ideología de reemplazo que lo legitimase y lo acercase a la generalidad de los venezolanos: «De esta manera se intentó llevar a la práctica el [hasta ahora] más completo y sostenido proyecto de composición de una ideología de reemplazo que fuese, a la vez, de evidente e indiscutible esencia nacional, insospechablemente oficial y susceptible de atribuirse los mejores títulos históricos en la confrontación con los modernos planteamientos acerca de los órdenes social y económico. Marcó el momento culminante en lo ideológico, de la crisis del poder público en Venezuela durante los años 1936 a 1939, cuando los propósitos más o menos evidentes de continuidad del orden de cosas formado durante la interminable dictadura de Juan Vicente Gómez chocaba con las consecuencias políticas de los cambios estructurales que habían comenzado a operarse en la sociedad venezolana, la cual había entrado en un proceso de estructuración capitalista evidenciado en la formación de un proletariado moderno, en el desarrollo de la clase media y en el robustecimiento de una clase dominante de corte aún tradicional pero en vías de convertirse en una burguesía igualmente moderna» (Germán Carrera Damas, *Venezuela: Proyecto Nacional y poder social*, p. 232). Pero la meta era ambiciosa, pues consistía en crear las condiciones para alcanzar la regeneración del pueblo venezolano, visto como presa de un proceso de degradación desde la ruptura del nexo colonial, dotándolo de una unidad de pensamiento y de acción, según se le apreció en las circunstancias también críticas de 1962, en plena insurgencia guerrillera: «Si vamos a las fuentes vivas de nuestra raíz de pueblo, si hurgamos en nuestra conciencia histórica, si asimilamos de acuerdo con una mentalidad moderna las enseñanzas de nuestros forjadores, podemos en cercano plazo ofrecer una unidad de pensamiento y de acción, verdaderamente monolítica. En vez de buscar orientaciones en teorías abstractas y exóticas, necesitamos reactualizar nuestras propias bases espirituales» (Pedro Díaz Seijas, «Ideas para una interpretación de la realidad venezolana», p. 82. Citado por Germán Carrera Damas, *ibidem*, p. 245).

Afinando su puntería, el general Presidente llegó a identificara sus adversarios, de los cuales envió unos cuarenta al exilio. Hablando ante la Sociedad Bolivariana de Cumaná, el 31 de agosto de 1938, los señaló: «Al comienzo de esta nueva era [se refería al período inmediato posterior a la muerte del general Juan Vicente Gómez Chacón, en diciembre de 1935, y especialmente a los que denominaba comunistas] un grupo de hombres inexpertos, seducidos por extrañas ideologías, se olvidaron de todo lo grande y noble que existe en nuestra Patria, y es falta de patriotismo alentar esas exógenas doctrinas cuando tenemos para seguir su ejemplo, la ideología del Libertador» (Eleazar López Contreras, *op. cit.*, p. 319).

41. Esta situación corresponde a la presencia de la URSS en el frente contra el fascismo liderado por los Estados Unidos y la Gran Bretaña, y en la consiguiente actitud de los partidos comunistas de colaboración con el campo de la democracia, absteniéndose de perturbar la paz laboral y social para no afectar el esfuerzo de guerra, lo que fue muy importante en el caso del petróleo venezolano. Sobre esta cuestión véase el capítulo 9, *The last step: Browderism», en Manuel Caballero, «Latin America and the Comintern, 1919-1943»*.

42. Esta cruda adaptación de la realidad histórica al militarismo ha sido internalizada por la oficialidad venezolana, hasta el punto de poder invocarla como fuente de legitimidad básica de su irrupción en el ejercicio de la democracia, como quedó comprobado en un manifiesto intitulado «Nos alzamos por la Constitución. Carta de los oficiales del MBR-200» (Movimiento Bolivariano Revolucionario-200), y fechado «Desde nuestras cárceles de la dignidad, 24 de junio de 1992», en clara alusión a la Batalla de Carabobo, librada el 24 de junio de 1821, que selló la independencia de

Venezuela. El documento se abre con la siguiente advocación patriótica: «Nosotros, los abajo firmantes, Oficiales Superiores, Subalternos, SOPC, Tropas, Profesionales y Soldados, integrantes del Movimiento Bolivariano Revolucionario (MBR-200), en nuestra condición de soldados bolivarianos a quienes el Libertador en su última proclama a nuestros pueblos, del 10 de Diciembre de 1830, impuso por misión emplear la espada en defensa de las garantías sociales, y como ciudadanos venezolanos, miembros de las Fuerzas Armadas, fieles a la Constitución y al juramento militar, nos dirigimos a la Nación para exponer las razones que nos obligaron a insurgir contra un gobierno devenido en Tiranía». El manifiesto concluye con una pregunta-respuesta: «Dicho esto, ¿cómo puede negarse un soldado venezolano al cumplimiento de la misión que le impusiera, como última voluntad el Libertador Simón Bolívar?» («Nos alzamos por la Constitución. Carta de los Oficiales del MBR-200. Carta a los militares de nuestra generación», Enrique Ochoa Antich, pp. 9 y 28, respectivamente).

43. No es posible analizar sistemáticamente el galimatías ideológico que ocupa la mente del teniente coronel golpista sobreseído Hugo Rafael Chávez Frías. Quien intentó ser su evangelista y hoy es uno de sus muchos desencantados adversarios, Agustín Blanco Muñoz, dedicó todo un volumen a una larga y extremadamente confusa entrevista con el entonces candidato a la Presidencia (*Venezuela del 04F-92 al 06D-98. Habla el comandante Hugo Chávez Frías*). Con mucho esfuerzo he podido extraer de esa entrevista algunos fragmentos más o menos coherentes:

El entrevistado parte de una crítica al marxismo en la que afirma que la gente no quiere oír hablar de esa doctrina: «...creo [que] la mayoría de la gente no quiere hablar de marxismo. Ese es un fenómeno mundial, que se ve en Cuba y en China incluso (...) creo que Marx en sus predicciones se echó enormes peladas [cometió enormes errores]. Marx, por ejemplo, decía que el proyecto socialista hacia el comunismo debía comenzar en los países más desarrollados del capitalismo, porque era la fase superior del capitalismo, y después venía en los países donde la clase obrera estaba más asentada y más urbanizada (...) Fíjate ese error en la capacidad de predicción» (*ibidem*, pp. 379-380). Pero dictamina que el marxismo sigue presente: «...no adscribo [*sic*] aquello de que Marx ha muerto. El pensamiento marxista está presente. Yo lo he visto en declaraciones muy precisas en lo político, sin entrar en calificar, más acá o más allá, si los partidos comunistas actualmente de verdad se sienten marxistas» (*ibid.* p. 392).

Dicho esto afirma rotundamente que el movimiento bolivariano y él mismo no son marxistas: «Nosotros, el movimiento bolivariano, y yo, Hugo Chávez, no soy marxista pero no soy antimarxista. Ni soy comunista, pero no soy anticomunista. Y cuando te decía que la solución no está en el marxismo, no estoy excluyendo al marxismo, sino que hay que ir más allá del marxismo. Puede abarcarlo, pero no es él la solución, especialmente para nuestros países, para estas condiciones, donde yo creo que no hay vestigio de clase obrera» (*ibid.* pp. 392-393). El bolivarianismo es la vía: «...yo no soy el pensador que va a generar una doctrina original, nueva, total. No. Prefiero hacer. Por supuesto, tener claro hacia donde vamos y allí hay lo que hemos denominado, de una forma mucho más pragmática, pero que no deja de tener el enganche con lo ideológico, doctrinario, filosófico, que es el Proyecto Nacional Simón Bolívar, el cual estamos tratando de adelantar con diversos equipos especializados en lo petrolero, para producir un plan alternativo, en lo económico, social, político, el modelo político de la Venezuela del siglo XXI. Eso ya es más pragmático: las líneas de un proyecto nacional, no sólo de gobierno, sino de transición y un proyecto nacional a mediano plazo para Venezuela» (*ibid.* p. 79).

Luego de tejer una red de confusiones conceptuales de todo género, el entrevistado culmina propugnando «el nacionalismo bolivariano y el latinoamericano»: «Te pongo el ejemplo de un movimiento como el nuestro, que surge con una fuerza determinada, se mantiene y ahora se inserta a sectores [*sic*] populares, sectores diversos del país, nacionales e internacionales y está utilizando –para utilizar tu expresión– la ciencia de la predicción y de la planificación, en el sentido de que puedes intuir, prever los escenarios, estamos trabajando arduamente para tratar de acercarnos a ese punto pivote de lo nuevo (...) Las fuerzas nacionales de identidad, que nos transfiguran o nos desfiguran la identidad, surgen de nuevo, empujadas por fuerzas históricas que van quedando en las raíces del pueblo. Yo creo estar inserto en una de esas corrientes: un nacionalismo latinoamericano, hacia lo nuestro. Un poco el planteo nuestro, del que hablábamos meses atrás en estas mismas conversaciones, de volver a lo nuestro. Esta ofensiva neoliberal, capitalista, que podemos llamar imperial, es para tratar de borrar, con planes muy concretos, eliminar el ejército, la industria nacional, lo que llama el amigo Norberto Ceresole [ideólogo del militarismo fascistoide argentino] –a quien sacaron de aquí esposado hace un año– meter las fuerzas nacionales en la licuadora, licuar el poder nacional, económico, militar, intelectual, científico» (*ibid.* p. 382).

En suma, el entrevistado propone la desorientación ideológica como ideología: «Yo no me siento indefinido. ¿Porque qué es una ideología? Si me inquietara estaría preocupado por leer y tratar de definirme mejor, eliminando algunas aristas que no me cuadran. La ideología para mí es un conjunto de ideas que mueven a la acción práctica, ideas-fuerza. Desde ese punto de vista, ideas bolivarianas, ideas robinsonianas [se refiere a las ideas de Simón Rodríguez, quien en algún momento se hizo llamar Samuel Robinson], ideas marxistas, un mundo de ideas, sistemas ideológicos que se cruzan. Pero ¿quién los define tal cual? Por qué tengo que inquietarme por ubicarme en alguna de las corrientes de pensamiento. Un poco como este poeta norteamericano Whitman, que es un poco de todo eso, y un poco de mí está en cada una de esas cosas. No me inquieta, ni me siento presionado por tus preguntas, ni las que me han hecho en muchas partes sobre ese tema. Yo, yo me siento un luchador, un revolucionario, y con un poco de todas esas cosas» (*ibid*. p. 399).

En estas consideraciones fundamenta su realismo político: «...hay ideología útil e ideólogos estudiosos de grandes ideologías inútiles. Yo prefiero bajar más a la tierra, en vez de estar buscando inspiraciones extrañas a nuestro suelo, por eso nos fuimos a Bolívar, a Zamora [general Ezequiel], a Rodríguez [Simón]. Con todo aquello, que aquí lo discutimos bastante. ¿Contradicciones, incoherencias? Sí, pero creemos que, así como dijo un jefe del Pentágono, en los Estados Unidos: ese es un hijo de puta, pero es nuestro hijo de puta (...) Pero una de las cosas que más hacemos es estudiar, trabajar enclavando ideas, buscando recursos ideológicos, para no transformarnos en un ensayo más que termine en el pragmatismo, dando bandazos, de lo blanco a lo negro, sino tener una dirección, principios ideológicos para avanzar. Un poco eso define nuestra ideología, lo autóctono, las ideas-fuerzas. Lo de ser revolucionarios y motores revolucionarios. Ideas motores para transformar. Y no apartamos el término revolucionario» (*ibid*, pp. 399-401; véase la nota N° 59).

44. «El bolivarianismo fue –y es–, entonces, un programa para la acción revolucionaria, basado en un conjunto de ideas que le dan cierta coherencia. No es una ideología. Es un ideario eficiente para impulsar la revolución. Un ideario de contenido nacional y latinoamericano que le confiere rasgos militares al pensamiento de izquierda, distanciándose de la posición de otros partidos comunistas, que solamente veían en las Fuerzas Armadas el brazo artillado del poder constituido» (Alberto Garrido, *La historia secreta de la Revolución bolivariana Conversaciones con Harold, Puerta,*

Aponte y Camilo, p. 6). Obviamente, un marxista no podría calificar de «ideología» el bolivarianismo sin que por lo mismo degrade el marxismo, que ha sido propuesto no sólo como una ideología sino también como la única ideología sociopolítica científica, por ser capaz de explicar la sociedad y de orientar su transformación.

45. *Ibidem*, p. 8.

46. *Ibid.* p. 12.

47. *Ibid.* pp. 67-68.

48. Aunque todavía de manera incipiente, la invocación del prestigio del Simón Bolívar creado por el culto, tendió a fortalecerse y generalizarse en la propaganda del movimiento subversivo y guerrillero. Prueba de ello es el haber bautizado como «Frente Guerrillero Simón Bolívar» el principal foco guerrillero. Quedó reflejado en esto, también, la posición de la Conferencia Tricontinental, reunida en La Habana en 1966 (véase la nota N° 67).

49. Rómulo Betancourt, «Versión taquigráfica de las palabras pronunciadas al entregar a representantes diplomáticos de los países bolivarianos, copias en microfilm del Archivo del Libertador, en Caracas, el 7 de febrero de 1962», *Tres años de gobierno democrático, 1959-1962*, t. II.

50. Comentando este pasaje, y particularmente la actitud de Rómulo Betancourt respecto del bolivarianismo, escribe un diplomático venezolano: «Este hecho (...) me ha permitido comprender las líneas de continuidad que la situación actual [de Venezuela] encuentra en el pasado reciente, y de allí la dificultad de los dirigentes para definir posturas de oposición, pues en el fondo comparten visiones ideológicas. Exige un gran esfuerzo de conocimiento llegar a comprender estos mecanismos de vigencia de las ideas (...) Llevado un poco por una cierta obsesión por la eficiencia, he llegado a pensar que su ausencia sería suficiente para cambiar los acontecimientos. Pero la evidencia histórica no acompaña este optimismo, pues cuántos ejemplos hay de sociedades que han padecido durante largos períodos situaciones de alta ineficiencia, sin que se produzcan reacciones. Incluso, cuando no se exige, ni las acciones generan consecuencias, todo está orientado para que un estado de cosas semejante pueda perdurar».

Rolland Anrup y Carlos Vidales compusieron la siguiente síntesis del doble uso del bolivarianismo basado en el culto a Bolívar: «Bien pronto, convertido en reliquia intocable, la figura histórica del Libertador ocupa 'el alto sitial representativo de todo aquello que no se había obtenido al cabo de la lucha emancipadora' [Germán Carrera Damas, *El culto a Bolívar*, p. 74], y aparece como sombra tutelar y sinónima del conjunto de representaciones simbólicas que se resumen en la frase *lo que queda por hacer.*

«Lo que significaba, en la práctica política e ideológica, que la gloria del Libertador era puesta al servicio de todas las causas que quisiesen invocarla para valerse de ella con miras a su legitimación, por forzada que fuese la operación.

«Para los arrogantes caudillos militares, 'lo que queda por hacer' es la construcción de un Poder Central, rígido y autoritario, que establezca el 'orden' y liquide sin contemplaciones las manifestaciones de 'indisciplina' y de 'anarquía'. En el nombre del Padre, ellos serán los realizadores de la Dictadura Unipersonal: Páez [general José Antonio], Gómez [general Juan Vicente], Trujillo [Rafael Leónidas], Pérez Jiménez [general Marcos], Rojas Pinilla [general Gustavo], todos estos hombres pretenderán encarnar de algún modo la figura del Padre, usando para ello el mecanismo de la identificación, que 'representa la forma más temprana y primitiva del enlace afectivo' [Sigmund Freud, «Psicología de las masas y análisis del Yo», *Obras completas*, p. 2586]. Páez se presenta a sí mismo –y su Poder– como la Espada de Bolívar en plena acción; Gómez falsifica la fecha de su nacimiento para que coincida con la del Libertador; Trujillo se hace llamar 'Libertador y Padre de la Patria Nueva'; Pérez Jiménez invoca a Bolívar para desatar las persecuciones contra la oposición, en nombre da la 'unidad nacional'; Gustavo Rojas Pinilla, Dictador por obra y gracia de los partidos, intenta realizar dos de las más caras ilusiones bolivarianas: 'La Patria por encima de los partidos', y el vínculo amoroso, libidinal, entre las masas populares y el Ejército, que se habrá de expresar en la fórmula 'Binomio Pueblo-Fuerzas Armadas' (*El culto a Bolívar*, v. II, p. 489). Esta coincidencia revela, además, un primer nivel de internacionalismo del bolivarianismo doctrinario.

Según estos autores en el campo civil difieren las modalidades de uso del culto a Bolívar, pero no su sentido esencial: «Para los líderes e ideólogos del nacionalismo democrático, *lo que queda por hacer* es la realización de la soberanía nacional, en términos de un replanteamiento de las relaciones políticas y económicas con los Estados Unidos, que –al decir de Bolívar– 'parecen destinados por la Providencia para plagar de miserias a la América en nombre de la Libertad' [*sic*], y mediante la aplicación de una consecuente política *latinoamericanista*, de unidad continental, en el orden de las relaciones internacionales, lo cual solamente puede ser garantizado por un Poder Central que encarna y representa la 'unión nacional', el acuerdo general de las clases y estamentos patrióticos, ilusión histórica en aras de la cual ha ofrecido su vida el Padre de la Nacionalidad: 'si mi muerte contribuye para que cesen los partidos y se consolide la unión, yo bajaré tranquilo al sepulcro'. José Martí ha expresado, mejor que ningún otro, esta idea de que la nación real, la Patria Soberana, Nuestra América, aún espera su realización bolivariana: 'Pero así está Bolívar en el cielo de América, vigilante y ceñudo, sentado aún en la roca de crear, con el inca al lado y el haz de banderas a los pies, así está él, calzado aún con las botas de campaña, *porque lo que él no dejó hecho sin hacer está hasta hoy: porque Bolívar tiene que hacer en América todavía!*» (*ibidem*, p. 495).

51. Germán Carrera Damas, *Venezuela: Proyecto Nacional y poder social*, p. 225.

52. *Ibidem*, pp. 226-227. «Son muchos los precedentes de manipulación del objeto del culto bolivariano. Se invocó a Simón Bolívar para combatir precisamente a quien creía ser su encarnación, el dictador general Juan Vicente Gómez Chacón: (...) en unas 'palabras' pronunciadas por Jorge Luciani en Nueva York, ante la estatua del Libertador, el 28 de octubre de 1928, se arengó de la siguiente manera a los exiliados: 'Compañeros: Por los manes sacrosantos del superhombre juremos consagrarnos en espíritu y en verdad a la Causa de la Patria y marcharemos a batirnos ejerciendo nuestro derecho a la existencia libre' [Jorge Luciani, *La dictadura perpetua de Gómez y sus adversarios*, p. 33]. A su vez, Miguel Ramos-Sucre, en 1922, refiriéndose a las profanaciones cometidas por los acólitos de Juan Vicente Gómez, tranquilizó al héroe dándole a la invocación el carácter de una redención del mismo: 'Pero no importa, Bolívar! Aún hay patriotas que te aman y quieren redimirte' [*Contribución al Sesquicentenario de nuestra Independencia*, p. 9]. En suma, la forzada función redentora atribuida al Bolívar del culto conllevaría su propia redención, es decir su rescate» (*ibidem*, p. 229).

53. Afirmación de Nelson Sánchez («Harold») a Alberto Garrido. *La historia secreta de la Revolución bolivariana*, p. 58.

54. *Bolívar visto por marxistas*, «Prólogo». Es patético el empeño demostrado por los marxistas en cuestión para enmendar el juicio que sobre Simón Bolívar escribió Carlos Marx, sin zapar la infalibilidad atribuida y reconocida al padre y pontífice del socialismo científico. El escrito, fechado 8 de enero de 1858, es la entrada *Bolívar* de *The New American Cyclopedia: A Popular Dictionary of General Knowledge*: «El Bolívar de Marx es un militar incompetente, petulante, fatuo, irresponsable y cobarde, que (...) dejaba los asuntos más importantes en manos de favoritos» (p. 371), que en 1812 literalmente cambió a Francisco de Miranda por un pasaporte (p. 370), y que tras sus fracasos y fugas publicaba justificaciones escritas con una fraseología altisonante (p. 374), y venal en su momento final (p. 390). Aparte de elementales inexactitudes, este escrito no recoge un solo reconocimiento positivo referido a Bolívar y a los combatientes por la Independencia, que habría sido realizada por los mercenarios británicos.

El ex guerrillero Francisco Prada presenta el asunto en estos términos: «La Enciclopedia Británica [*sic*] le encargó un escrito a Marx sobre Simón Bolívar, y ahí Bolívar fue analizado de la manera más simplista. La visión que dio Marx sobre Bolívar es que se trataba de un simple señorito de la oligarquía. Marx no era suficiente para comprender a nuestro pueblo, a nuestra realidad» («Francisco Prada. El alzamiento de 1992 entendido como necesario para el bienestar nacional». Alberto Garrido, *La historia secreta de la Revolución bolivariana*, p. 412).

55. Nelson Sánchez («Harold») ha hecho revelaciones sobre la penetración política de las Fuerzas Armadas por los diversos partidos, y en particular por su grupo: «En 1978 nosotros consideramos que para el nuevo proyecto de la revolución el Gran Viraje se había dado de manera completa y todo estaba listo para la 'tercera pata' [se refiere a la estrategia subversiva que denomina «la mesa de cinco patas»]. Se trataba de lograr una gran alianza cívico-militar-religiosa, tal cual se había dado en 1958. Este criterio seguía totalmente vigente porque partíamos de la base de que las Fuerzas Armadas venezolanas poseían características específicas muy distintas a las del resto de las Fuerzas Armadas latinoamericanas. Nuestras Fuerzas Armadas venían del pueblo y tenían una sensibilidad social hacia el pueblo. Además disponían de las armas. Había que disputarle ese brazo armado a la mal llamada democracia representativa. Consideramos que ese brazo armado estaba controlado por AD [Acción Democrática] y Copei [partido socialcristiano], para perpetuarse en el poder, y nuestro objetivo era llegarle con un mensaje al sector que no estaba de acuerdo con esa situación. AD, fundamentalmente, había desarrollado una política de penetración de las FAN (...) para (...) así evitar cualquier pronunciamiento militar adverso. Esta estrategia la trazó Betancourt y siguió funcionando. Fue bajo ese concepto que se inició el trabajo con Izarra [William], quien antes de irse a Estados Unidos había logrado dejar un equipo de oficiales preocupados por el destino del país» («La Revolución bolivariana arrancó con el Frente Militar de Carrera», *ibidem*, pp. 48-49).

Alberto Garrido, en su contribución a la obra citada, dice que al finalizar la década de los 60 «...la guerrilla venezolana estaba política y militarmente derrotada, pese al apoyo internacional que tuvo en algún momento, fundamentalmente por parte de Cuba» (p. 5). Pero uno de los grupos guerrilleros, comandado por Douglas Bravo, no se pacificó, formó el Partido de la Revolución Venezolana (PRV) y retomó «...la estrategia diseñada por el Partido Comunista en 1957, de inserción o captación de cuadros revolucionarios en las Fuerzas Armadas Nacionales con el fin de provocar una insurrección cívico-militar en Venezuela. Esa estrategia había culminado con los levantamientos de Carúpano y Puerto Cabello. La mayoría de los más de 100 oficiales comprometidos con el alzamiento cívico-militar pasaron, luego de ser derrotado el pronunciamiento, a la guerrilla, hasta que ésta conoció la amargura del fracaso» (pp. 5-6).

El ex guerrillero Francisco Prada dijo en una entrevista con Alberto Garrido que la penetración de las Fuerzas Armadas por los partidos políticos «...había comenzado con AD, entre 1945-1948, y respondía a una estrategia de Rómulo Betancourt. La primera generación introducida concientemente [*sic*] en las FAN fue consecuencia de una línea de AD. Ahí estaban un hijo de Valmore Rodríguez, un hermano de Carlos Canache Mata, un hermano de Domingo Alberto Rangel, que llegó a Ministro de la Defensa, un hermano de Hernández Grisanti, Alfonso Márquez Áñez, quien fue Director de la DIM [Dirección de Inteligencia Militar] en los tiempos más duros de la lucha armada y había sido uno de los presos militares de Pérez Jiménez. Llegó un momento en que AD tenía once generales. Estaba Paredes Bello, cuyo hijo era general de la Fuerza Aérea en febrero y noviembre de 1992. Esa política también la hizo el Partido Comunista» (*Guerrilla y conspiración militar en Venezuela*, pp. 117-118).

56. La repatriación de los restos de Simón Bolívar, y su muy posterior colocación presidiendo el Panteón Nacional –especie de Olimpo republicano–, dotó el culto a los héroes de su reliquia referencial, conservada en un antiguo templo que ha llegado a ser una especie de catedral de la que he denominado «la segunda religión» de los venezolanos, llevada por algunos de los exaltados promotores del culto hasta el extremo de establecer una identificación con el culto cristiano católico. (Véase a este respecto mi obra «La segunda religión», en *Crítica histórica*).

57. Es difícil decidir en cuál de estas dos categorías entra el denominado «Juramento Bolivariano del Samán de Güere». Posiblemente en ambas. Al preguntársele en qué año «...pasas tú a ser un miembro del grupo que planeaba el alzamiento cívico-militar...» el ex guerrillero Pedro Antonio Solano Nava, alias «Camilo», respondió: «En 1989. En ese año cumplo con el juramento bolivariano, el mismo que se realizó en el Samán de Güere en 1982 [se refiere al prestado por varios tenientes coroneles, junto con Hugo Chávez Frías]. Desde entonces jamás he faltado a ese compromiso» (Alberto Garrido, *op. cit.*, p. 74). El Juramento en cuestión reza: «Juro delante de Usted [se refiere a Simón Bolívar] / Juro por el Dios de mis padres / Juro por ellos / Juro por mi honor / y juro por mi Patria / Que no daré descanso a mi brazo / Ni reposo a mi alma / Hasta ver rotas las cadenas que nos oprimen / Por voluntad de los corruptos / y los poderosos. Tierra y hombres libres / Elección popular / Horror a la oligarquía / Patria o muerte» (*ibidem*, portada). Se trata, parcialmente, de una paráfrasis del juramento que se cree prestó Simón Bolívar *ante* su maestro Simón Rodríguez en una de las colinas de Roma. Para el caso, obviamente, jurar ante los restos del árbol simboliza hacerlo no ante Simón Rodríguez sino *ante* el propio Simón Bolívar.

Pese a los excesos retóricos y rituales que han acompañado el culto bolivariano desde su nacimiento, no ha faltado quien, como lo hizo el escritor venezolano Enrique Bernardo Núñez criticando el bolivarianismo del general Presidente Eleazar López Contreras, lo considerara en algún momento carente de vitalidad: «...tal como se ha fundado o tal como funciona la Sociedad Bolivariana es apenas una de las tantas formas del culto bolivariano, un culto inerte sin repercusiones reales en el alma venezolana» («Bolivarianismo», *op. cit.*, p. 57). El crítico supuso que Simón Bolívar «...no se hallaría muy a su gusto de verse objeto de ese frío culto oficial». Para este efecto sentencia que: «...el motivo de una mística o la única mística posible tiene que ser Venezuela y el pueblo de Venezuela. Venezuela dio a Bolívar. No Bolívar a Venezuela» (*ibidem*, p. 59).

58. Conviene advertirlo, porque lo que sigue es una muestra de la situación acerca de la cual deseo prevenir: no le es fácil al historiador crítico que estudia el fenómeno del bolivarianismo-militarismo como ideología de reemplazo, sintonizar su sentido crítico con el del maestro de escuela, el militar y el pueblo común. Así lo he reconocido:

«Si mucho dice la persistencia de estos esfuerzos [destinados a hacer arraigar el bolivarianismo en la sociedad venezolana], no menos dice su vanidad, pero podría calificarse de irresistible la tentación de echar mano de una gloria ya hecha, de un pensamiento rico y articulado y de un prestigio definitivamente arraigado en los venezolanos, simbolizado todo ello en la figura, en el pensamiento y en la obra de Simón Bolívar».

«Con lo antes dicho quiero tan sólo significar la apertura del vasto campo de los usos ideológicos de Simón Bolívar tan lleno de variedad y contradicción, pero al mismo tiempo de tan prolongada reiteración que se resuelve en un mensaje que luce adocenado, formal, vacío de contenido real. En suma, una fórmula para procurar, ejercer, retener o combatir el poder; que ha llegado a ser entre los venezolanos, algo así como jurar por Dios» (Germán Carrera Damas, *Venezuela: Proyecto Nacional y poder social*, p. 233).

59. Agustín Blanco Muñoz, *op. cit.*, p. 79. En los hechos, estas metas han sido sustituidas por una agenda secreta, caracterizada por el acercamiento con Fidel Castro y el intento de trasladar a Venezuela «los logros de la Revolución cubana», según el discurso de Chávez. (Véase la nota Nº 43).

60. *Idem.*

61. «Gabriel Puerta Aponte no ve más que retrocesos en la Revolución bolivariana. 'Chávez es una de las grandes estafas que ha dado la sociedad venezolana'. Entrevistado por Sergio Dahbar. *El Nacional*, Caracas, 25 de marzo de 2001. El entrevistado, ex comandante y ex diputado, ha sido abandonado por sus seguidores del grupo subversivo «Bandera Roja», hoy funcionarios cercanos a Chávez.

62. «Harold» explica la difusión del concepto de «espacio vital bolivariano»: «La tesis de Douglas [Bravo] recorrió los movimientos revolucionarios de América Latina. Se planteó como algo novedoso romper con el marxismo-leninismo y levantar banderas nacionales y latinoamericanas bajo ideas fundamentales de Bolívar. Muchos revolucionarios comenzaron a interesarse en el pensamiento bolivariano (...) como única fórmula para unir la gran Patria Latinoamericana (...) El pensamiento bolivariano permitía llegarle mucho más al pueblo. Ya no se trataba de convencer a la gente de la instauración de una sociedad socialista o comunista. Se trataba de algo mucho más amplio, mucho más nuestro, más latinoamericano y enraizado en la gente, como es el sentimiento bolivariano. Esto permitió que nuestro pensamiento tomara fuerza en América Latina y que ahora, con el triunfo de Chávez el 6 de diciembre de 1999 se hace más importante a nivel continental (...) Este proceso continuará y demostrará la vigencia del pensamiento bolivariano y lo acertado de la tesis de Douglas [Bravo]». La difusión de esta tesis no ha sido fácil: «Costó mucho para que los grupos de avanzada comprendieran que el ideario bolivariano es la guía que necesitaban para la unidad revolucionaria latinoamericana». Pero el resultado de este esfuerzo es visto con gran optimismo: «En la actualidad hay dos líneas de pensamiento que han confluido y que han conmovido a Venezuela y también lo harán en América: el pensamiento de Douglas [Bravo], que incluye el espacio para la originalidad planteado por Simón Rodríguez, la reivindicación de la democracia popular zamorana [atribuida al general Ezequiel Zamora, héroe de la Guerra Federal, 1859-1863], y el accionar de Hugo Chávez, que ha logrado movilizar a las masas nacionales en torno al pensamiento bolivariano. Este proceso ya comienza a repercutir en América Latina». Dicho esto, nada frena la exaltación del caudillo bolivariano. «Harold» respondió enfáticamente a la observación del entrevistador de que «...hay cuestionamientos fuertes en cuanto a la consistencia que pueda tener Chávez para materializar ese proceso: 'Hugo tiene una gran misión que cumplir. Él puede convertirse en un pionero de lo que debe ser América Latina como factor de equilibrio frente al mundo unipolar [*sic*] que existe hoy» (Alberto Garrido, *La historia secreta de la Revolución bolivariana*, pp. 58-61].

El infatigable conspirador que dice ser Pablo Medina ofrece una visión delirante de la pretendida proyección latinoamericana del bolivarianismo-militarismo: «Hay que salir a la búsqueda de nuestros iguales donde quiera que estén. En Venezuela ó [*sic*] fuera de ella. Esa es otra tarea que tenemos por delante en el Polo Patriótico [formación política colecticia al servicio de Chávez]. Pensar, por ejemplo, en impulsar una Constituyente y una Constitución de los Pueblos Latinoamericanos y Caribeños. Revitalizar el Parlamento Latinoamericano para que cumpla su papel integrador en lo político. Abrir el camino para que los Jefes de Estado configuren una suerte de Gabinete de Gobernabilidad continental que tome decisiones y que éstas sean vinculantes a las decisiones de ámbito nacional... Ir a concretar el sueño de Bolívar... Hacer una Nación de naciones. Construir las bases materiales para la integración de los pueblos, no sólo de los mercados. De las culturas además de las economías... Y que los avances de ese proceso no continúen quedándose tras los almidones [*sic*] de un lenguaje diplomático, al que asusta llamar pan al pan y vino al vino...» (*Rebeliones*, pp. 81-82).

63. (Caracas, Ediciones de la Presidencia de la República, 1986 y siguientes). Alberto Filippi recoge en esta obra monumental testimonios de la presencia de Simón Bolívar en Europa durante los siglos XIX y XX. En una densa «Introducción general», e introducciones a las secciones nacionales, el compilador aporta elementos críticos de gran utilidad para la valoración de la documentación. Del conjunto, Filippi saca una conclusión global, citada por Velia Bosch: «De hecho, buena parte de la historiografía y la politología bolivariana, del pasado y del presente, ha generado ideologías de la historia que han permitido manipular y hasta amparar todo orden de prácticas políticas ajenas, si no contrarias, al pensamiento político del Libertador, que en todo caso, tuvieron bien poco que ver con su delimitada y específica experiencia histórica» («Bolívar: dos visiones irreconciliables (luz y sombra de un centenario)», *Bolívar y Europa en las crónicas, el pensamiento político y la historiografía*, v. I, p. 218).

Pero, de manera muy acertada, la labor crítica de Alberto Filippi se centró en España e Italia: «Fundamentalmente nos hemos propuesto confrontar las dos visiones antagónicas que sobre el Libertador se produjeron simultáneamente en España y en Italia por grupos de condición ética y estética irreconciliables como lo fueron en 1930 los intelectuales de una izquierda literaria militante y los ideólogos del fascismo en Italia. Obsérvese que el punto clave, suerte de tendón de Aquiles, lo fueron –a la luz de las interpretaciones que del héroe latinoamericano difundieron o callaron, abultaron o manipularon– el Congreso Anfictiónico, la Constitución de Bolivia y su célebre discurso introductorio. Como reactivo y en el fondo de la probeta quedaba el hipotético juramento del monte Aventino o Sacro (según la venalidad de los políticos italianos de aquel momento), fermento del idealismo revolucionario del discípulo de Rousseau» (A. Filippi, «Roma, escenario del juramento de Simón Bolívar para libertar de la opresión imperial a la América española», Doc. 527, v. II), (citado por Velia Bosch, *ibidem*, p. 216).

Especial interés despiertan las expresiones italianas de admiración por Simón Bolívar y su significado histórico-político: «Por lo que he podido comprobar, el primer demócrata italiano que se ocupó, específicamente, de Bolívar fue Luigi Angeloni, 'patriarca del ambiente internacional de las sectas conspiradoras'. Angeloni, que escribe, por primera vez, sobre el Libertador en una Europa plenamente dominada por la política de la Santa Alianza, lo considera digno de admiración no sólo porque combate abiertamente esa política, sino, más concretamente, por sus convicciones republicanas y democráticas, que son, también para nosotros –sostiene Angeloni–, los únicos principios sobre los cuales apoyarse para emprender, al fin, la regeneración de Italia. Y es precisamente con referencia a la emancipación italiana que Angeloni introduce sus razonamientos en torno al 'sumo', 'invicto', 'valerosísimo' Bolívar» (A. Filippi, «Sección Italiana. Introducción». *Bolívar y Europa en la crónica, el pensamiento político y la historiografía*, v. I, p. 484).

Esta proyección política concreta de la figura histórica de Simón Bolívar, convertida en símbolo de la independencia y de la lucha contra el despotismo, ha sido evaluada críticamente por Alberto Filippi: «Estos son algunos de los *leitmotiv* del gran debate que atraviesa el pensamiento político europeo y americano de la época, motivos que inspiran y determinan, a su vez, las interpretaciones italianas de la independencia, de la fundación de los nuevos Estados republicanos y de la compleja e inusitada figura del Libertador. Este debate, en positivo o en negativo, condicionó, inevitablemente, a unos y a otros, a partidarios y detractores de las transformaciones políticas e innovaciones institucionales que se estaban realizando. No se deben, además, olvidar las razones inmediatas y apremiantes de la lucha política cotidiana que condujeron a muchos de estos patriotas a forzar los términos de parangón o de analogía entre las diversas situaciones de Italia y de América, haciéndoles olvidar, a veces, la específica peculiaridad de cada uno de los procesos históricos. Por otra parte, hay otro elemento que caracteriza hondamente la originalidad de estas interpretaciones de Bolívar, y es que «...la casi totalidad de ellas fueron concebidas en el exilio y desde la perspectiva del exiliado. La condición del exilio, si bien por un lado generaba ese espíritu cosmopolita que hacía sentir como cercanos y propios los acontecimientos que tenían lugar en las diferentes partes del mundo, por el otro, la lejanía misma respecto de la propia realidad tendía a generar visiones abstractas o meramente idealistas de los hechos» (*ibidem*).

Pero también el fascismo encontró en Simón Bolívar motivo de exaltación: «En Italia, el asunto [se refiere a la conmemoración del Centenario de la muerte de Simón Bolívar] adquiere singular relieve. No sólo por el empeño colocado [*sic*] por el Ministro venezolano, Sr. Caracciolo Parra Pérez, sino por la presencia de una singular interpretación sobre Bolívar y la independencia que tiene elocuentes manifestaciones entre los voceros del fascismo (...) En las actividades conmemorativas desarrolladas en Italia, coinciden sin mayores contratiempos la interpretación cesarista de Bolívar realizada por los plumarios del gomecismo y la propaganda fascista llevada adelante por los hombres del 'Duce'. Es también en Italia donde la magnitud de los actos compromete a las más altas jerarquías políticas» (Inés Quintero, *op. cit.*, p. 778).

64. Alberto Rocha Valencia, investigador de la Universidad de Guadalajara, México, en una ponencia presentada en el 1998 Meeting of the Latin American Studies Association, se refiere a la significación del que denomina «neobolivarismo» en la integración económica latinoamericana: «En América Latina y el Caribe, durante la década pasada de los ochenta y la actual década de los noventa en curso, han logrado tomar cuerpo dos propuestas de integración regional: la neopanamericana y la neobolivariana (...) El bolivarismo durante estos años ochenta y noventa se sumergió en la memoria colectiva latinoamericana y caribeña, después es retomado y recreado por las elites políticas e intelectuales críticas del neoliberalismo. Este neobolivarismo que reflexionaba sobre la convergencia de los Estados-Nación latinoamericanos en una confederación política, como manera de preservar la unidad e independencia de América Latina, también tuvo que renovarse y adecuarse con los nuevos procesos que tienen lugar en la región, en el continente y el mundo. Esta reformulación ha dado lugar a un neobolivarismo, es decir las iniciativas latinoamericanas que persisten en una integración regional que preserva su unidad y autonomía y resiste la integración continental subordinada. En este sentido el neobolivarismo es apuntalado por todas aquellas posturas que desde el 'regionalismo abierto' (CEPAL) hasta el 'regionalismo cerrado' (Foro de Sao Paulo) reflexionan en torno a las posibilidades de integración regional latinoamericana y caribeña, puesto que el denominador común de dicho parámetro doctrinario es la autonomía de la región, es decir, la capacidad endógena creada sobre la base de cooperación intrarregional para abordar las tareas, problemas y desafíos del desarrollo y el bienestar general, en un contexto de apertura y vínculos adecuados con el continente y el mundo (...) Este nuevo pensamiento bolivariano tiene ante sí un proceso de integración regional, seis procesos de integración subregional y numerosos acuerdos bilaterales; una dinámica política regional, seis dinámicas políticas subregionales y las respectivas dinámicas bilaterales; esto es el desafío para conformar un sistema regional supranacional, los desafíos para consolidar y hacer converger los seis sistemas subregionales supranacionales y los retos de adecuación de los acuerdos bilaterales (...) El neobolivarismo es una propuesta de integración regional multilateral, igualitaria y simétrica para socios semejantes, que comparten historia y cultura comunes, que están dispuestos a cooperar mutuamente. Es multilateral en razón de la convergencia y participación voluntaria de las partes para acordar y firmar un tratado. Es igualitaria porque los socios se reconocen como pares en sus diferencias. Es simétrica puesto que se establece una asociación donde las disparidades económicas entre las partes buscan ser paliadas y corregidas... El bolivarismo es una propuesta de integración regional que reflexiona y proyecta una América Latina unida y diversa, autónoma y plena, segura y abierta. El neobolivarismo tiene claro que primero está la integración regional y subregional; segundo, una relativa integración continental; y tercero, una adecuada integración en el nuevo sistema mundial» («La virtual dinámica geopolítica continental americana. Neopanamericanismo y neobolivarismo a fines de siglo»).

65. Las dos formas más altas de la invocación bolivariana son las visiones histórico-políticas del llamado «Congreso de Panamá», adoptadas en diversos momentos de la política continental, y la añoranza, muy imprecisa, de la denominada «Gran Colombia». En ambos casos, pero sobre todo en el primero, hay una fuerte carga de antiimperialismo referido a los Estados Unidos de América. En este sentido, la actual Organización de Estados Americanos (OEA) ha sido vista como el falseamiento del proyecto bolivariano por obra de los Estados Unidos de América. En esta disposición han coincidido representantes de una extensa gama de credos políticos. Cuando en 1956 se realizó en la ciudad de Panamá una reunión de presidentes de los países americanos, para conmemorar el 150° aniversario de la convocatoria del Congreso de Panamá por Simón Bolívar, en 1825, un grupo de exiliados venezolanos en México, en su mayoría militantes comunistas, publicamos un folleto intitulado *De un congreso de independencia a una reunión colonialista. Panamá 1826-1956*, con un elocuente subtítulo: «Bolívar contra la reunión colonialista de Panamá». El folleto tiene una serie de epígrafes que se abre con dos fragmentos de textos de Simón Bolívar: «No creo que los americanos [del Norte] deban entrar en el Congreso» (Carta a Francisco de Paula Santander, poco antes de la reunión del Congreso, 1826), y «Los Estados Unidos parecen destinados por la providencia para plagar la América de miserias en nombre de la libertad» (Carta a Patricio Campbell, Encargado de Negocios de Su Majestad Británica, 5 de agosto de 1829). Siguen citas de Francisco de Paula Santander, Valentín Espinal, José Martí, Jacinto López, Rufino Blanco Fombona, Mario Briceño-Iragorry y Gabriela Mistral. En la «Introducción» se advierte: «Antes de entrar a calificar el cónclave de Presidentes, conviene mirar hacia nuestro pasado histórico. Nosotros, venezolanos, sentimos especialmente ese deber, puesto que está en juego la figura –cara para nosotros– del Libertador, nacido en nuestro suelo» (p. 9). El fundamento de la publicación quedó resumido de esta manera: «Los pueblos en quienes vive Bolívar, en quienes perduran y se desarrollan los anhelos de libertad de nuestros antecesores, tienen su actitud [la de Bolívar] frente a la reunión de Panamá» (p. 41).

Esta posición de los exiliados se correspondía con la ortodoxia revolucionaria antiimperialista y antinorteamericana: «Es pues Bolívar, así actualizado, factor principal de la preservación y consolidación de la existencia de la nación venezolana, pero lo es al mismo tiempo de la independencia de los pueblos latinoamericanos. Por ello ha sido fácil concluir, como lo hizo un militante comunista, hoy retirado [escrito en 1983], que él es 'símbolo de la lucha antiimperialista' [Ricardo A. Martínez, *El panamericanismo, doctrina y práctica imperialistas (las relaciones interamericanas desde Bolívar hasta Eisenhower)*, p. 152]. De esto se desprende el compromiso de 'conocer el verdadero pensamiento internacional del Libertador y demás héroes de la gesta emancipadora, para ponerlo al servicio de la paz y de la lucha por la liberación y unión de los pueblos latinoamericanos' [*ibidem*, p. 10]». (Germán Carrera Damas, *Venezuela: Proyecto Nacional y poder social*, pp. 228-229).

66. En esto se ha operado un cambio radical. Cuando se conmemoró el 150° aniversario de la convocatoria por Simón Bolívar del Congreso de Panamá, eran tiempos de gobiernos militares en plena Guerra Fría. Fuimos los exiliados venezolanos en México quienes salimos en defensa de la gloria del Libertador, asumiendo una actitud ahistórica ortodoxa: «Los verdaderos continuadores de la política de Independencia de nuestros países, en su lucha no concluida por convertirse en naciones libres y soberanas, son los pueblos de América, son sus fuerzas democráticas, son todos aquellos que se oponen a la diaria y sostenida agresión imperialista» (*De un congreso de independencia a una reunión colonialista. Panamá 1826-1956*, p. 40). En la actualidad se pretende que la invocación de Bolívar, y la continuación de su obra, sean sobre todo asunto de militares.

67. La Declaración General de la Primera Conferencia de la Solidaridad de los Pueblos de Asia, África y América Latina, celebrada en La Habana del 3 al 12 de enero de 1966, proclamó una suerte de doctrina que contemplaba el derecho a la intervención revolucionaria y antiimperialista: «The Conference PROCLAIMS the right and the duty of the peoples of Asia, Africa and Latin America and of the progressive states and governments to furnish military and moral support to the peoples that are fighting for their liberation, or are directly attacked by imperialist powers» («General Declaration from the Tricontinental», *Tricontinental Bulletin*, Year I, N° 78 Oct.-Nov. 1966, p. 21).

En este contexto, el aprovechamiento ideológico político de la figuración histórica de Simón Bolívar fue ampliado, como era previsible: «De esta manera es posible que se busque [escrito en 1983] crear una bandera tras la cual puedan movilizarse los pueblos latinoamericanos, como fue propuesto [por Alirio Ugarte Pelayo] (...) antes de que la Conferencia Tricontinental celebrada en La Habana consagrara a Bolívar como un adelantado de las luchas que hoy libran los pueblos del Tercer Mundo» (Germán Carrera Damas, *Venezuela: Proyecto Nacional y poder social*, p. 225). Efectivamente, la llamada Conferencia Tricontinental le dio alcance mundial al aprovechamiento revolucionario de la figuración histórica de Simón Bolívar, y no tanto a su pensamiento, como correspondía al momento ideológico internacional.

Los afanes por hacer de Simón Bolívar el adalid de la lucha contra el imperialismo en América Latina, y del bolivarianismo la doctrina que inspire y guíe esa lucha, tienen antecedentes históricos relativamente lejanos. En 1960 el político venezolano Alirio Ugarte Pelayo formuló esta tesis: «...importa mucho para los hombres justos, para los políticos progresistas, para los pueblos angustiados, para el mundo en convulsión, procurar, una y mil veces, reconstruir la médula de Bolívar como causa y norte de los destinos de la América que, al decir de Rubén Darío, aún reza a Jesucristo y aún habla español» («Presencia de Bolívar en los problemas actuales de América», *Cuadernos Americanos*, México, septiembre-octubre de 1960, año XIX, n. 5, p. 206). (*Ibidem*, p. 226).

Consecuente con su ya remoto planteamiento acerca de la función continental de esta versión de Simón Bolívar y el bolivarianismo, Fidel Castro «...aseguró que 'de Venezuela depende hoy la unidad de este hemisferio' y exhortó a 'moverse' a 260 universitarios venezolanos que concluyeron hoy una visita a ese país antillano. 'Venezuela está en condiciones de desempeñar un papel decisivo de hacer ahora lo que Simón Bolívar ni nadie podía hacer en aquél entonces, y no esperen que las posibilidades vengan solas, muévanse', subrayó Castro». (La Habana/Ansa, «Fidel Castro: De Venezuela depende la unidad del hemisferio», *El Nacional*, Caracas, 14 de enero de 2001).

68. Desde muy temprano hubo quien lo advirtiera: «...no podía escapar a la lucidez y el conocimiento de Juan Marinello que: 'La construcción socialista en que estamos, con la clase obrera en la dirección del Estado, no anda en el ideario' de José Martí. Pero ¿cómo conciliar este hecho con la afirmación emotiva, sugerente y atractiva para un pueblo educado en el culto a Martí, hecha por Fidel Castro, en el sentido de que 'el Apóstol ha sido el precursor del socialismo en Cuba'? Aquí interviene de nuevo la operación a la que me he referido: se rastrea en el pensamiento de Martí formulaciones de la naturaleza antes indicada y se les coloca como término de referencia probatorio: pero fue él quien dijo que en cada momento debía hacerse lo que en cada momento fuese necesario (...) 'Distribuir –escribió Martí– es hacer venturosos'. Y después: 'Nadie tiene derecho a dormir tranquilo mientras haya un solo hombre infeliz'. Y en otra ocasión: 'La igualdad social no es más que el reconocimiento de la equidad visible en la naturaleza'. Realizada esta operación, mil veces repetida también en lo concerniente a Bolívar, la conclusión es obligada: 'Haremos realidad su sueño haciendo felices, iguales y venturosos a todos los cubanos'» [Juan Marinello, *Martí desde ahora. Lección Primera de la Cátedra Martiana*, pp. 15-16]. (Germán Carrera Damas, *Venezuela: Proyecto Nacional y poder social*, p. 227).

69. «In a message to the Cuban people written by Fidel Castro months after the Moncada attack while he was confined to a prison cell –in which he denounced the crimes committed by the tyranny during the month of July– he closed his vigorous denunciation against a bloody regime at the service of U.S. imperialism with a quotation of José Martí. The phrase that the leader of the armed insurrection wanted to bring to the attention of his people has become a reality for the Cuban people in their splendid Revolution. Today this phrase is a clarion call for the fighters who are wielding the weapons in Latin America. It is also a warning to our imperialist enemies, their agents and all those who are weak in character and poor in spirit and who prefer to compromise and play the game of the exploiters of their peoples rather than take the luminous road leading to liberty. Martí states the following: 'No martyr dies in vain, nor is any idea lost in the ebb and flow of time. It may be pushed to one side or it may be called to mind, but the memory of having see it pass by always remains'». («Cuba: a Fitting Answer in Latin America», *Tricontinental Bulletin*, Year II, N°. 14, May, 1967, p. 3).

70. «During the months of October, November and December of last year and February and March of this year [1967], diverse military operations were carried out mainly by the UTC in Caracas and by the 'Simon Bolivar' Guerrilla Front in the Lara region, the 'Ezequiel Zamora' [héroe de la Guerra Federal venezolana] Guerrilla Front in the region of El Bachiller, and the 'José Leonardo Chirinos' [cabecilla de una rebelión de esclavos a fines del siglo XVIII] Guerrilla Front in the Falcon region. These operations inflicted numerous casualities on the reactionary army, permitted the seizing of enemy arms and what is more important, built morale and encouraged the revolutionary movement and the people to recognize the importance that these operations have in the task of increasing the revolutionary armed struggle as a real perspective of victory in Venezuela» (*ibidem*, p. 34).

71. La Habana/Ansa, «Fidel Castro: De Venezuela depende la unidad del hemisferio», *El Nacional*, Caracas, 14 de enero de 2001.

72. «Si he traído a cuento el caso de Martí es tan sólo para mostrar lo extendido, lo actual y lo extremado del procedimiento ideológico consistente en rescatar los valores simbolizados en el grande hombre, en el héroe, para ponerlos al servicio de causas que, muchas veces a contrapelo de la historia, se les hace suyas. Es un juego en el cual han podido dictar cátedra, en el caso venezolano, Antonio Guzmán Blanco, Juan Vicente Gómez, Eleazar López Contreras y Marcos Pérez Jiménez, pero al cual no han sido de ninguna manera ajenos gobernantes y líderes políticos de la reciente democracia representativa venezolana, incluidas las variantes socialistas» (Germán Carrera Damas, *Venezuela: Proyecto Nacional y poder social*, pp. 227-228).

73. Según Alfredo Molano, columnista de *El Espectador*, de Bogotá: «As violence once again escalated [durante el gobierno de Virgilio Barco, en 1986], the rebel groups opted for unify as the Simon Bolivar Guerrilla Coordinating Group (CGSB)

[Coordinadora Guerrillera Simón Bolívar]». («The Evolution of the FARC. A Guerrilla Group's Long History», *NACLA. Report on the Americas*, September/October 2000, p. 27). Añade: «...en las negociaciones sobre la eventual participación de la guerrilla en la Asamblea Constituyente (...) the CGSB demanded radical political reform first, beginning with restructuring of the Armed Forces» (*ibidem*, p. 28).

Daniel García-Peña, Alto Comisionado para la Paz en Colombia en 1995-1998, ofrece la siguiente versión sobre la CGSB: «The FARC and other major guerrilla groups signed cease-fire agreements with the government of President Belisario Betancour [*sic*] in 1984. But the ELN [Ejército de Liberación Nacional] denounced talks as an establishement trap and instead began pursuing unification for armed insurgency. At first, none of the others guerrilla groups were interested. But as the peace process began to break down a few years later, the rebel organizations came to agree with the ELN initiative. This led to the creation, in 1987, of the Simon Bolivar Guerrilla Coordinator (CGSB) [Coordinadora Guerrillera Simón Bolívar], which included all the guerrilla groups (...) Their unity was short-lived, however. Between 1989 and 1991, the April 19 movement (M-19), People's Liberation Army (EPL) [Ejército Popular de Liberación] and other smaller groups signed agreements with the government leading to their disarmament and demobilization. This left the ELN and FARC basically alone in the CGSB. Relations between the two were strained, and even though they acted jointly during negotiations in Venezuela in 1991 and Mexico in 1992 under the government of President Cesar Gaviria (1990-1994), the breakdown of those talks effectively destroyed the CGSB» («The National Liberation Army (ELN) Creates a Different Peace Process», *NACLA. Report on the Americas, ibid.*, p. 34).

74. En la conferencia ya mencionada, anterior a los desarrollos bolivarianos aquí comentados, dictada en el Museo Nacional, en Ciudad de México, como parte de un debate sobre el papel de la museografía en la elaboración de narrativas que afiancen la identidad nacional, intitulada «Un ensayo de fratricidio colectivo como fuente de nacionalidad», el destacado historiador Marco Palacios, de El Colegio de México, expresó sobre el bolivarianismo de las FARC dudas que otros observadores aún comparten: «En la reunión de la Tricontinental de La Habana (1966), las recién fundadas FARC, todavía bajo la tutela política del Partido Comunista, enfrentaron la doctrina ortodoxa leninista de la relación Partido-Guerrilla (todas las formas de lucha, desde el 'frente popular' hasta la 'autodefensa campesina' y eventualmente la 'guerrilla móvil') al foquismo anti-partido y sectario de los movimientos bolivarianos de liberación nacional. Entonces, ¿qué puede significar el bolivarianismo de las FARC? Ante el colapso soviético y el eclipse del leninismo, el bolivarianismo ¿es un recurso retórico, una búsqueda de profundidad histórica, un acotamiento nacionalista? Y si este tipo de preguntas pudieran responderse, ¿qué tienen que ver con la práctica armada? ¿La politizan? ¿Replantean el balance entre 'las formas de lucha' de modo que puedan ser críticos del fundamentalismo militarista y puedan entender la necesidad histórica que tienen las masas populares que dicen representar, de una política que avance sus intereses y fortalezca sus esperanzas?».

El conferencista invocó la diferencia de situación con Venezuela para fundamentar su juicio sobre el seudo-bolivarianismo de las FARC: «Mediante el concepto de liberación nacional la izquierda se reclamó continuadora de la obra política y militar de Bolívar. Los combatientes antiimperialistas deberían recoger la herencia bolivariana; a nuestro juicio: romanticismo político, nacionalismo cultural, voluntarismo revolucionario. Para los jóvenes guerrilleros del Frente Armado de Liberación Nacional de Venezuela, el brazo militar del Frente de Liberación Nacional (del que inicialmente formaron parte el Partido Comunista Venezolano y el Movimiento de Izquierda Revolucionaria, escisión de Acción Democrática) como el resto de sus compatriotas imbuidos del culto a Bolívar, y ante la exclusión del nuevo pacto político capitaneado por Rómulo Betancourt [se refiere al denominado «Pacto de Punto Fijo»], el paso debió ser más bien sencillo y mecánico. Para sus émulos del Ejército de Liberación Nacional de Colombia, desilusionados con la blandura del Movimiento Revolucionario Liberal, incapaz de hacer mella en la fortaleza oligárquica del Frente Nacional, el asunto fue más complicado, precisamente por la tensión introducida por la vilipendiada tradición santanderista. Quizás por eso adoptaron una imagen de rebelión que hoy llamaríamos pre-ilustrada y pre-liberal, pero que en ese entonces se consideraba, sin disputa, la precursora de la Independencia: la de José Antonio Galán».

75. El 29 de abril de 2000 la prensa de Caracas informó con gran despliegue sobre nuevas decisiones políticas, estratégicas e ideológicas de las FARC. El diario *El Nacional* tituló su información: «Jefe rebelde afirma que 'será un partido para la guerra'. Las FARC lanzan su movimiento bolivariano»:

«El Movimiento Bolivariano por la Nueva Colombia, que será presentado públicamente por las FARC, será 'un partido para la guerra', aseguró el jefe militar de la guerrilla, Jorge Briceño, alias Mono Jojoy (...) La afirmación fue hecha por Briceño en una comunicación a los cabecillas de las Fuerzas Armadas Revolucionarias de Colombia, que fue interceptada por la inteligencia militar y divulgada a la prensa (...) Nos vamos a proponer crear las condiciones para hacer el primer Congreso Constituyente, por eso el partido comunista clandestino dirigido por las FARC y organizado para hacer la revolución, será un 'partido para la guerra'», afirmó el jefe rebelde. Refiriéndose a las «milicias populares», añadió: «toda esa gente se debe meter dentro del movimiento político que llamamos Movimiento Bolivariano por la Nueva Colombia (...) La organización política, que se viene gestando desde hace por lo menos 4 años, actuará en la clandestinidad para proteger a sus miembros de la 'barbarie paramilitar'».

El 29 de abril de 2000 el diario *El Universal* tituló: «El jefe guerrillero Tirofijo lo espera en Colombia. FARC mantiene invitación al presidente Hugo Chávez». Añadió el siguiente subtítulo: «El comandante Ariel consigue identidades entre el naciente Movimiento Bolivariano para la Nueva Colombia y el chavismo». La información ofrecida consistió en una entrevista con el comandante Ariel en la cual cabe destacar lo siguiente, luego de observar que el entrevistado «...está consiguiendo elementos comunes en las corrientes del chavismo venezolano y otras expresiones políticas de la región». A continuación fragmentos de esa entrevista:

«—¿Cómo es eso de un partido político que funcionará en la clandestinidad? (...) El Movimiento Bolivariano para la Nueva Colombia es una determinación del último pleno del Estado Mayor Central de las FARC, que considera necesario crear un instrumento que recoja la creciente influencia política de las FARC en el territorio colombiano. Hemos decidido lanzarlo en condiciones clandestinas, ya que en Colombia no hay espacios para una actividad abierta, de organizaciones distintas a los partidos Liberal y Conservador».

«—Raúl Reyes (vocero internacional de ese grupo) dijo hace como tres meses que 'las FARC son igualitas a Chávez' (...) Sí, nosotros estamos encontrando identidades con el esfuerzo de distintas corrientes en América Latina que enarbolan el pensamiento bolivariano. Por ejemplo, en Ecuador encontramos una fuerte presencia inspirada en el Libertador. Por el hecho de ser bolivarianos nos identificamos con esas fuerzas en Ecuador, en Venezuela o donde quiera que se encuentren, especialmente en países que conformaron la Gran Colombia».

«—Hay elementos de identidad, entonces (...) El elemento de identidad es el pensamiento bolivariano».

«—¿Únicamente?»

«—(...) Sí, obviamente, cada esfuerzo de esas corrientes políticas bolivarianas en Ecuador, Bolivia, en Perú, en Colombia, se mueven en contextos distintos. Y son independientes los unos de los otros».

«—¿Los bolivarianos piensan conformar la Internacional Bolivariana? (...) Hay que, en el futuro, crear mecanismos de encuentro entre las fuerzas que se inscriben en el ideario bolivariano para cambiar la situación de todos estos países».

El domingo 30 de abril de 2000 el diario *El Nacional* publicó en primera página una fotografía en colores titulada «Fuerza bolivariana clandestina», con el siguiente pie: «Con el tricolor y la imagen del Libertador, las FARC presentaron, en San Vicente de Caguán, su partido político a la vez que prometieron dar un duro golpe a la oligarquía de Colombia». En la fotografía, con una gran bandera de Colombia y el perfil de Simón Bolívar como fondo, aparecen los jefes de las FARC y varios guerrilleros, uno de ellos armado y todos en uniforme de camuflaje con un brazalete con la bandera de Colombia.

En la información correspondiente a la fotografía, intitulada: «Líder de las FARC ordena golpe para sacudir la oligarquía. El grupo guerrillero presenta a su brazo político como la tabla de salvación para los pobres de Colombia, 'que son víctimas del neoliberalismo, la corrupción y la explotación de las transnacionales'». En la información: «Las Fuerzas Armadas Revolucionarias de Colombia (FARC) lanzaron el Movimiento Bolivariano por la Nueva Colombia, que será su brazo político (...) El movimiento, que por ahora será clandestino, fue presentado por las FARC en la zona de distensión del sur del país, en medio del escepticismo del Gobierno (...)El partido estará dirigido por el insurgente Alfonso Cano, quien actuó como portavoz de las FARC en los acercamientos de paz realizados entre 1990 y 1993 en Venezuela y México (...) El grupo político afirma que defenderá los ideales de Simón Bolívar, Libertador de Bolivia [*sic*], Colombia, Ecuador, Perú y Venezuela (...) Durante el acto, en el cual participó el máximo líder rebelde Manuel Marulanda 'Tirofijo', se habló del movimiento como la tabla de salvación de los pobres de Colombia (...) Tirofijo aseguró que la formación permanecerá clandestina 'hasta que unas nuevas condiciones políticas lo permitan'».

76. Tanto el fundamento ideológico del Movimiento como las relaciones del mismo con Hugo Chávez, fueron tratados por el comandante Raúl Reyes, de las FARC-EP, en una entrevista difundida en noviembre de 1999 en la publicación electrónica *h.i.j.o.s.* El entrevistado fue presentado como «...el 'canciller' de las Fuerzas Armadas Revolucionarias de Colombia-Ejército del Pueblo (FARC-EP)».

Reflejando el impacto de la crisis del socialismo, el entrevistado respondió de la siguiente manera la pregunta clave: «Las FARC surgen en 1964 como el 'brazo armado' del Partido Comunista de Colombia. ¿Qué ha pasado que el PC no aparece ahora dirigiéndolas? (...) Lo que pasa es que el PC ha sufrido una merma muy grande, no sólo de su militancia sino también de sus propuestas, de su iniciativa política, de su liderazgo en la izquierda. Entretanto, las FARC han logrado llenar todos esos espacios y llegar a nuevos sectores. Las FARC vienen haciendo buena parte del trabajo que antes hacían los comunistas. En la práctica, las FARC es un partido comunista; se orienta por los principios del marxismo-leninismo pero no los considera un dogma sino una guía para el desarrollo de la actividad revolucionaria (...) Las FARC, además, se nutren del pensamiento del libertador Simón Bolívar. Somos bolivarianos. El PC sigue teniendo presencia en varias regiones, pequeña pero la tiene. Las FARC tienen vida propia, su propia dirección, elabora sus políticas y directrices. No depende del PC para nada. Sin embargo, hay coincidencias con los comunistas porque ellos también son marxistas-leninistas. Coincidencias ideológicas. Pero la conducción del proceso revolucionario –armado y político– lo tiene la dirección de las FARC-EP».

A la pregunta de si las FARC son un partido, «¿Un partido armado?», respondió: «Sí, somos un partido. No necesitaremos, como le ocurrió a otros movimientos revolucionarios, formar un partido. Somos un partido que tiene y hace vida partidaria regular. Está organizado en células. Cada escuadra es una célula». Preguntado sobre si al impulsar el Movimiento Bolivariano por una Nueva Colombia, «¿Quieren crear un instrumento político específico, más allá de las FARC?», respondió: «Sí, esto recoge nuestra experiencia histórica»; refiriéndose a lo sucedido con la Unión Patriótica (UP): «...debe ser una opción política donde la gente se pueda organizar y expresar, pero no abiertamente. El Movimiento Bolivariano por una Nueva Colombia necesariamente debe ser clandestino y moverse en un marco de seguridad para sus miembros».

Señalando que «...el presidente Chávez encabeza, como ustedes, un Movimiento Bolivariano en Venezuela...» el entrevistador preguntó sobre las relaciones con el mismo: «Tenemos que agradecer muchísimo las distintas expresiones amistosas hacia el proceso de paz en Colombia que ha hecho el presidente Chávez (...) El proceso venezolano es muy importante en la medida en que el gobierno de Chávez pueda sacar al país de la crisis, la misma crisis de todos nuestros países». A lo que añadió, respondiendo otra pregunta: «Nosotros luchamos por el poder y para construir el socialismo. Sin embargo, no pretendemos un socialismo como el de ningún otro país. Las soluciones que necesita Colombia son otras».

Marc Chernick, profesor de la Georgetown University y miembro del Consejo Editorial de NACLA, dice de la evolución ideológica de las FARC: «Despite foreign correspondents' continuing use of the term 'Marxist rebels', it is clear that the FARC's ideology has once again adapted to the times and international political contexts. The group began in the 1950s as a peasant movement with radical agrarian ideas and ties to the Liberals. From 1964 through de 1990s, the FARC was clearly allied with the Communist Party of Colombia and had strong ties to the Soviet Union. But today the bipolar world has been traded in for a multipolar one, where NGOs, distant European governments and national civil society play a role, and at the negotiating table, the group's programs are practical, nationalist and reformist. It is not ideology that separate the sides. Instead, what keep them apart is deeply-rooted mistrust, historical resentment and, above all, competition for power and geographical influence in the post-conflict society» («Elusive Peace. Struggling Against the Logic of Violence», *NACLA. Report on the Americas*, September/October 2000, pp. 36-37).

77. La revista bogotana *Cambio* publicó el 17 de noviembre de 2000 un artículo intitulado «La mano de Chávez», que tiene una parte intitulada «Los amigos de Chávez en Colombia», cuyos cinco primeros párrafos dicen:

«Fuerza Libertadora 2000 es una organización política que nació hace cinco años cuando varios militares colombianos suscribieron con el entonces coronel [teniente coronel] Hugo Chávez la denominada Declaración de Santa Marta. Se trataba de crear en el país un movimiento bolivariano similar al de Chávez en Venezuela».

«Aun cuando han sido tímidas las actuaciones de los simpatizantes del hoy hombre fuerte del vecino país, la agrupación político militar empieza a dar los primeros pasos para participar en la próxima elección presidencial. Y según se dice ya recibieron un mensaje de respaldo desde el palacio de Miraflores».

«'Si Hugo Chávez pudo, nosotros también', es el lema de los miembros de Fuerza Libertadora 2000. Quienes ven en el militar venezolano a un ejemplo de lo que en Colombia se podría hacer si el estamento castrense decidiera dar un salto y volverse deliberante.

«Pero Hugo Chávez tiene otro tipo de aliados, que no están interesados en hacer política a nombre del presidente venezolano. Se trata de personas que simpatizan de manera desinteresada con su manera de ver el continente. Una de ellas es el ex-guerrillero del M-19 y representante a la Cámara, Gustavo Petro, quien ha construido una sólida amistad con Chávez y con otros militares de ese país y se ha convertido en una especie de embajador en la sombra.

«Las afinidades con Petro y otros desmovilizados de la guerrilla nacieron al término de la intentona golpista de Chávez en 1993 [*sic*]. Varios dirigentes del extinto M-19 fueron fundamentales para que los compañeros de armas del hoy mandatario entraran clandestinamente a territorio colombiano para trasladarse a Ecuador, donde definitivamente se asilaron».

Es decir, se estaría reproduciendo, casi en todos sus términos, lo ocurrido en Venezuela: un foco militar coopta ex guerrilleros marxistas, quienes proclaman su autonomía para colaborar de manera más eficiente en la formación de un movimiento «bolivariano-militarista».

78. Fueron dos las comunicaciones dirigidas por el golpista Tte. Cnel. E.M. al «Tte. Cnel. De E.M. Hugo Chávez. Presidente constitucional de la República Bolivariana de Venezuela», ambas fechadas Guayaquil, 24 de enero de 2000. En la primera solicita asilo político: «Desde la clandestinidad, en el que me acompañan la dignidad, el valor del soldado que no traiciona, mi profunda devoción democrática, mi fe en Dios y mi irrestricta solidaridad de Oficial del Ejército Ecuatoriano por las causas de la liberación bolivariana, solicito, por considerarme útil a las libertades de mi país, el asilo político a la libérrima República Bolivariana de Venezuela (...)Un hombre y un soldado de la formación de quien suscribe este pedido, no puede permanecer en el país, por ser un perseguido político (...) La patria va en el corazón, nadie me arrancará de ella sin quitarme la vida. YO NO ADMITO NI SIRVO A LA TRAICIÓN Y POR LO MISMO, REITERO A USTED MI SOLICITUD DE ASILO, COMO ECUATORIANO Y COMO SOLDADO LIBRE DE AMÉRICA». En la segunda comunicación agradece la inmediata concesión del asilo solicitado y expresa su decisión de no acogerse al mismo: «Con dignidad y valentía de un soldado que jamás abandona a sus tropas, a su pueblo y a su familia, me dirijo a usted muy respetuosamente para comunicarle que seguiré luchando por las causas de los pueblos oprimidos de mi Patria, porque dentro de esta trinchera continuaré con mi entrega total a las verdaderas causas de justicia y libertad (...) La firme vocación democrática me ha hecho reflexionar para permanecer en esta tierra libertada por Simón Bolívar. El asilo solicitado y aceptado por Su Excelencia dan muestras del líder de América que por ningún momento dudó en extenderle la mano a un amigo caído (...) Dios y la Patria sabrán que tenemos un protector en esa tierra».

79. Larry Rohter, *op. cit.* nota N° 69, *vid supra*.

80. Pero lo más significativo ha sido el curso de los acontecimientos luego de fracasado el golpe, curso que casi reproduce el seguido en Venezuela por Hugo Chávez Frías. El 3 de julio se instaló en Quito la «Sociedad Patriótica Anticorrupción 21 de Enero». Uno de los asistentes fue el coronel Lucio Gutiérrez, quien se perfila como émulo de Chávez. El diario *Expreso*, de 5 de julio de 2000, titula así su crónica de la instalación: «Corrupción, bandera política. Coronel Gutiérrez busca mantener popularidad», y comenta, refiriéndose obviamente al coronel: «El 21 de enero logró captar un lugar en la opinión pública y hoy busca mantener una posición que le permita llegar a la Presidencia de la República (...) el coronel anunció la conformación de la Sociedad Patriótica 21 de Enero, esto sumado a innumerables declaraciones de prensa donde Gutiérrez ha revelado su interés de participar en política son clara evidencia de que el nuevo organismo es parte de una campaña que mantendrá la presencia nacional del militar».

El mismo diario publica una breve entrevista intitulada: «Lucio Gutiérrez, Líder de asonada, 'una alternativa electoral'»: «¿Hay quienes afirman que esto es parte de una campaña política? (...) No le niego que en algún momento esto podría volverse una alternativa electoral, pero por ahora la idea es una contribución cívica.

«¿Usted mantiene abierta la posibilidad de una candidatura? (...) «Posteriormente podría ser, he recuperado muchos derechos civiles, esa es una alternativa a futuro (KMA)».

El diario *El Comercio* publicó el 5 de julio de 2000 una información intitulada: «El lunes anunció su participación activa con un movimiento. Gutiérrez lanzó su globo de ensayo». Dice que en el acto de instalación de la Sociedad Patriótica: «... académicos y militares estuvieron juntos para recalcar su disposición de acabar con la corrupción. Allí estuvo el coronel Gutiérrez con un discurso estructurado a base de los planteamientos que hicieron los militares sublevados el 21 de enero». Informa el diario también que otro de los coroneles sublevados, Jorge Brito, le niega a Gutiérrez el derecho de hablar en nombre de todos los sublevados.

El diario *La Hora*, de 6 de julio de 2000, publicó la siguiente nota, intitulada «Explican alcance de 'Sociedad Patriótica'»: «La Sociedad Patriótica Anticorrupción 21 de Enero, no es un club electoral ni un movimiento ni un partido político; es una organización democrática que le declara la guerra a la corrupción. Así definió el coronel Lucio Gutiérrez, los objetivos de esta organización creada recientemente por los militares, policías y civiles que participaron en la insurrección de enero pasado (...) 'Somos un proyecto de salvación nacional para reeditar los postulados éticos y morales que impulsaron la lucha del 21 de enero', señaló».

En un editorial intitulado «Gutiérrez inicia su marcha», el diario *El Comercio* expresa: «En cuanto al modelo, Gutiérrez ha sido explícito en su admiración por el presidente de Venezuela Hugo Chávez. Este tampoco ha ocultado su interés en conocer al oficial que lideró el golpe de enero. Pero es evidente que el ex militar venezolano se ha esforzado por salirse de los moldes que definen el voluntarismo político de los países andinos».

Dos cuestiones merecen ser observadas:

Primera: El diario *El Comercio* publicó un volumen intitulado «21 de enero. La vorágine que acabó con Mahuad», al que califica como «un reportaje urgente sobre el país». Contiene una crónica minuciosa de los sucesos, y reproduce notas publicadas por el diario. Pero ninguna referencia se hace al bolivarianismo de los alzados ni al chavismo del coronel Lucio Gutiérrez.

Segunda: En los testimonios y declaraciones relacionadas con el coronel Lucio Gutiérrez, o dadas por él, nada se dice de los indígenas. En cambio, en el volumen antes mencionado son numerosas las referencias a la Confederación de Nacionalidades Indígenas de Ecuador (CONAIE), que fue actor principal en los sucesos y uno de cuyos más altos dirigentes declaró en la televisión que los indígenas ecuatorianos querían establecer una república bolivariana como la venezolana. En diversos textos se presenta al movimiento indígena como seriamente dañado por su alianza con los militares en la aventura golpista, y se responsabiliza a sus dirigentes por el grave retroceso sufrido por el prestigio social del movimiento.

81. Germán Carrera Damas, *Venezuela: Proyecto Nacional y poder social*, p. 233.

82. *Ibidem*, p. 234.

83. «Cómo salvar a Venezuela», p. 71. (Germán Carrera Damas, *Venezuela: Proyecto Nacional y poder social*, p. 235).

84. *Idem.*

85. «El Presidente Hugo Chávez, reeditando el juramento del Libertador en el Monte Sacro, prometió ante la tumba donde reposan sus restos, que 'una vez más no daremos descanso a nuestra alma ni reposo a nuestros brazos hasta que no hayamos echado hasta el último vestigio de la oligarquía que traicionó tu sueño y destrozó la obra que comenzaste hace 200 años. Lo juramos. La vida se nos irá en el esfuerzo'.

«'Te regalamos una República naciente y cada año vendremos aquí a regalarte, cada vez más una República Bolivariana sólida', manifestó.

«Recordó que el año pasado, cuando fue al Panteón por primera vez como Presidente, aún estaba vigente la Cuarta República, 'que se levantó con el signo de la traición a tu idea, a tu espada y a tu revolución. La República de la oligarquía que vino a rendirte honores durante muchos años mancillando tu nombre'.

«'Hoy, padre, la ofensiva revolucionaria del pueblo ha puesto en fuga esa oligarquía', dijo el mandatario, quien pidió al Libertador darle la capacidad para consolidar su sueño y su idea visionaria más allá de los confines de Venezuela. 'La idea bolivariana anda hoy estremeciendo el espinazo de América. La idea de una América reunificada vuelve a levantarse con más fuerza por todas partes'.

«Afirmó que seguirá llevando la idea bolivariana por todos los pueblos de América, llamando a la unión, a la paz, a la hermandad, como única salida para que los pueblos liberados por Bolívar recuperen la senda de la dignidad, el desarrollo, la justicia y la igualdad.

«'Seguiremos construyendo un sistema político que sirva al ser humano, que proporcione igualdad y felicidad', expresó» (*El Nacional*, Caracas, 25 de julio de 2000)».

86. Germán Carrera Damas, «¿Volvemos al siglo XIX?», *El Nacional*, Caracas, 24 de julio de 2000.

87. La revista bogotana *Cambio*, en su edición ya citada, trajo también una parte intitulada «A través de su proyecto bolivariano, Chávez sostiene estrechas relaciones con otros grupos de izquierda del continente». Allí se refiere al llamado «Foro de Sao Paulo»: «Pero Chávez no sólo mantiene vínculos con la guerrilla colombiana. En el marco de su llamado 'proyecto bolivariano' sostiene estrechas relaciones con otros grupos de izquierda del continente, fundadores del llamado Foro de Sao Paulo. Al que pertenecen, además de las Farc y el Eln, organizaciones perfectamente legales como el Partido de los Trabajadores de Luis Ignacio da Silva, Lula, en Brasil, y organizaciones indigenistas como el Conaie del Ecuador, que dirigió las movilizaciones que determinaron la caída del Presidente Jamil Mahuad. Todo ello con un Chávez envalentonado, por cuenta de que el precio del petróleo ha pasado de 9 a 32 dólares y él ha asumido un liderazgo indiscutible entre los países petroleros, algo que ha preocupado a Washington y que, a la vez, contribuye a que el mandatario se vea a sí mismo como el hombre fuerte de la región» (véase la nota N° 2).

88. La idea de un partido o movimiento que reuniese en su bandera doctrinaria a Marx, Lenin y Bolívar no es reciente, ni nació sin levantar dudas acerca de su viabilidad, según lo declaró el ex guerrillero venezolano Francisco Prada a Alberto Garrido: «El PRV [Partido de la Revolución Venezolana] fue bolivariano. Mario Menéndez, periodista mexicano, en agosto de 1966, cuando vino con el general Arnaldo Ochoa, hace algunos años fusilado en Cuba, al preguntar '¿Cuál es la ideología de las FALN [Fuerzas Armadas de Liberación Nacional]?', ya recibió nuestra respuesta: 'Nosotros somos marxistas-leninistas-bolivarianos'. A mí me tocó explicarle eso a los chinos, que no lo entendían. Decían que eso era un exabrupto teórico. Los coreanos incluso exclamaban: 'Bolívar, terrateniente, esclavista, oligarca'. Pero Bolívar es el sentimiento más profundo, la religiosidad más profunda de nuestro pueblo. Ese es el valor más importante para la revolución» (Alberto Garrido, *Guerrilla y conspiración militar en Venezuela*, pp. 112-113).

Hugo Chávez rechaza la vinculación del marxismo-leninismo con el bolivarianismo, al menos declarativamente (véase la nota N° 1), si bien la establece y la proclama con el fidelismo, al que, en consecuencia, pareciera no asociarlo con el marxismo-leninismo. Bajo el subtítulo «El comandante se aparta de la izquierda insurreccional y se ubica en el bolivarianismo revolucionario», Agustín Blanco Muñoz compuso la siguiente caracterización ideológico-política del entonces aspirante a la Presidencia de la República: «Sus objetivos, sin embargo, parecen estar inmersos en los respetables lineamientos de una política que, al menos en el discurso, se presenta, en algunas ocasiones, como radical revolucionaria, y en otras con un lenguaje moderado que acompaña de amplias promesas. Esto se observa sobre todo a partir del momento en que se da por descontado su triunfo y tal vez también para terminar de espantar todo miedo o sospecha de radicalismo. Chávez apunta muchas veces a lo largo de estas conversaciones que no es de derecha, ni de izquierda, ni marxista ni antimarxista. No está con las guerrillas ni con esta democracia. Su posición es muy clara y definida: bolivariano-revolucionario. Apartado de la violencia e inclinado hacia la acción pacífica.

«El comandante se aparta entonces de lo que en historia política se ha entendido como la izquierda insurreccional, la que promueve el cambio social con la utilización de la violencia. Y se ubica más bien en el movedizo territorio de una doctrina bolivariana que no está nada definida [*sic*], pero que estaría llamada a guiar la lucha por la defensa de los intereses populares, por medio de la realización de acciones pacíficas» (*op. cit.*, pp. 17-18), (véase la nota N° 1).

El ex guerrillero Francisco Prada declaró a Alberto Garrido sobre lo que parece ser el cisma ideológico de los conspiradores: «El único movimiento que realmente tuvo éxito fue el de 1992, porque ya no se trataba de ganar gente para la idea del socialismo. El alzamiento de 1992 se entendió como necesario para el bienestar nacional» (*Guerrilla y conspiración militar en Venezuela*, p. 118). Añade: «Eso nos lleva a una nueva utopía, donde se incorporan la indianidad, la negritud, la independencia, el movimiento preindependentista, Bolívar. De lo que queda de la insurgencia de los 60' unos se han plegado al sistema y otros, como nosotros, siguen en la locura, en la utopía» (*ibidem*, p. 122).

89. Durante la segunda mitad del siglo XIX la preocupación de los embrionarios movimientos socialistas latinoamericanos consistió en arbitrar su relación con la cultura cristiana católica, socialmente dominante. Un proceso semejante ocurrió en diversos países europeos respecto de la conciencia religiosa cristiana, fuese o no católica. Prueba de este aserto es la publicación en Caracas, en 1855, de la obra de Ramón Ramírez *El cristianismo y la libertad*, cuyo propósito central fue demostrar que el humanitarismo socialista se halla preconizado en el cristianismo.

La fundación de los partidos comunistas, entre 1918 (Argentina) y 1929 (Bolivia), planteó la necesidad de la que se llamó la nacionalización del socialismo, esta vez presente no ya como el denominado socialismo utópico sino como el denominado socialismo científico, es decir, el regido por el marxismo y propuesto como programa político en el Manifiesto Comunista de 1848.

La necesidad de contrarrestar la acusación de que el socialismo comunista era una doctrina «exótica», que agentes soviéticos pretendían imponer a sociedades que carecían de vínculos históricos con ella, indujo a que se intentase elaborar un fundamento historicista para la doctrina y la acción política de los partidos comunistas. Quizás sean logrados ejemplos de este empeño teórico-doctrinario las obras intituladas *7 ensayos de interpretación de la realidad peruana*, de José Carlos Mariátegui (1928) y *Hacia la democracia*, de Carlos Irazábal (1939); seguidas por *Los principios del socialismo en Cuba*, de Blas Roca (1943) y *Cuestiones colombianas. Ensayos de interpretación y crítica*, de Anteo Quimbaya (seudónimo) (1958).

Enrique Ayala Mora ofrece una síntesis de los esfuerzos por poner a Simón Bolívar al servicio del socialismo y el antiimperialismo: «No ha sido raro, en consecuencia, encontrarnos con un Simón Bolívar militante socialista, miembro de las brigadas anti-imperialistas y hasta visionario descubridor del análisis de clase» («El Bolívar necesario», *El bolivarianismo en el Ecuador*, pp. 78-79).

BIBLIOGRAFÍA CONSULTADA Y MENCIONADA

ANRUP, Rolland y VIDALES, Carlos. «El padre y el poder. Simón Bolívar y la concepción del poder y la política», *Bolívar y Europa en las crónicas, el pensamiento político y la historiografía. Siglos XIX y XX*, v. II.

ARCAYA, Pedro M. *La pena de confiscación general de bienes en Venezuela. Estudio de historia y derecho*. Caracas, Impresores Unidos, 1945.

AYALA MORA, Enrique. *El bolivarianismo en el Ecuador*. Quito, Corporación Editora Nacional, 1991.

BETANCOURT, Rómulo. *Tres años de gobierno democrático, 1959-1962*. Caracas, Imprenta Nacional, 1962, 3 v.

BLANCO MUÑOZ, Agustín. *Venezuela del 04F-92 al 06D-98. Habla el comandante Hugo Chávez Frías*. Caracas, Cátedra «Pío Tamayo»/ FACES-UCV, 1998.

BOLÍVAR, Simón. La llamada «Carta de Jamaica»: «Contestación de un Americano Meridional (es el Jeneral Bolívar) a un Caballero de esta Isla (Jamaica)».

Bolívar y Europa en las crónicas, el pensamiento político y la historiografía. Siglos XIX y XX. Compilación, introducción general y notas de Alberto Filippi. Caracas, Ediciones de la Presidencia de la República, 1992, 3 v.

Bolívar visto por marxistas. Compilación y prólogo de Jerónimo Carrera. Caracas, Fondo Editorial «Carlos Aponte», 1987.

BOSCH, Velia. «Bolívar: dos visiones irreconciliables (luz y sombra de un centenario)», *Bolívar y Europa en las crónicas, el pensamiento político y la historiografía. Siglos XIX y XX*, v. I.

BRUNICARDI, Rafael (ed.), *Por los caminos de la Patria*. Caracas, Agencia Musical, 1941.

CABALLERO, Manuel. *Latin America and the Comintern, 1919-1943*. Cambridge, Cambridge University Press, 1986.

CARRERA DAMAS, Germán. *El culto a Bolívar*. Caracas, Instituto de Estudios Hispanoamericanos/Facultad de Humanidades y Educación-Universidad Central de Venezuela, 1972.

_____. *Venezuela: Proyecto Nacional y poder social*. Barcelona (España), Editorial Crítica/Grijalbo, 1986.

_____. *Crítica histórica*. Caracas, Dirección de Cultura de la Universidad Central de Venezuela, 1961.

_____. *Aviso a los historiadores críticos: «...tantos peligros como corre la verdad en manos del historiador...».* Andrés Bello. Caracas, Ediciones G, 1995.

Cartas del Libertador. Caracas, Banco de Venezuela/Fundación Vicente Lecuna, 1965.

CASTELLANOS, Rafael Ramón. *Caracas y el Libertador. La apoteosis del Centenario, 1883.* Caracas, Imprenta Nacional, 1969, 2 t.

CASTRO LEIVA, Luis. *De la patria boba a la teología bolivariana.* Caracas, Monte Ávila Editores, 1991.

Centenario de 1930. Recopilación del Homenaje Universal al Libertador. Caracas, Imprenta Nacional, 1931.

De un congreso de independencia a una reunión colonialista. Panamá. 1826-1956. México, D.F., 1956.

DÍAZ SEIJAS, Pedro. *Ideas para una interpretación de la realidad venezolana.* Caracas, Jaime Villegas Editor, 1962.

EAGLETON, Terry. *Ideology. An Introduction.* London, Verso, 1991.

«El crimen político en la historia del Ecuador» (Informe de investigación). Director de la investigación: Enrique Ayala Mora. Quito, Universidad Central del Ecuador-Facultad de Comunicación Social, 1995.

FILIPPI, Alberto. Véase *Bolívar y Europa en las crónicas, el pensamiento político y la historiografía. Siglos XIX y XX.*

FRANCESCHI GONZÁLEZ, Napoleón. *El culto a los héroes y la formación de la nación venezolana. Una visión del problema a partir del estudio del discurso historiográfico venezolano del período 1830-1883.* Caracas, Litho-Tip C.A., 1999.

GARRIDO, Alberto. *Guerrilla y conspiración militar en Venezuela. Testimonios de Douglas Bravo, William Izarra y Francisco Prada.* Mérida (Venezuela), Editorial Venezolana, C.A., 1999.

_____. *La historia secreta de la Revolución bolivariana. Conversaciones con Harold, Puerta, Aponte y Camilo.* Mérida, Editorial Venezolana, C.A., 2000.

h.i.j.o.s., <http://www.hijos.org/malmoe/entrevistareyes.html>.

Informe sobre el desarrollo humano 2000. Programa de las Naciones Unidas para el Desarrollo (PNUD).

LÓPEZ CONTRERAS, Eleazar. *El triunfo de la verdad. Documentos para la historia venezolana.* México, Edición Genio Latino, 1949.

LUCIANI, Jorge. *La dictadura perpetua de Gómez y sus adversarios*. Caracas, Cooperativa de Artes Gráficas, 1936.

MARINELLO, Juan. *Martí desde ahora. Lección Primera de la Cátedra Martiana*. La Habana, Imprenta de la Universidad de La Habana, 1962.

MARTÍNEZ, Ricardo A. *El panamericanismo, doctrina y práctica imperialistas (las relaciones interamericanas desde Bolívar hasta Eisenhower)*. Buenos Aires, Editorial Alumine (Colección de Cultura Latinoamericana), 1957.

MARX, Carlos. «Bolívar». *On History and People*. (The Karl Marx Library, v. VII). Arranged and edited, with an introduction and new translations, by Saul K. Padover. New York, etc., McGraw-Hill Book Company, 1977, pp. 369-381.

MEDINA, Pablo. *Rebeliones. Una larga conversación con María Cristina Iglesias y Farruco Sesto*. Prólogo de Herman Marksman («Pedro Luis, el Comandante Pedro»). Caracas, Corpográfica, 1999.

NACLA. Report on the Americas. V. XXXIV N° 2, September/October 2000.

NERUDA, Pablo. *Canto general*.

Nos alzamos por la Constitución. Carta de los Oficiales del MBR-200. Carta a los militares de nuestra generación. Ochoa Antich, Enrique. Caracas, Fuentes Editores, 1992.

NÚÑEZ, Enrique Bernardo. *Bajo el samán*. Caracas, Tip. Vargas, 1963.

OLAVARRÍA, Domingo Antonio (Luis Ruiz). *Historia Patria. X Estudio histórico-político. Refutación del «Manifiesto Liberal» de 1893*. Valencia, Tip. Artística Mijares, 1895.

PÁEZ, José Antonio. *Autobiografía*. Caracas, Editorial Bedout, S.A., s/f.

PALACIOS, Marco. «Un ensayo sobre el fratricidio colectivo como fuente de nacionalidad». (Inédito).

PAREJA Y PAZ SOLDÁN, José. *Juan Vicente Gómez, un fenómeno telúrico* (Colección Prisma, N° 5), Caracas, Editorial Ávila Gráfica, 1951.

Politeia. Caracas, Instituto de Estudios Políticos/Facultad de Ciencias Jurídicas y Políticas-Universidad Central de Venezuela.

PONTE, Andrés. *Cómo salvar a Venezuela*. Nueva York, Carlos López Press, s/f.

PRESTON, Julia. «Young and Anarchic, the Angry Left is Reborn in Mexico», *The New York Times*, February 13, 2000.

QUINTERO, Inés. «Bolivarianismo y gomecismo. La primera conmemoración de la muerte de Simón Bolívar en Europa», *Bolívar y Europa en las crónicas, el pensamiento político y la historiografía. Siglos XIX y XX*, v. II.

RAMÍREZ, Ramón. *El cristianismo y la libertad. (Ensayo sobre la civilización americana)*. Caracas, Imprenta de Valentín Espinal, 1855. 2ª ed., Caracas, Monte Ávila Editores, 1992 (Prólogo de Germán Carrera Damas).

ROCHA VALENCIA, Alberto. «La virtual dinámica geopolítica continental americana. Neopanamericanismo y neobolivarismo a fines de siglo». Ponencia presentada en la 1998 Meeting of the Latin American Studies Association.

RAMOS-SUCRE, Miguel. *Contribución al sesquicentenario de nuestra independencia*. Caracas, Tip. Torres, 1961.

RUIZ, Luis. Véase Olavarría, Domingo Antonio.

TERÁN, Juan Fernando. *AVC. Revelaciones y reflexiones sobre una guerrilla inconclusa*. Quito, Edit. Casa de la Cultura Ecuatoriana, 1994.

TERESA DE MIER, Fray Servando. *Memorias*. Caracas, Biblioteca Ayacucho (Colección «La Expresión Americana», N° 14), 1991.

SALCEDO BASTARDO, José Luis. *Visión y revisión de Bolívar*. Buenos Aires, 1957.

The New American Cyclopedia: A Popular Dictionary of General Knowledge. Edited by Charles Ripley and Charles A. Dana. New York, D. Appleton & Co., 1858.

TORO, Fermín. «Descripción de los honores fúnebres consagrados a los restos del Libertador Simón Bolívar en cumplimiento del decreto legislativo de 30 de abril de 1842, hecha de orden del Gobierno por Fermín Toro», *La doctrina conservadora* (Colección Pensamiento Político Venezolano del Siglo XIX), Caracas, Presidencia de la República, 1960.

Tricontinental Bulletin. Havana, Published by the Executive Secretariat of the Solidarity with the Peoples of Africa, Asia and Latin America.

UNAMUNO, Miguel de. *Vida de Don Quijote y Sancho*. Buenos Aires, Editorial Austral, 1946.

VALLENILLA LANZ, Laureano. *Cesarismo democrático*. Caracas, 1990.

«21 de enero. La vorágine que acabó con Mahuad», diario *El Comercio*, Quito, junio de 2000, 2ª ed.

EL BOLIVARIANISMO-MILITARISMO COMO IDEOLOGÍA DE REEMPLAZO[*]

Mi tema es el bolivarianismo-militarismo como ideología de reemplazo. Es decir, como un conjunto ideológico-político, formado por creencias y motivaciones políticas, que van desde lo ingenuo hasta lo perverso. Es, también, un producto psicosocial mucho más complejo e históricamente fundado que esa mescolanza de ideas manidas, y de conceptos mal digeridos, que algunos entusiastas ya denominan «el chavismo».

Debo advertir que este tema no es nuevo para mí. Me he ocupado de él desde hace más de tres décadas. De tal manera que la que realizo ahora puede ser considerada como una operación de rescate. Quiero decir con esto que el caso de la Venezuela actual no puede ser bien comprendido si al bolivarianismo-militarismo, que es exhibido por su gobierno actual como fundamento de su actuación, y como principio legitimador en lo ideológico, se le considera una nueva proposición ideológica, poco menos que original, producto de la crisis social y política que vivimos los venezolanos. Menos aun será comprendido si se confunde su empleo inescrupuloso con una creación doctrinaria.

EL ESCENARIO HISTÓRICO

Creo que debo comenzar por establecer, si bien sumariamente, el escenario histórico en el cual se da el actual brote del bolivarianismo-militarismo, funcionando ahora como ideología de reemplazo.

---

* Basado en un seminario dictado en: Universidad de Florida-Gainesville, Estados Unidos de Norteamérica, en el semestre de otoño de 2000; Universidad de Londres, Instituto de Estudios Latinoamericanos, el 27 de febrero de 2002; Universidad de Massachusetts-Amherst, Estados Unidos de Norteamérica, el 11 de febrero de 2003.

El escenario histórico se caracteriza porque desde la década de los 90 del siglo XX reina en la sociedad venezolana un estado de desorientación ideológica que no le es exclusivo. No es, sin embargo, la primera vez que la sociedad venezolana atraviesa una situación semejante, y tampoco en la vez precedente le fue exclusiva.

El primer trance de desorientación ideológica, muy profunda y prolongada, resultó de la crisis de la monarquía americana, de la que fuimos parte orgánica y entusiasta, y de la consiguiente disputa de la Independencia. En esta crisis se conjugaron, con variada suerte, el absolutismo monárquico, la monarquía constitucional y la república liberal moderna, con sus respectivas modalidades y derivaciones. Estas últimas se extendieron desde el caudillismo militar, trasunto del absolutismo monárquico, hasta el constitucionalismo doctrinario, en sus dos ramas troncales denominadas federalismo y centralismo. En el seno de este largo trance ocurrió la formulación inicial del Proyecto Nacional venezolano, que culminó en la sexta década del siglo XIX con la formulación del Proyecto Nacional liberal democrático, representado por el Decreto de Garantías dado por el Mariscal Juan Crisóstomo Falcón en 1863, y la Constitución federal de 1864. Esta versión del Proyecto Nacional fue mediatizada desde su nacimiento por el bolivarianismo, inaugurado por el general Antonio Guzmán Blanco, y convertido demasiadas veces en fuente supletoria de legitimación, en beneficio de toda suerte de representantes del poder político-militar tradicional. Esta etapa del forcejeo entre el bolivarianismo-militarismo primario así formado, como fuerza sociopolítica dominante, y el Proyecto Nacional liberal democrático, como tendencia y aspiración, se prolongó hasta 1945, cuando terminó violentamente el último acto de la autocracia militar denominada gomecismo.

Si bien en momentos y aspectos de ese trayecto se experimentaron cambios parciales o temporales, sobre todo bajo la influencia política de la Segunda Guerra Mundial, la nueva etapa de la pugna, entre los practicantes del bolivarianismo-militarismo primario y los promotores del Proyecto Nacional liberal democrático, se inauguró con el primer intento sistemático de institucionalización del Proyecto Nacional liberal democrático, representada por la Constitución de 1947. Culminó de esta manera un período de intensa confrontación y desorientación ideológica, en el cual chocaron y se conjugaron tres grandes actores ideológico-políticos: el militarismo tradicional, que había sido desplazado del poder, y se valía ahora del bolivarianismo asociado con el anticomunismo, representados por el ex presidente general Eleazar López Contreras; el renovado Proyecto Nacional liberal democrático, representado por Rómulo Betancourt; y el socialismo autocrático, ya entonces asociado con la variante del bolivarianismo-militarismo primario, si bien atemperado por las exigencias de apertura política pautadas en la olvidada «Carta del Atlántico», representado por el general Isaías Medina Angarita.

LA COYUNTURA ACTUAL

La crisis del socialismo –no solamente del autocrático–, que rompió en la década de 1990, ha generado un estado de aguda desorientación ideológica, particularmente en el llamado Tercer Mundo, en el que nos estamos sumergiendo cada día más los venezolanos. En esta desorientación se advierten dos grandes corrientes.

Una corriente se expresa como el asedio contra el Proyecto Nacional liberal democrático. Con este objeto se responsabiliza a la democracia venezolana por el cumplimiento sólo parcial o deficiente del programa social y económico, de inspiración socialista, que le fue endosado en la Constitución de 1947, y ratificado y ampliado en la de 1961, a favor de la tardía institucionalización del Estado liberal democrático. En ambas ocasiones se hizo tal cosa con el propósito de impedir el retorno de la dictadura militar-bolivariana, mediante la formación de un amplio frente político. De esta manera el Estado liberal democrático, apenas inaugurado, quedó comprometido a realizar casi el mismo programa que el socialismo autocrático no fue capaz de cumplir en siete décadas de ejercicio absoluto del poder político.

La otra corriente se expresa como el desconcierto del socialismo, representado hoy en Venezuela por la actuación política de la gama formada por los sobrevivientes del naufragio del socialismo autocrático. El desconcierto se manifiesta como el abandono del proyecto socialista, para el caso confundido por quienes promovieron el socialismo autocrático, derrotado por la historia, con el socialismo puro y simple. De esta manera, mientras en varios países los herederos del socialismo autocrático liquidan críticamente su herencia y evolucionan hacia el socialismo democrático, en Venezuela sus semejantes involucionan hacia la autocracia militarista-bolivariana. A su vez, este abandono del proyecto socialista priva al universo político venezolano del que le había servido de principio ordenador.

CONSECUENCIAS DE LA DESORIENTACIÓN IDEOLÓGICA

Se han dado de esta manera las condiciones para que, mediando el abandono de hecho del Proyecto Nacional liberal democrático, se intente establecer una vinculación orgánica, ahora ostensible en la militarizada República Bolivariana de Venezuela, de las dos corrientes ideológicas tradicionales:

Una corriente ideológica es el bolivarianismo. Está basado en el culto a Bolívar, que es el eje del culto heroico creado por las historiografías *patria* y *nacional*. Fue fundado por el general Antonio Guzmán Blanco, capitalizando la conmemoración del Centenario del nacimiento de Simón Bolívar (1883). El bolivarianismo fue dotado de doctrina, institucionalizado e instrumentado como política de Estado, por el general Eleazar López Contreras, durante su presidencia (1936-1941). Este bolivarianismo instrumentado fue concebido y propuesto por el general como alternativa ideológica patriótica para impedir la contaminación de la sociedad por «ideas exóticas», valía decir democráticas, aunque tildadas de comunistas. Desde entonces ha sido mantenido, preservado, fomentado y utilizado por los diversos gobiernos, en mayor o menor grado, como instrumento de control ideológico de la sociedad, hasta llegar a conformar «la segunda religión» de los venezolanos.

La otra corriente ideológica es el militarismo. Este ha sido persistente en sus modalidades, desde las elementales del militarismo primitivo, patriotero y exclusivista, representado por el general Juan Vicente Gómez Chacón, hasta las del «militarismo académico», representado inicialmente por el general Marcos Pérez Jiménez, cuyo gobierno promovió, valiéndose de la Academia Nacional de la Historia y de la Sociedad Bolivariana de Venezuela, la conversión del bolivarianismo-militarismo primario, de los generales Antonio Guzmán Blanco y Juan Vicente Gómez Chacón, en el actual bolivarianismo-militarismo pretendidamente doctrinario, poniendo a provecho el clima de anticomunismo y antisovietismo propugnado en el ámbito de la llamada Guerra Fría. Este tramposo neomilitarismo se fundamenta en la pretensión de que las Fuerzas Armadas actuales son no sólo dignas herederas sino también continuadoras directas de los ejércitos de la Independencia, y propalan la creencia, jamás corroborada por la práctica, de que la eficiencia, la disciplina y la integridad de los militares aventajan la capacidad de los civiles para gobernar.

FACTORES VINCULANTES

En este escenario de desorientación ideológica generalizada, proclive a la aparición de ideologías de reemplazo, ha cobrado nuevas fuerzas el militarismo primario, nunca erradicado, aunque sí desalentado transitoriamente por el denominado «Pacto de Punto Fijo», hoy tan vilipendiado como ignorado en sus términos, propósito y circunstancias. En este resurgir del militarismo se han confabulado dos factores principales: el militarismo académico y el destartalado socialismo autocrático.

El militarismo académico –así calificado por haberse incubado en la Escuela Militar–, presta un ropaje seudotecnócrata al militarismo primario, y se recomienda a sí mismo como la única salida salvadora en medio de una crisis de confianza en la democracia. Esta crisis de confianza en la democracia venezolana, la primera desde la institucionalización definitiva del régimen sociopolítico democrático a partir de 1961, ha sido estimulada por la desorientación de sus dirigentes; ha sido avivada por los medios de comunicación; y ha sido subestimada por los intelectuales en su realidad oculta de radical amenaza a la libertad. Para este fin el militarismo encubre su esencial arcaísmo, hecho de autoritarismo y corrupción, exhibiendo un bolivarianismo vociferante y galimático.

El abandono por los sobrevivientes del socialismo autocrático de sus tesis tradicionales respecto de la formación del poder político, condensadas en su condena del *putchismo*, les ha llevado a adherirse al militarismo, fuente del poder político a la que había declarativamente satanizado por considerarlo antitético con la lucha de masas. Al mismo tiempo, la orfandad ideológica ha llevado a los sobrevivientes del socialismo autocrático a asirse de una ideología de reemplazo, ya hecha, y han recorrido una escala que partió del ecologismo, pasó por el indigenismo y desembocó en el bolivarianismo. Para justificarse intentan superar el rechazo causado en los bolivarianos patentados por la demoledora crítica de Simón Bolívar, persona y obra, escrita por Carlos Marx, proclamando el absurdo de que ambos fueron campeones de la misma revolución.

La conjunción de estos procesos ideológicos ha culminado con el enunciado de un engendro seudoteórico denominado «marxismo-leninismo-bolivarianismo», ocupando así Simón Bolívar el lugar que estuviera reservado a José Stalin. En la elaboración de este adefesio ideológico participaron Pedro Duno y Douglas Bravo. Sobre esta base, y a la escuálida sombra del Samán de Güere, han sido montados tanto el mamotreto ideológico denominado «El Árbol de las Tres Raíces» como el sociopolítico denominado «tercer ejército».

Al mismo tiempo, los sobrevivientes del socialismo autocrático han abandonado el programa social y económico que había sido endosado a la democracia liberal, bajo los auspicios de la socialdemocracia y el socialcristianismo, y lo han convertido en su apoyo incondicional a vaguedades militar-populistas. En cambio, los sobrevivientes resucitan sus viejos postulados de antiimperialismo, ahora antiglobalización, y nacionalismo económico, ahora anti-neoliberalismo. Es decir que renuncian a todo esfuerzo de creatividad.

RESULTADOS

El bolivarianismo-militarismo actual es el burdo disfraz ideológico tras el cual se esconde la fusión de los retardatarios del militarismo primario y los sobrevivientes del socialismo autocrático:

El disfraz ha servido para realizar la ocupación de los resortes y mecanismos del poder público por los militares, valiéndose de una grosera parodia de las ideas atribuidas a Simón Bolívar.

Para ello han manejado los mecanismos de corrupción e indoctrinamiento más degradantes, propios del populismo más demagógico, envolviéndolos en los ritos del culto a Bolívar, que conforman «la segunda religión» de los venezolanos.

Aunque sorprenda, no cabe subestimar esta última circunstancia. Tan elemental mecanismo psicosocial permite intentar extraer de ese culto legitimidad, pero también la justificación hasta de las políticas más alucinadas. Al mismo tiempo, permite eludir la responsabilidad por los fracasos transfiriéndolos al único valor incuestionable de los venezolanos, cuya inspiración se simula que ha motivado y guiado tan irresponsables políticas.

El bolivarianismo-militarismo trata, al mismo tiempo, de proyectarse en la escena internacional mediante el establecimiento de vínculos con los movimientos guerrilleros y subversivos de América Latina, huérfanos del socialismo autocrático y de la nunca formulada teoría de la que se creyó que llegaría a ser la Revolución cubana. Pero este es otro tema.

Londres, 10-12 de febrero de 2002.

EL LEGADO OCULTO DE SIMÓN BOLÍVAR[*]
(Sobre el bolivarianismo-militarismo como ideología de reemplazo)

El historiador tiene un buen motivo de reflexión en el hecho de que casi dos siglos después de que hizo la exposición primaria de su concepción de la república, en el discurso pronunciado en el acto de instalación del Congreso de Venezuela, en Angostura, actual Ciudad Bolívar, el 15 de febrero de 1819[1], Simón Bolívar se encuentra todavía metido en la fundación de repúblicas.

El nombre de Simón Bolívar ha estado tradicionalmente vinculado con el reciente fundamento doctrinario constitucional de Venezuela, pero cabe registrar el hecho de que, vertido en el bolivarianismo, ha visto ampliarse desmesuradamente su presencia. La que fue una muestra de encendida exaltación patriótica, en el Preámbulo de la Constitución de 1947, ha llegado a ser la pretendida inspiración de la proposición de reformas sustanciales del Estado, luego de haber sido una evocación más mesurada en el Preámbulo de la Constitución de 1961[2].

La Constitución vigente, aprobada en 1999, invoca en su Preámbulo «...el ejemplo histórico de nuestro Libertador Simón Bolívar...», y abre el Título I «Principios fundamentales» con la siguiente declaración: «La República Bolivariana de Venezuela (...) fundamenta su patrimonio moral y sus valores de libertad, igualdad, justicia y paz internacional, en la doctrina de Simón Bolívar, el Libertador»[3].

Así lo han querido el desbordamiento del culto a Bolívar, omnipresente en la sociedad venezolana, y la perturbadora vinculación de ese culto con el militarismo tradicional, hasta hace poco latente en Venezuela. Esta

---

[*] Versión ampliada y revisada de una intervención en el Coloquio «Visiones sobre Simón Bolívar», 12-13 de marzo de 2000, inauguración de la Sala Simón Bolívar de The John Carter Brown Library, Brown University, Rhode Island, Estados Unidos de Norteamérica.

conjunción de factores se ha actualizado de manera destacada en la denominada V República venezolana. Pero esta fórmula es propuesta también como pretendida componedora de la democracia en otras sociedades latinoamericanas. La fórmula está encontrando eco en Colombia y Ecuador[4], sin entrar a considerar el bolivarianismo sui géneris del régimen autocrático cubano, que ha perdido hasta el recuerdo del socialismo y enarbola un bolivarianismo escolar.

El surgimiento de la versión actualizada del bolivarianismo-militarismo –porque antecedentes constantes y diversos ha tenido esta fórmula político-ideológica en Venezuela–, ha sido posible porque la generalizada desorientación ideológica que campea en las sociedades latinoamericanas ha creado condiciones propicias para que cobren renovado vigor las ideologías de reemplazo. En este cuadro predomina, una vez más, la constante de que por obra de «el culto a Bolívar» las razones de Simón Bolívar han sido convertidas en las sinrazones de dictadores y autócratas.

Tres factores han propiciado este fenómeno ideológico: la crisis general del socialismo, la desnaturalización de la democracia liberal y el legado oculto de Simón Bolívar.

LA CRISIS GENERAL DEL SOCIALISMO

El primer factor, y el más visible en la escena internacional, que combina la crisis general del socialismo, marcada por el colapso del socialismo autocrático, y el retardo del socialismo latinoamericano en iniciar su revisión crítica, conforma la plataforma sobre la cual se procede a erigir la nueva versión del bolivarianismo, asociado abiertamente con el militarismo tradicional y solapadamente con los náufragos del socialismo autocrático y el fidelismo trasnochado.

Durante la segunda parte del siglo XIX la preocupación de los embrionarios movimientos socialistas latinoamericanos consistió en arbitrar su relación con la cultura cristiana católica, socialmente dominante. Un proceso semejante ocurrió en diversos países europeos respecto de la conciencia religiosa cristiana, fuese o no católica. Prueba de este aserto es la publicación en Caracas, en 1855, de la obra de Ramón Ramírez intitulada *El cristianismo y la libertad*[5], cuyo propósito central fue demostrar que el humanitarismo socialista se halla preconizado en el cristianismo.

La fundación de los partidos comunistas, entre 1918 (Argentina) y 1929 (Bolivia), planteó la necesidad de la que se llamó la nacionalización del socialismo, esta vez presente no ya como el denominado socialismo utópico sino como el denominado socialismo científico, es decir el regido por el marxismo y propuesto como programa político en el Manifiesto Comunista de 1848.

La necesidad de contrarrestar la acusación de ser el socialismo-comunismo una doctrina «exótica», impuesta a sociedades que carecían de vínculos históricos con ella, indujo a la elaboración de una fundamentación historicista para la doctrina y la acción política de los partidos comunistas. Quizás sean logrados ejemplos de este empeño teórico-doctrinario las obras intituladas *7 ensayos de interpretación de la realidad peruana*, de José Carlos Mariátegui (1928), y *Hacia la democracia*, de Carlos Irazábal (1939); seguidas por *Los principios del socialismo en Cuba*, de Blas Roca (1943) y *Cuestiones colombianas: Ensayos de interpretación y crítica*, de Anteo Quimbaya, seudónimo (1958).

La posibilidad de incorporar a Simón Bolívar a estos esfuerzos de nacionalización del socialismo-comunismo se veía seriamente obstaculizada por la versión del mismo, en su personalidad y obra, dada por Carlos Marx en una entrada intitulada «Bolivar y Ponte», fechada 8 de enero de 1858, para la *New American Cyclopedia: A Popular Dictionary of General Knowledge*, editada en Nueva York también en 1858[6]. Este texto, evidentemente escrito a la ligera, plagado de errores, había sido utilizado por los anticomunistas como un arma para desprestigiar el movimiento socialista-comunista, tildado por ello de antipatriota, y disimulado por los comunistas tras un vergonzante silencio. Apreciado críticamente, lo escrito por Marx es sólo la refundición de tres testimonios, muy parcializados por su carga de resentimiento, producto de la decepción sufrida por los autores de las tres únicas fuentes citadas, al no ver recompensados en la medida que esperaban sus servicios como mercenarios bajo las órdenes de Simón Bolívar[7]. Leída críticamente hoy, esta entrada de enciclopedia no merecería mayor atención de no haber sido escrita por Carlos Marx.

Por el contrario, en Venezuela la personalidad, la obra histórica y el pensamiento de Simón Bolívar fueron convertidos por el gobierno del general Eleazar López Contreras (1936-1941) en la barrera ideológico-política oficial contra el influjo de las «ideas exóticas» en la juventud y en la clase obrera. El general, fervoroso bolivariano, entendía por tales ideas no solamente las socialistas-comunistas sino también las democráticas modernas.

Fue el primero en intentar organizar una república bolivariana, sobre la base de una organización nacional dedicada al cultivo de la memoria de El Libertador y a la difusión de sus ideas, al igual que de un movimiento obrero cuyo eje sería el natalicio de Simón Bolívar, declarado Día del Obrero[8]. El rechazo de esta abrumadora manipulación del significado histórico de Simón Bolívar, por el general López Contreras, influyó para que los nacientes movimientos democráticos se abstuvieran de competir abiertamente con él en fervor bolivariano.

Después de la Segunda Guerra Mundial comenzó a tomar cuerpo en la propaganda de los partidos comunistas el uso del pensamiento de Simón Bolívar. Se partió de su conversión en bandera de la lucha contra el imperialismo, especialmente contra el norteamericano; luego se hizo prestidigitación dialéctica hasta hermanarlo con Carlos Marx en la condición de revolucionario; y se ha culminado más que asociándolo con el militarismo tradicional entregándoselo a discreción.

La conmemoración en 1954 del Sesquicentenario del denominado Congreso de Panamá, estimuló la invocación del pensamiento bolivariano como escudo ante el imperialismo norteamericano. Para este fin valió la tergiversación, todavía utilizada, del sentido de la conocida carta de Simón Bolívar al coronel Patricio Campbell, Encargado de Negocios de S.M.B., de 5 de agosto de 1829, de la cual se extrajo el pasaje referido a la que el constructor de la tambaleante República de Colombia consideraba nefasta influencia del liberalismo democrático y el federalismo, de los cuales daba mal ejemplo mundial la todavía naciente república norteamericana, en sociedades ya profundamente desquiciadas. La tergiversación, que probablemente algo debe a la falta de sentido histórico, ha sido convertida en consigna representativa del antiimperialismo *avant la lettre* pretendidamente profesado por Simón Bolívar. En la carta, este se refiere al «...nuevo proyecto de nombrar un sucesor de mi autoridad que sea príncipe europeo...», y emite su opinión:

> No sé qué decir a Vd. sobre esta idea, que encierra en sí mil inconvenientes. Vd. debe conocer que, por mi parte, no habría ninguno, determinado como estoy a dejar el mando en este próximo congreso, mas ¿quién podrá mitigar la ambición de nuestros jefes y el temor de la desigualdad en el bajo pueblo? ¿No cree Vd. que la Inglaterra sentiría celos por la elección que se hiciera en un Borbón? ¿Cuánto no se opondrían todos los nuevos estados

americanos, y *los Estados Unidos que parecen destinados por la Providencia para plagar la América de miserias a nombre de la Libertad?* Me parece que ya veo una conjuración general contra esta pobre Colombia».[9]

La Conferencia Tricontinental, celebrada en La Habana del 3 al 12 de enero de 1966, consagró en su Declaración General a Simón Bolívar, por su obra libertadora –que no por sus ideas, pues muchas de éstas habrían chocado con un socialismo-marxismo que aún se creía lozano–, como símbolo de la lucha de los pueblos del Tercer Mundo contra el imperialismo, lo que ha permitido dejar en un segundo plano, en América Latina, las figuras clásicas del comunismo: Marx, Engels y Lenin. Por su parte, la inicialmente vista como la Revolución cubana, imposibilitada de definirse ideológicamente de manera positiva, se arropó con la figura de José Martí, primero, y luego con la de Simón Bolívar, hasta el presente.

El propósito de hermanar a Bolívar y Marx como revolucionarios motivó la publicación en Caracas de una recopilación intitulada *Bolívar visto por marxistas*, cuyo prólogo, fechado noviembre de 1986, termina confirmando la reconciliación de Carlos Marx con «Bolivar y Ponte», como el primero designó al segundo en la entrada de la enciclopedia ya comentada: «La revalorización de Simón Bolívar ha sido un nuevo gran triunfo del marxismo, una demostración de su capacidad autocrítica y de su espíritu genuinamente científico y creativo. Por ello mismo, la presente obra es un homenaje del pensamiento marxista contemporáneo a la memoria y vigencia tanto de Simón Bolívar como de Carlos Marx»[10].

La asociación –más valdría decir la entrega a discreción–, de la personalidad histórica de Simón Bolívar al militarismo tradicional, ha sido consecuencia de la crisis del socialismo, en las dos últimas décadas del siglo XX, que acentuó este proceso hasta hacer desaparecer en América Latina las viejas banderas del socialismo-comunismo, y sustituirlas por ideologías de reemplazo, la más importante de las cuales es hoy, por su extensión y sus resultados, la amalgama ideológica inicialmente denominada «bolivarianismo-marxismo-leninismo», acerca de cuya paternidad disputan hoy ex guerrilleros y conspiradores de siempre, quienes censuran que el hecho de su hallazgo doctrinario haya sido convertido en el «bolivarianismo-militarismo», al estilo venezolano, el cual no disimula su propósito de extenderse a Colombia y Ecuador[11], si bien en el primer caso se dan, simultáneamente, el Movimiento Bolivariano por la Nueva Colombia, frente civil de las

FARC, y el movimiento Fuerza Libertadora 2000, formado por militares vinculados con el movimiento venezolano, con el cual también parece estar conectado el reciente movimiento ecuatoriano.

LA DESNATURALIZACIÓN DE LA DEMOCRACIA LIBERAL

El segundo factor que ha propiciado, en Venezuela, el resurgimiento fortalecido del fenómeno ideológico constituido por el bolivarianismo-militarismo, como ideología de reemplazo, es la trampa que se le ha tendido a la democracia liberal, al hacerla responsable del incumplimiento del grueso de un programa social y económico que tampoco el socialismo-comunismo pudo realizar.

El punto de arranque de este proceso es la coyuntura política, nacional e internacional, en la que se elaboró la Constitución de 1947. Este documento sistematiza la concepción del Estado liberal democrático, y sienta las bases para promover la democratización de la sociedad. La vida política venezolana reflejaba todavía la doctrina democrática formulada en la llamada Carta del Atlántico, base conceptual del gran frente de las democracias contra el fascismo. El frente incluía a la Unión de Repúblicas Socialistas Soviéticas. Por esta razón, y por haberse implantado en los partidos comunistas de América Latina la corriente denominada «Browderismo»[12], que daba base teórica a la colaboración con las hasta entonces execradas potencias capitalistas, no sólo se establecieron relaciones diplomáticas con la Unión de Repúblicas Socialistas Soviéticas y fue legalizado el Partido Comunista Venezolano, sino que los planteamientos socialistas tomaron auge en la gran prensa y, como cabía esperarlo, soldaron la alianza de los comunistas con el gobierno del general Isaías Medina Angarita, derrocado el 18 de octubre de 1945 mediante un golpe de Estado montado por militares de baja graduación, con la participación del naciente partido Acción Democrática.

Pese a que los comunistas asumieron la defensa del régimen depuesto, la apertura democrática generó un clima de opinión en el cual se planteó la institucionalización democrática del Proyecto Nacional como un espacio sociopolítico muy amplio, en el cual la organización del Estado liberal democrático fue puesta a coincidir con una esfera hipertrofiada de los derechos económicos y sociales, que respondía a la inspiración socialista del partido Acción Democrática y recogía planteamientos sobre esos derechos que formaban parte, también, del programa socialista-comunista.

De allí que sea posible afirmar que la tardía institucionalización del Estado liberal democrático en Venezuela estuvo cargada de un programa de inspiración socialista –propuesto para responder a las carencias reales de la sociedad–, que rápidamente generó una situación de imposibilidad de realización, pero que sentó la base para que se hiciera recaer sobre la democracia liberal la responsabilidad plena por el incumplimiento, para el caso presentado como absoluto y total, de ese programa. Los medios de comunicación de masas denunciaron este insuperable déficit del régimen liberal democrático hasta el cansancio, restándole con ello valor a los logros de ese régimen en lo concerniente al disfrute de la libertad, y al goce de condiciones propicias a la realización social de la igualdad individual.

La incapacidad e imposibilidad en que se vio situado el régimen político liberal democrático de resolver esta contradicción, inherente a la organización del Estado esbozada en la Constitución de 1947, y ratificada y ampliada en la de 1961, creó el escenario para que las crecientes y generalizadas carencias sociales, cuya superación compete primordialmente a la sociedad, fuesen atribuidas no ya a las deficiencias del gobierno o a las malas políticas, sino al sistema liberal democrático mismo. Al hacer mella esta tergiversación incluso en políticos, escritores y periodistas identificados con ese sistema, restó a éste defensores convencidos. De esta manera se abrió campo a pretensiones salvacionistas que se han revelado como encubridoras de propósitos autocráticos, astutamente cobijados por el «bolivarianismo-militarismo», a los cuales se han sumado los extraviados del socialismo en crisis.

EL LEGADO OCULTO DE SIMÓN BOLÍVAR[*]

El enunciado del tercer factor que ha propiciado el surgimiento, y acelerado auge, del fenómeno ideológico constituido por el bolivarianismo-militarismo, como ideología de reemplazo, compromete un área especialmente delicada de la conciencia nacional de los venezolanos. Me refiero a la vertiente autocrática, de expreso rechazo a la democracia y severa valoración del pueblo –el real, no el que se transmuta en la noción de opinión pública–, perceptible en el pensamiento y la acción política de Simón Bolívar. Es decir, el que denomino el legado oculto de Simón Bolívar.

---

[*] Academia Nacional de la Historia, Caracas, 24 de octubre de 2002.

El hecho de que los venezolanos estemos todos inmersos en el culto a Bolívar nos impide apreciar con claridad y serenidad crítica esta vertiente, sin embargo plenamente visible, por hallarse tenazmente presente en el pensamiento y la acción política de Simón Bolívar. Por consiguiente, este condicionamiento nos hace fácil presa del «bolivarianismo-militarismo», preconizado como ideología de reemplazo respecto de la democracia liberal aviesamente desnaturalizada.

Pero lo delicado de esta cuestión no consiste en evaluar de manera crítica el uso preferente, que tradicionalmente se ha hecho en Venezuela, de la figura histórica y el pensamiento político de Simón Bolívar para legitimar causas antidemocráticas y antipopulares. En definitiva, siempre será posible, en la lucha política, invocar algunas figuras históricas para ponerlas a legitimar causas aparentemente lejanas, y hasta contradictorias, respecto de los significados históricos de esas figuras críticamente establecidos. No obstante, hay límites a este ahistoricismo utilitario. Si bien a Fidel Castro se le ocurrió asociar la evocación del romántico tardío José Martí con el socialismo, a nadie se le ocurriría asociar al despótico Napoleón Bonaparte con la democracia, aun cuando se le reconozca el haber jugado un papel importante en la difusión de los principios de la Revolución francesa.

En el caso de Simón Bolívar la cuestión consiste en establecer los contenidos de su acción y de su pensamiento que son de suyo antidemocráticos y antipopulares, y en evaluar críticamente su significación teórica y práctica, tanto en referencia con la actuación del propio Simón Bolívar, como en referencia con el saqueo político a que han estado sometidos por toda suerte de gobiernos, pero con especial dedicación y provecho por los autocráticos y dictatoriales.

Para este fin es necesario comenzar por sustraerse a la tendencia perfeccionista de los valores bolivarianos de todo orden que rige el corpus doctrinario del culto a Bolívar. La convicción –llega a ser asunto de fe– de que Simón Bolívar personificó y representó en un modo perfecto todos los valores, y no sólo los más altos, de las esferas de la vida individual y social, llevó al general Eleazar López Contreras, urgido de preservar el ordenamiento sociopolítico autocrático establecido por su mentor, el general Juan Vicente Gómez Chacón, a componer un Simón Bolívar como representante arquetípico de la «verdadera democracia». Hecho esto lo manipuló para enfrentarlo a las que denominaba «doctrinas exóticas», confundidas por él en «el comunismo», denominación que englobaba las corrientes políticas

que propugnaban la instauración del régimen sociopolítico liberal democrático en Venezuela, aprovechando la coyuntura del mensaje democratizador
difundido al calor de la Segunda Guerra Mundial.

Pero si bien en esta elaboración teórico-política el general pudo exa-
gerar, no tuvo que inventar. El historiador José Gil Fortoul había preparado
el terreno. Efectivamente, en su obra fundamental, *Historia constitucional de
Venezuela*[13], la que más influyó en la formación de la conciencia histórica del
venezolano durante todo el siglo XX (la primera edición es de 1906), y en
mucho aún vigente, caracterizó a Simón Bolívar como genuino demócrata.
Para este fin dejó sentado en el prólogo a la segunda edición, fechada Caracas, 1930 –es decir, cinco años antes de que el general Eleazar López Contreras asumiera el poder tras la muerte en su cama del general Juan Vicente
Gómez Chacón–, dos preceptos que han sido fundamento de la concepción
del Simón Bolívar demócrata.

Primero lo designó «...gran señor autoritario y demócrata (los verdaderos demócratas suelen ser los que vienen de arriba)». Luego se hizo una
pregunta retórica para responderla consecuentemente: «¿Cuál es el Bolívar
grande, el creador, el inmortal? No ciertamente el de los decretos reaccionarios de 1828, el moribundo de 1829, el cadáver ambulante de 1830». Este
último argumento lo reforzó al terminar el tomo primero de la obra mencionada, refiriéndose a la capacidad de rectificación de que según el autor dio
siempre prueba Simón Bolívar: «...el error reaccionario de 1828, tentativa
desesperada de salvar la unión de los pueblos colombianos, lo pagó deliberadamente con la impopularidad, la agonía y la muerte».

Si José Gil Fortoul fue un gran historiador, no fue menos grande
como escritor. En su prosa cada palabra luce bien empleada, y cada concepto muy bien cuidado. Concebir a Simón Bolívar como un gran señor
significaba dejar sentado que él no buscaba la igualdad social para sí sino
para los demás (lo que le ponía a salvo de la descalificación sufrida por la
igualdad al ser proclamada por los zafios caudillos populares de la Federación). Mas el calificarlo de autoritario podía presentar el riesgo de que fuese
mal comprendido como autocrático, pues hay una zona gris entre ambos
conceptos, que depende de la interpretación que se dé al principio de autoridad, y entre los venezolanos de entonces autoridad significaba mandonería
y discrecionalidad. Por eso intervino el correctivo «...y demócrata». Pero si
bien el ser autoritario, al llevar adosado el calificativo de demócrata produce
una aparente contradicción conceptual (para el entendedor común), esta se

corrige de inmediato al certificarse que era autoritario y demócrata porque era también un «gran señor», y por lo mismo procedía, en grado excelente, de donde suelen provenir los «verdaderos demócratas».

Quedaba una dificultad que salvar. Por muy autoritario y demócrata que fuese Simón Bolívar, había que explicar también por qué fue el primer dictador efectivo de nuestra historia (recuérdese que Francisco de Miranda ejerció brevemente la dictadura comisoria en 1812, otorgada soberanamente y en concordancia con la teoría liberal del Estado, por el Congreso de Venezuela; y no, como lo fue en el caso de Simón Bolívar, por pronunciamientos militares y políticos presumiblemente orquestados por devotos y angustiados partidarios). Este hecho no era la mejor recomendación en tierra de dictadores que no habían sido grandes señores autoritarios y demócratas, sino auténticos autócratas. La solución fue constatar que el genuino Simón Bolívar murió en 1828, cuando se inmoló deliberadamente por el bien de Colombia. De manera que el Simón Bolívar que podía parecer no democrático consintió en ser reaccionario (históricamente reaccionario, por supuesto) en un postrer acto de patriotismo, el cual, lejos de contradecir su significación democrática perdurable la reafirmaba al obligarse a reaccionar deliberadamente contra ella, cometiendo un error explicable por las circunstancias políticas y por su decadencia física y espiritual.

En suma, bien podía el general presidente Eleazar López Contreras hacer de Simón Bolívar el paradigma de la democracia, para enfrentarlo a la amenaza de las «ideas exóticas», que tanto le preocupaban por su capacidad de contagio en una juventud que según él ignoraba su herencia bolivariana, tan gloriosa como ejemplar.

Como bien ha podido el «bolivarianismo-militarismo» de nuestro tiempo hacer de Simón Bolívar el responsable ideológico de la denominada «posdemocracia», consistente en la utilización de los mecanismos de participación democrática en la formación del poder político, únicamente para darle una apariencia de legitimidad a la concentración unipersonal de ese poder, a la manera de Adolfo Hitler.

TRIBULACIONES DEL HISTORIADOR CRÍTICO

Pero si para un historiador venezolano es ya difícil sustraerse a las emanaciones del culto a Bolívar, que son capaces de embotar el más aguzado instrumento crítico, más difícil aún le es sustraerse al influjo directo del conocimiento de una personalidad histórica en la cual mito y realidad, culto y diatriba, están tramados de una manera tan intrincada que basta el menor descuido del espíritu crítico para que se incurra en un desliz lamentable, lindante con la beatería.

Puedo dar fe de esto, y la doy para intentar desalentar cualquier sospecha de que mi juicio de hoy pueda parecer reciente y circunstancial. Desde muy temprano expresé mi inconformidad con quienes se complacían en desdibujar la personalidad histórica de los fundadores de la República venezolana, en 1810-1811, valiéndose de los tan injustos como vehementes juicios y conceptos emitidos por un personaje que entonces apenas despuntaba en la disputa de la Independencia, y no bajo la mejor luz, en el llamado «Manifiesto de Cartagena», de 15 de diciembre de 1812[14], divulgado muy poco tiempo después de que su autor había perdido la Plaza de Puerto Cabello (30 de junio de 1812), y participado de manera destacada en la entrega de Francisco de Miranda a la justicia del Rey (30-31 de julio), dos acontecimientos sobre los cuales la historiografía venezolana todavía camina de puntillas.

Un breve texto, intitulado «Los Ingenuos patricios del 19 de Abril y el testimonio de Bolívar», publicado por primera vez en una revista universitaria, fue echado por el notable escritor y novelista venezolano Guillermo Meneses, al reproducirlo en la página literaria del diario caraqueño *La Esfera* que dirigía, a las fieras del bolivarianismo. Aquél texto, que hoy parece de una ingenuidad comprometedora, buscaba tan sólo alertar sobre la injusticia del cruel e inmerecido epitafio puesto por Simón Bolívar sobre la memoria histórica de los arquitectos de la naciente república civil. Estimé entonces, y aún lo afirmo, que una evaluación crítica de ese epitafio nos ayudaría a los venezolanos a comprender la trágica repercusión que la inicial condena bolivariana de los hombres de 1810-1811 ha tenido en la estructuración de la República durante todo el siglo XIX –ahora habría que añadir el siglo XX y lo que va del XXI–, con su nefasta carga de descrédito del ejercicio civil del poder político. Al favor de una historiografía militarista y heroica, esa condena ha servido para que los teóricos de las dictaduras y las autocracias dieran y den por sentada la necesidad de gobiernos fuertes, sobre todo de formas dictatoriales militares, cuyo saldo histórico ha pesado tan dolorosamente en la vida de nuestro pueblo[15].

Me preocupaba lo que podría significar para la naciente democracia venezolana de 1958-1961, seguirle las huellas a la apenas derrocada dictadura del general Marcos Pérez Jiménez en materia de exaltación bolivariana, al pretender hacer valer la figura histórica y el pensamiento político de Simón Bolívar para los fines de fundar la democracia que apenas se instauraba. Quise mostrar cómo la conversión del que había nacido como *un culto del pueblo* en *un culto para el pueblo*, como había sucedido con el culto a Bolívar, encerraba un grave peligro para la democracia, por cuanto no sólo exaltaba sino los convertía en asunto de fe, los valores que desde el gobierno del general Antonio Guzmán Blanco habían nutrido los mecanismos de control ideológico y de opresión psicológica del pueblo venezolano.

A estas razones, producto de una reflexión crítica sobre la historia de Venezuela, se añadieron consideraciones historiográficas de carácter metodológico que entonces estimaba, y sigo estimando, que son fundamentales para la depuración de la conciencia histórica de los venezolanos, y por ende de su conciencia social y política. Me refiero a que esas formas de la conciencia social revelan la huella de un conocimiento histórico cargado de convencionalismos y prejuicios, con los cuales mucho tiene que ver el culto heroico vertebrado en torno al culto a Bolívar. Estas consideraciones me indujeron a consagrar mi tesis doctoral al estudio de esta perversión del sentido histórico, centrándolo en el fenómeno ideológico, que intitulé «El culto a Bolívar. Esbozo para un estudio de la historia de las ideas en Venezuela»[16].

La preparación de una conferencia que dicté en la Universidad Andrés Bello, en San Cristóbal, por invitación del Liceo Simón Bolívar, el 24 de febrero de 1969, motivó una lectura celosamente crítica del denominado «Discurso de Angostura», pronunciado por Simón Bolívar el 15 de febrero de 1819. La conferencia llevó por título «El discurso de Bolívar en Angostura: proceso al federalismo y al pueblo». Es la exposición de una visión crítica de este importante documento, marcando el contraste con los discursos pronunciados en los actos conmemorativos del sesquicentenario de la lectura inaugural del mismo[17].

En aquel momento tuve la sensación de haber captado el que ahora denomino el legado oculto de Simón Bolívar. Esta percepción se fortaleció a medida que preparaba la selección publicada como *Simón Bolívar, escritos fundamentales*[18]; y luego la de una selección más amplia y diversificada, intitulada *Simón Bolívar fundamental*[19].

UN LEGADO OCULTO, Y SIN EMBARGO EXPUESTO A LA VISTA DE TODOS

Los conceptos y las actitudes políticas que llamo el legado oculto de Simón Bolívar, no lo están porque éste los haya encubierto con el disimulo o el engaño. Por el contrario, los expuso y presentó con sobrada lucidez y despliegue de coraje intelectual[20]. Es el brillo, real y atribuido, de Simón Bolívar, hombre y pensamiento, el que eclipsa ese legado, y el que nos encandila también a quienes procuramos desvelarlo afinando nuestro sentido crítico[21].

El culto a Bolívar refuerza este fenómeno, al contrariar nuestro esfuerzo intelectual que consiste en percatarnos de que ese legado comprende tres grandes rubros, expuestos en el mencionado «Discurso de Angostura», que podrían resumirse de la siguiente manera: primera y básica, la sentencia de que el pueblo venezolano no es apto para vivir la libertad; segunda y derivada: la sentencia de que, en consecuencia, la democracia y su expresión constitucional el federalismo, son contrarios al interés nacional; y tercera y culminante: la sentencia de que se requieren los trabajos ejemplares y prolongados, de una suerte de despotismo ilustrado institucionalizado como «poder moral», para erradicar en el pueblo la herencia perversa de la sumisión monárquica colonial, determinante de las dos primeras sentencias.

La sentencia de que el pueblo venezolano no es apto para vivir la libertad ha sido y es, ciertamente, una abusiva extrapolación temporal del pensamiento originalmente expuesto por Simón Bolívar. Pero no es menos cierto que los términos en que fue expresado permiten una interpretación abierta y de prolongada y hasta de incesante duración, y así se le ha utilizado por dictadores y autócratas: «La Libertad –dice Rousseau–, es un alimento suculento, pero de difícil digestión. Nuestros débiles conciudadanos tendrán que fortalecer su espíritu mucho antes que logren digerir el saludable nutritivo de la Libertad». La pregunta que se impone es ¿cuánto tiempo requiere un pueblo para fortalecer su espíritu hasta el punto de poder digerir la libertad? No entremos a preguntarnos sobre si ese fortalecimiento puede lograrse sin padecer indigestiones de libertad.

La segunda y derivada sentencia sostiene que, en consecuencia de la incapacidad del pueblo venezolano para digerir la libertad, la democracia y su expresión constitucional el federalismo son contrarios al interés nacional, la primera por engendrar anarquía y el segundo por producir gobiernos débiles. Al adaptar estos principios en la Constitución de 1811, el Congreso «...más consultó el espíritu de las Provincias, que la idea sólida de formar una república indivisible y central». No parece que entrara Simón Bolívar a considerar la posibilidad, que no carecía de fundamento, de que la federación fuese la única manera realista de contrarrestar las tendencias separatistas. Antes bien refuerza su argumento básico referido al poco realismo de los legisladores: «Aquí cedieron nuestros legisladores al empeño inconsiderado de aquellos Provinciales seducidos por el deslumbrante brillo de la felicidad del Pueblo Americano, pensando que, las bendiciones de que goza son debidas exclusivamente a la forma de Gobierno y no al carácter y costumbres de los ciudadanos».

La tercera y culminante sentencia de que se requieren los trabajos ejemplares y prolongados, de una suerte de despotismo ilustrado institucionalizado, para erradicar en el pueblo la herencia perversa de la condición colonial, determinante de las dos primeras sentencias, está cargada de graves consecuencias sociales y políticas. La meta del buen gobierno, dijo Simón Bolívar entonces, es producir «...la mayor suma de felicidad posible...», pero esto requiere, a su vez, que tal gobierno provea también la «...mayor suma de seguridad social y la mayor suma de estabilidad política». De allí «...la idea sólida de formar una república indivisible y central». Es decir una república capaz de enfrentar con éxito la circunstancia de que «...las reliquias de la dominación Española permanecerán largo tiempo antes que lleguemos a anonadarlas: el contagio del despotismo ha impregnado nuestra atmósfera, y ni el fuego de la guerra, ni el específico de nuestras saludables Leyes han purificado el aire que respiramos».

Para cerrar mi análisis crítico del llamado «Discurso de Angostura» no pude menos que hacer un cierto número de comprobaciones que suscitaban interrogantes, de las cuales retendré ahora sólo dos:

En primer lugar, quienes sostienen que el ideario de Simón Bolívar no sólo está vigente sino que lo está en su integridad, pareciera que olvidan, muy convenientemente, que ese ideario está fundado, de manera nada secundaria, en la concepción del pueblo venezolano expuesta en el «Discurso». Se trataba de un pueblo pervertido, inhábil o incapaz para practicar la democracia y disfrutar la libertad. De ser admitida esta comprobación como cierta y aún vigente, genera preguntas obvias: ¿Era así el pueblo venezolano que también luchaba por la Independencia? ¿Ha seguido siendo así? ¿Es hoy como era entonces? ¿Ha dejado de serlo?

La segunda comprobación es que los bolivarianos devotos no proclaman que Bolívar tuvo razón cuando pronunció esa terrible sentencia sobre la condición del pueblo venezolano. Esos bolivarianos sostienen, como cuestión de fe, que el pensamiento de Bolívar expuesto en Angostura, revela de manera acabada y definitiva la verdadera naturaleza de ese pueblo. Aún hoy, luego de haber ingresado al país cerca de un millón de inmigrantes europeos y tres veces más inmigrantes del continente, se detienen a aclarar si la apuntada por Simón Bolívar es una realidad de pueblo pasada o una realidad presente, dejando que persista una zona de confusión. Me inclino a considerar que este no es un resultado involuntario, que en la práctica dictatorial y autoritaria se quiere extender esa zona de confusión hasta el presente, aunque a ese pueblo se le designe ahora, extrapolando una categoría también bolivariana, «el soberano». La pregunta que se impone versa sobre si la interpretación sociológica de nuestro pueblo contenida en el «Discurso de Angostura» ha caducado, y con ello, ¡Dios nos libre!, no la infalibilidad de Simón Bolívar pero sí la vigencia de una porción fundamental de su legado, para los fines perversos de los gobiernos autocráticos encargados de velar por la regeneración del pueblo venezolano.

LA DIFÍCIL IDENTIFICACIÓN DEL LEGADO OCULTO DE SIMÓN BOLÍVAR

La cuestión de identificar el legado oculto de Simón Bolívar no consiste en localizar en sus escritos indicios de ejercicio excesivo de la autoridad, o de calificar algunas de sus actitudes. Catorce años de guerra, y una incesante lucha por el poder o por preservarlo, dan material de sobra para una y otra cosa. Por no mencionar casos y situaciones de sobra conocidos, bastaría recordar las dos primeras de las «Medidas contra la insurrección del Cauca», de 7 de enero de 1821[22], o la primera y la séptima de las «Medidas enérgicas para evitar la deserción en el ejército», de 15 de marzo de 1824[23].

Para valorar estos hechos es necesario tener en cuenta que se trata del mismo hombre que el 24 de marzo de 1824 dio la siguiente instrucción al Prefecto del Departamento de Trujillo (Perú): «Todos los esclavos que quieran cambiar de señor, tengan o no tengan razón, y aún cuando sea por capricho, deben ser protegidos y debe obligarse a los amos a que les permitan cambiar de señor concediéndoles el tiempo necesario para que lo soliciten»[24].

Es el mismo hombre, también, que cometió el siguiente desplante ¿de autoritario o de autócrata? en Valencia, el 4 de enero de 1827, al recriminar al coronel Escuté, Jefe de Estado Mayor del general José Antonio Páez, en un banquete ofrecido por éste: «Aquí no hay más autoridad ni más poder que el mío; yo soy como el Sol entre todos mis tenientes, que si brillan es por la luz que yo les presto»[25].

Lo pertinente para el propósito enunciado sería tratar de evaluar críticamente pasajes densos, producto de madura reflexión, en momentos que así lo imponían y que por lo mismo no daban pie al impromptu, como el penúltimo del llamado «Mensaje a la Convención de Ocaña», de 29 de febrero de 1828 (pongo en cursivas lo que deseo destacar):

> Considerad, legisladores, que la *energía en la fuerza pública es la salvaguardia de la flaqueza individual, la amenaza que aterra al injusto, y la esperanza de la sociedad. Considerad que la corrupción de los pueblos nace de la indulgencia de los tribunales y de la impunidad de los delitos. Mirad que sin fuerza no hay virtud; y sin virtud perece la república. Mirad, en fin, que la anarquía destruye la libertad, y que la unidad conserva el orden».*[26]

Este puede ser considerado el último párrafo del pensamiento político edificante de Simón Bolívar. Los documentos que le siguieron están impregnados de desencanto o caen en el puro desiderátum. Por eso parece razonable considerar que los conceptos que integran dicho párrafo contienen parte significativa del legado oculto de Simón Bolívar: gobierno fuerte, justicia expedita y ejemplarizante, mérito de la fuerza para salvar y preservar la república, y el orden resultante de la unión para preservar la libertad, que de otra manera sería destruida por la anarquía.

Contrariamente a lo sugerido por José Gil Fortoul, la exposición y articulación de estos principios no conforman un error, ni denotan decadencia física y espiritual, ni son históricamente reaccionarios. Sientan las bases para una estrategia política de recuperación y consolidación de la república, partiendo de una comprobación contenida en el mismo documento: «...nuestro gobierno está esencialmente mal constituido. Sin considerar que acabamos de lanzar la coyunda, nos dejamos deslumbrar por aspiraciones superiores a la que la historia de todas las edades manifiesta incompatibles con la humana naturaleza». Este pensamiento lo ratificó el 20 de enero de 1830 en su «Mensaje al Congreso Constituyente de Colombia»: «Ardua y grande es la obra de constituir un pueblo que sale de la opresión por medio de la anarquía y la guerra civil, sin estar preparado previamente para recibir la saludable reforma a que aspiraba»[27].

Los principios de gobierno mencionados pueden ser rastreados a lo largo de toda la obra escrita de Simón Bolívar, al mismo tiempo que percibidos en su actuación política y militar. Ellos forman la porción más dura de su legado oculto, proclive a ser adoptada y adaptada por los gobiernos no democráticos, cuya versión rezaría más o menos así: el pueblo no está preparado para disfrutar la libertad que le brindaría la democracia, sin caer en la anarquía y por lo mismo destruir la república. Se requiere un gobierno de mano dura que mantenga el orden, castigue expedita y ejemplarmente los delitos y combata la corrupción.

No pretendo que esta sea la interpretación que deba hacerse de este fragmento del pensamiento político de Simón Bolívar. Tampoco que sea la más correcta. Pero, no sólo pretendo que es una interpretación posible, sino que está acorde con la que le han dado dictadores y autócratas bolivarianos. No obstante, también podría discutirse sobre los modos cómo ha podido influir este pensamiento en quienes han pretendido que sus actos estaban o están inspirados o regidos por ese pensamiento. Posiblemente no sea fácil encontrar reiteradas referencias directas que lo prueben, como no sea en el discurso del general Eleazar López Contreras y del actual Presidente de la República Bolivariana de Venezuela. Quizás de ofrecerlas se han encargado y se encargan los acólitos de los autócratas. Lo que sí parece demostrable es que la vigencia de ese pensamiento ha sido uno de los efectos del culto a Bolívar, internalizado por los venezolanos hasta impregnar la conciencia colectiva y regir el subconsciente, si no el discurso, de los dictadores y autócratas.

Esta interpretación no restaría trascendencia al contenido de los conceptos citados, que podría ser considerado como propio del ejercicio responsable del poder, como lo referente al combate contra la corrupción y al castigo de los delitos. El pensamiento político de Simón Bolívar, como el de todos los grandes hombres que supieron pensar, presenta más de una vertiente, y de éstas más de una es válida como legado[28].

En todo caso, el párrafo analizado lleva a pensar que al término de su vida política, Simón Bolívar tuvo que rendirse a la evidencia de que la victoria militar, y la edificación de la República de Colombia, no habían puesto término a la disputa de la Independencia, en lo que ésta tenía de profundo arraigo sociopolítico. Iniciada esa disputa con el propósito de preservar y consolidar la estructura de poder interno de la sociedad, al reanudarse, en condiciones más propicias y con fuerzas renovadas, puso sobre el tapete la cuestión de la restauración del poder social y la garantía del orden. Simón Bolívar no tuvo que escoger campo en esta nueva instancia del largo pleito. Su concepción éticamente responsable del ejercicio del poder político, le mantuvo siempre del lado del orden. Su concepción del ejercicio consciente de la libertad, le hizo detestar siempre el desorden. Su definida vocación de poder, le hizo aborrecer la anarquía. Ya en su Mensaje al Congreso Constituyente de Bolivia, ofreciéndole su proyecto de Constitución, de 15 de mayo de 1826, y en el proyecto mismo, había quedado claramente expuesta su concepción del Estado, que intentaba amalgamar la doctrina republicana liberal con algunos de los probados atributos de poder del orden monárquico colonial[29].

NADIE MÁS BOLIVARIANO QUE UN DICTADOR O UN AUTÓCRATA

Nuestra historia republicana nos dice que nadie ha sido más bolivariano que el dictador o el autócrata de turno. Nos dice también que nadie ha sentido menos confusión al interpretar el pensamiento de Simón Bolívar que el dictador o el autócrata de turno. Y nos enseña, por último, que las razones de Simón Bolívar se han convertido en la sinrazón del dictador o el autócrata de turno.

Dicho lo cual ya no nos queda base para preguntarnos qué tendrá el legado oculto de Bolívar que tan bien sirve a tan malos fines.

NOTAS Y TEXTOS DE APOYO

Advertencia: Agradezco a John V. Lombardi el haber leído críticamente este texto y contribuido a su depuración.

1. «Instalación del Congreso de Angostura. Discurso de El Libertador. 15 de febrero de 1819». *Simón Bolívar fundamental.* (Compilación y prólogo de Germán Carrera Damas). Caracas, Monte Ávila Editores Latinoamericana, 1993, t. II, pp. 71-103.

2. Germán Carrera Damas, «Los valores de la nacionalidad en el nuevo Preámbulo de la Constitución». *Búsqueda: Nuevas rutas para la historia de Venezuela. (Ponencias y conferencias).* Caracas, Fundación Gumersindo Torres/Centro de Estudios Superiores de Auditoría de Estado, 2000, p. 165.

3. Obsérvese que no se refiere específicamente a la doctrina constitucional desarrollada y sostenida por Simón Bolívar desde que hizo la severa crítica de la Constitución de 1811 en el llamado «Manifiesto de Cartagena». (*Simón Bolívar fundamental,* t. II, pp. 12-22). La vaguedad de la formulación entrega la invocación doctrinaria a toda suerte de interpretaciones, por lo general muy convenientes para el ejercicio discrecional del poder político por los gobernantes de turno.

4. En Colombia las Fuerzas Armadas Revolucionarias de Colombia (FARC) han formado un brazo político denominado Movimiento Bolivariano para una Nueva Colombia, que se proclama doctrinariamente bolivariano. En Ecuador, durante los sucesos de comienzos del 2000, promovidos por militares y las agrupaciones de indígenas, se lanzó la consigna de la formación de una república bolivariana.

5. Ramón Ramírez, *El cristianismo y la libertad. (Ensayo sobre la civilización americana),* Caracas, Imprenta de Valentín Espinal, 1855; 2ª ed.: Caracas, Monte Ávila Editores, 1992. Prólogo de Germán Carrera Damas.

6. Carlos Marx, «Bolívar. On History and People», *The Karl Marx Library*, v. VII. Arranged and edited, with an introduction and new translations, by Saul K. Padover, New York, etc., McGraw-Hill Book Company, 1977, pp. 369-381.

7. Las fuentes son: *Histoire de Bolivar*, par Gén. Ducoudrey-Holstein; *Continuée jusqu'a sa mort*, par Alphonse Viollet, Paris, 1831; *Memoirs of Gen. John Miller (in the service of the Republic of Peru)*, y *Col. Hippisley's Account of his Journey to* *the Orinoco*, London, 1819. Por supuesto, estas fuentes han sido refutadas por los historiadores bolivarianos y académicos de la historia.

8. Este montaje ideológico está expuesto y documentado en la obra del general Eleazar López Contreras intitulada *El triunfo de la verdad. Documentos para la historia venezolana*, México, Edición Genio Latino, 1949.

9. Carta al coronel Patricio Campbell. Guayaquil, 5 de agosto de 1829. *Simón Bolívar fundamental*, t. I, pp. 574-575.

10. *Bolívar visto por marxistas.* Compilación y prólogo de Jerónimo Carrera. Caracas, Fondo Editorial «Carlos Aponte», 1987.

11. En Ecuador el proceso de acercamiento entre el marxismo y la personalidad y el pensamiento de Simón Bolívar tiene antecedentes que se remontan también a comienzo de la década de 1980. Enrique Ayala Mora los caracterizó de esta manera: «Hay, empero, el peligro de asimilarlos acríticamente, como por desgracia ha sucedido. No ha sido raro, en consecuencia, encontrarnos con un Simón Bolívar militante socialista, miembro de brigadas anti-imperialistas y hasta visionario descubridor del análisis de clase» (*El bolivarianismo en El Ecuador*, Quito, Corporación Editora Nacional, pp. 78-79).

12. Véase Manuel Caballero, «The last step: Browderism», *Latin America and the Comintern, 1919-1943*, Cambridge, Cambridge University Press, 1986, Cap. 9, pp. 134-148.

13. José Gil Fortoul, *Historia constitucional de Venezuela*, Caracas, Las Novedades, 1942, 3 v.

14. «El llamado Manifiesto de Cartagena. Memoria dirigida a los ciudadanos de la Nueva Granada por un Caraqueño», *Simón Bolívar fundamental*, t. II, pp. 12-22.

15. La revista se intitula *Gazeta de Letras* (Caracas, 26 de mayo de 1960, N° 3); era publicada por la Escuela de Letras de la Facultad de Humanidades y Educación de la Universidad Central de Venezuela. El texto fue recogido en mi obra *Crítica histórica*, Caracas, Dirección de Cultura de la Universidad Central de Venezuela, 1960, pp. 47-54.

16. *El culto a Bolívar. Esbozo para un estudio de la historia de las ideas en Venezuela*, Caracas, Instituto de Estudios Hispanoamericanos de la Facultad de Humanidades de la Universidad Central de Venezuela, octubre de 1969. 1ª ed.

17. «El discurso de Bolívar en Angostura: proceso al federalismo y al pueblo». *Validación del pasado* (Colección Temas, N° 65), Caracas, Ediciones de la Biblioteca de la Universidad Central de Venezuela, 1975, pp. 147-230. Todas las citas posteriores de este discurso tienen igual procedencia.

18. Caracas, Monte Ávila Editores, 1982.

19. Caracas, Monte Ávila Editores Latinoamericana, 1993, 2 t.

20. Simón Bolívar escribió a Estanislao Vergara desde Guayaquil, el 31 de agosto de 1829: «Yo no me excuso de contribuir con mis servicios, o por mejor decir, con mis opiniones, a lo que yo creo que es más conveniente a la república y en prueba de ello he mostrado mis opiniones pública y solemnemente en todas ocasiones. Si se quieren consultar no hay necesidad de que yo las repita, pues se pueden encontrar en los documentos de mi vida pública» (*Simón Bolívar fundamental*, t. I, p. 583).

21. David Bushnell se percató de esto, en mi caso, y lo señaló con toda exactitud. («The Last Dictatorship: Betrayal or Consummation?», *Hispanic American Historical Review*, 63 (1), 1983, p. 74.

22. Luego de tildar a los insurrectos caucanos de «esclavos», y lleno de «la más profunda indignación», dispuso: «1° Todo hombre de 15 a 35 años, libre o esclavo, casado o soltero, de cualquiera condición que sea deberá presentarse a tomar las armas dentro del tercer día después de la publicación de este decreto. 2° Los contraventores a esta disposición serán pasados por las armas en cualquier lugar o disposición que se encuentren. A los que no se pudiere aprehender se les confiscará sus bienes, se pondrán fuera de la ley [es decir que quien los encuentre podrá darles muerte, como a un animal salvaje. G.C.D.], y se aprehenderán sus familias» (*Simón Bolívar fundamental*, t. II, p. 192).

23. «1°. Toda deserción, sea simple o con circunstancias agravantes, será castigada con pena de la vida, cualquiera que sea el número y clase de los que la cometieren. (...) 7°. Las prendas de armamento y vestuario que se llevaren los desertores, serán abonados por su familia; y en su defecto, por el pueblo de su vecindad» (*ibidem*, pp. 196-197).

24. *Ibid*. t. II, p. 198.

25. *Ibid*. t. II, p. 125.

26. *Ibid*. t. II, p. 136.

27. *Ibid.* t. II, p. 140.

28. Alberto Filippi ha documentado y estudiado de manera admirable este aserto. Véase: *Bolívar y Europa en las crónicas, el pensamiento político y la historiografía. Siglos XIX y XX.* Compilación, introducción y notas por Alberto Filippi. Caracas, Ediciones de la Presidencia de la República, 3 v.

29. *Simón Bolívar fundamental*, t. II, pp. 113-124.

DOS LEGADOS OCULTOS Y UN MENSAJE TÁCITO*
(de José Gil Fortoul y Simón Bolívar)

Agradezco a esta digna corporación el haberme invitado a participar en el ciclo de conferencias instituido para honrar el nombre y la obra de José Gil Fortoul, uno de los más ilustres historiadores venezolanos.

Omitiendo las obvias razones y circunstancias profesionales que vuelven honrosa para mí esta generosa invitación, hay dos motivaciones, íntimas, que me permitiré enunciar brevemente.

La primera motivación es que a la obra de José Gil Fortoul debo la consolidación de mi vocación de historiador. Hace casi medio siglo estuve muchos días recostado sobre el encerado que cubría la escotilla de la bodega de proa de un pequeño carguero alemán, el «Adolf Viennen», que hacía la ruta Hamburgo, Amberes, La Habana y Veracruz, dedicado, tanto como durara la luz del sol y lo permitiese el estado del tiempo, a leer y releer los tres volúmenes de la edición de la *Historia constitucional de Venezuela*, hecha por la Editorial «Las Novedades» en 1942; y como postre a la de *El hombre y la Historia*, en un ejemplar de la Editorial Garnier Hermanos de 1896, hallado casualmente en una librería de viejo en París.

Estas lecturas me persuadieron de que la Venezuela histórica es un campo de conocimiento cargado de posibilidades metodológicas, y promisorio de significados historiográficos intelectualmente remuneradores. Cambió, así, el rumbo vocacional seguido por quien aspiraba entonces, y no lo ha conseguido ni lo conseguirá jamás, a dedicarse al estudio y enseñanza de la Revolución francesa, en su cuna y fuera de ella.

La segunda motivación es quizás más íntima: esta invitación me permite sentir, como historiador, lo que el pez cuando lo ponen fuera del agua.

Pero, basta de intimidades y vamos al grano.

La lectura de las obras mencionadas me hizo intuir lo que fue esclarecido por el Seminario fundacional del estudio universitario de la Historia

* Conferencia José Gil Fortoul. Academia Nacional de la Historia. Caracas, 24 de octubre de 2002.

de la Historiografía Venezolana, realizado casi diez años después, cuyos resultados fueron publicados bajo el título de *El concepto de la historia en José Gil Fortoul.*

Me refiero al legado oculto que se desprende de la confianza manifestada por José Gil Fortoul, al escribir las obras mencionadas, en el recto sentido del desenvolvimiento histórico de la sociedad venezolana, reconocido por él como el sostenido y responsable esfuerzo de muchos próceres criollos por fundar la República venezolana sobre bases de institucionalidad civil y desarrollo social y cultural de la nación.

A su vez, la constante lectura crítica y contextual del pensamiento de Simón Bolívar, tanto el escrito como el expresado en su actividad política, me ha puesto en presencia intelectual del que denomino también su legado oculto.

Me refiero al continuo ideológico bolivariano que culminó con la dictadura, entonces desembozada, que estableció en 1828, cuando, casi según sus palabras, el soberano quiso honrarle con el título de su ministro y lo autorizó, además, para que ejecutara sus mandamientos. Todo político que no sea lerdo, porque de que los hay los hay, reclama para sí tener una especial disposición para escuchar la voz del pueblo, especialmente en momentos y circunstancias en que el común de los mortales sólo percibe silencio y, a lo más, alguno que otro grito, de rabia o desesperación. Los problemas comienzan para las sociedades cuando lo que se proclama haber sido escuchado en la voz del pueblo es convertido, por quienes gozan de tal exclusividad, en una suerte de mandato mesiánico que pronto se vuelve voluntarioso, despótico, desorbitado y sobre todo prolongado, cualquiera que sea su duración. Es decir, la manera como esa voz obligante fue escuchada inicialmente por Simón Bolívar, y sobre todo cómo lo ha sido por los demasiados bolivarianos de aparato que han pretendido ser reencarnación, y no han sido siquiera mediocre parodia, de El Libertador.

Pero con ello agota su alcance la aviesa disposición de que han dado prueba, tales aspirantes a autócratas bolivarianos, para hacer suyo el mandato que en su momento dijo haber recibido Simón Bolívar. Ellos, y quienes los han aupado y justificado, cierran sus entendederas, en cambio, a la más valiosa de las enseñanzas bolivarianas, es decir la resultante del despliegue de creatividad que, por impregnar su obra histórica, pasa inadvertida y por ello constituye un mensaje tácito.

De estas consideraciones emana el título de la presente conferencia: «Dos legados ocultos y un mensaje tácito (de José Gil Fortoul y Simón Bolívar)».

LA SOSTENIDA PRESENCIA DE LOS DOS LEGADOS OCULTOS

Estos legados de José Gil Fortoul y Simón Bolívar, ocultos y sin embargo expuestos a la vista de todos, han estado activos en la fisiología social y política de la Venezuela independiente, hasta el punto de conjugarse en una danza a veces grotesca, pero no siempre perversa, de militarismo redentor y de civilismo reivindicador. El saldo de este ejercicio, frecuentemente ajeno al decoro historicista, obliga a hacer algunas comprobaciones.

Venezuela independiente no ha sido imperio, como México y Brasil. Tampoco ha padecido invasiones, como el mismo México, Nicaragua, Haití y Santo Domingo; ni ha tenido colonias que explotar. Los venezolanos no hemos fomentado guerras intestinas para vender armas; nuestro dominio sólo se ha ejercido sobre quienes siempre lo han padecido y siguen padeciéndolo, y no podemos culpar al extranjero de haber mutilado nuestro territorio sin tener que callar sobre nuestra imprevisión para preservarlo e incapacidad para defenderlo. Venezuela y los venezolanos no hemos sido conquistados, pero sí avasallados por caudillos de incuestionable venezolanidad.

Esto, y bastante más, podría decirse de la aventura histórica que es Venezuela independiente. Ante ella se abre una gama de posturas y actitudes que abarcan desde la desenfrenada y patriotera –y me viene a la mente aquella capciosa sentencia de Simón Rodríguez: «no hay cosa más patriota que un tonto»–, hasta la serena valoración que hiciera José Gil Fortoul del sentido fundamental de las hechuras y deshechuras que forman nuestra aventura histórica, con demasiada frecuencia realizadas prevaliéndose sus autores del legado oculto de Simón Bolívar e ignorando su mensaje tácito.

Como sucede en toda aventura colectiva, hay quienes se detienen en apreciar lo circunstancial; pero también quienes lo sobrepasan al mantener la voluntad fija en la meta procurada. Decir que unos ven las realidades mientras los otros persiguen quimeras, ha sido la coartada de los subyugados espíritus realistas o «positivos». Pero mal podrían alegar los primeros que, en la vida de los pueblos, lo circunstancial es de naturaleza poco perdurable y, en consecuencia, de escasa significación, a menos que se pretenda que el régimen del general Juan Vicente Gómez Chacón fue una mera circunstancia.

Felizmente, el tiempo de realización de los pueblos no se mide sólo por lo recorrido sino también, y sobre todo, por lo que demuestran estar decididos a recorrer, y en ello lo que importa no es la energía perdida o malgastada, sino la determinación de reponerla para poder alcanzar la meta perseguida. Esa meta no es ni ha sido otra, en la sociedad venezolana, que el ser una sociedad genuinamente democrática, como quedó establecido, y ha sido poco advertido, en el Decreto de Garantías dado por el Mariscal Juan Crisóstomo Falcón en Caracas, el 18 de agosto de 1863, ratificado por la Constitución de 1947 y reiterado y ampliado por la Constitución de 1961.

PUEDE DECIRSE QUE EL TRECHO YA RECORRIDO POR LA SOCIEDAD VENEZOLANA NO HA SIDO EXCESIVAMENTE LARGO

Basta un sumario estudio comparativo de esta admirable aventura venezolana, con el curso histórico de la conformación de sociedades genuinamente democráticas, en países de Europa y de América, para advertir que el trecho recorrido por la sociedad venezolana en busca de esa supuesta quimera no ha sido excesivamente largo. Al contrario, no sólo cabría alegar que ha sido comparativamente corto, sino, en general puede decirse que nuestro paso al recorrerlo no ha sido más lento que el de los demás pueblos que han emprendido un camino semejante.

Pero cabe reconocer que ha sido consecuencia de la notable aceleración del paso de la sociedad venezolana, en su larga marcha hacia la democracia, durante la segunda mitad del siglo XX, la acentuación del desfase entre la evolución sociohistórica correspondiente y la conciencia histórica. Esta última ha permanecido, en mucho, anclada en un conjunto de conceptos y criterios que si bien fueron producidos oportunamente por las historiografías patria y nacional, su persistencia casi por inercia lleva a temer que hemos carecido del coraje intelectual requerido para perfeccionar la superación crítica de esos productos historiográficos; al igual que nos ha faltado el arrojo intelectual y científico requerido para la reformulación de los mismos, situándolos en la perspectiva del proceso histórico global de nuestra sociedad.

Siguiendo esta línea de pensamiento, cabe registrar el hecho de que no nos hemos atrevido a complementar la que ha sido y sigue siendo la tesis fundamental de la historiografía venezolana, es decir, la que hace de la declaración de la ruptura del nexo colonial el punto de partida del camino que emprendió la nación venezolana hacia la independencia, hace ya cerca de dos siglos, con la comprobación de que una vez puesta en ese camino, y tan sólo medio siglo después de haberlo emprendido, la sociedad venezolana se fijó la meta de convertirse en una sociedad democrática.

Hemos consentido en esta flaqueza del espíritu crítico porque esa complementación habría significado reconocer que la sociedad venezolana está abocada, por la fuerza de su desarrollo histórico, a superar la vinculación excluyente del patriotismo con la independencia. Ello habría significado, igualmente, reconocer que el verdadero punto de partida de la orientación que caracteriza la aventura histórica venezolana, desde mediados del siglo XIX, no es la declaración de la Independencia, con la consiguiente abolición declarativa de la monarquía, sino el haber optado por la república, primero liberal y luego también democrática, mediante la laboriosa digestión de la que pareció ser la eterna presencia de la monarquía, generadora de hábitos sociales y políticos tenazmente arraigados, y el inicio de su todavía hoy incompleto reemplazo por los de la república liberal democrática moderna.

Pero ¿cómo admitir, luego de catorce años de guerra y de una suma de padecimientos jamás imaginados, que la independencia no garantizaba la libertad? El reconocimiento de que el despotismo podía prevalecer sobre la independencia volvería inútiles los sacrificios consentidos o soportados, a la vez que revelaba la lejanía del logro de los objetivos primordiales: la libertad y la igualdad.

En caso afirmativo tendríamos que reconocer, por lo mismo, que el acontecimiento primario de las grandes matazones, como las calificara Laureano Vallenilla Lanz, que ensangrentaron nuestro siglo XIX, respondió a la aspiración, alentada por la generalidad de la sociedad, aunque con diversa motivación según los bandos enfrentados, de resguardar el poder colonial. Esto de manera global en lo que concernía al orden social, pero no menos significativamente en lo tocante a la preservación de la Corona, como piedra angular que era en la simbiosis de los componentes metropolitano y criollo del poder colonial.

Hemos querido engañarnos pretendiendo que quienes optaron por la preservación de la Corona eran los menos, los fanatizados por una religión de dominación, los no patriotas, en suma. Hemos querido engañarnos, igualmente, al vernos históricamente como los oprimidos por un lejano poder colonial del cual no éramos parte activa, mucho menos fundamental, sino víctimas reticentes. Hemos querido engañarnos, por último, presentándonos ante el mundo y la posteridad como combatientes contra un opresor, que pretendíamos externo, cuando en realidad estaba bien arraigado en nuestra conciencia criolla, y allí permanece.

Es cosa sabida que la conciencia histórica está en la base de la conciencia social, porque permite fundar la procedencia, la pertenencia y la permanencia de los individuos, los grupos, las clases sociales y las sociedades mismas. Igualmente es sabido que la expresión política de la conciencia social revela el peso de la conciencia histórica. Individuos y sociedades estamos inmersos en esta poderosa y vital corriente, que reúne lo racional con lo sentimental. Mas, como corresponde, esa participación está desigualmente repartida, según lo determinen medios que van desde el desarrollo cultural hasta el patriotismo (y me vuelve a la mente el capcioso dicho de Simón Rodríguez).

De manera intuitiva o calculada, la compleja interrelación de manifestaciones de la conciencia histórica, sintetizada en el culto a Bolívar, ha sido usada por los dictadores y sus acólitos para retardar, entorpecer o desviar, la larga marcha de nuestra sociedad hacia la democracia. Pero la determinación democrática de la sociedad prevaleció sobre el designio autocrático del gomecismo, el lópezcontrerismo, y el pérezjimenismo; y lo hace ahora sobre la versión militarista-socialista de ese designio.

La superación de estos trances ha marcado nuestra maduración como sociedad, y esto nos autoriza a asumir la conducta de una sociedad históricamente adulta, hoy empeñada, con renovado ímpetu, en preservar los valores fundamentales así ganados. A ello se entrega la sociedad en circunstancias que han vuelto más necesario que nunca el fortalecimiento de la conciencia histórica del venezolano, lo que hace imprescindible aliviarla de concepciones que adormecen su capacidad crítica y contrarían el brote del nuevo patriotismo.

Porque ya somos históricamente adultos, y por lo mismo capaces de asimilar las majaderías de la Historia, que en ocasiones gusta de jugar al mal para ganar el bien, también deberíamos ser capaces de comprender que llegamos a la independencia tras una disputa entre hermanos que dejó el territorio sembrado de cadáveres, y la sociedad impregnada de rencores y cargada de mitos. Pero nos resistimos a admitir que la disputa no fue tanto sobre la ruptura del nexo colonial como sobre la abolición de la monarquía, si bien parecían conjugadas; porque sólo lo primero, llamándolo Independencia en vez de separatismo, podría justificar el altísimo costo pagado. No en balde todavía en 1820, pese al dolorosamente certero «Decreto de guerra a muerte», no pareció imposible, para algunos, la reconciliación en el regazo maternal de «la Pepa» (Constitución de Cádiz, 1812).

Porque ya somos históricamente adultos, y por lo mismo capaces de comprender que la Historia jamás entrega un resultado inequívoco, y por lo mismo con aspiración de ser incontrovertible, entendemos que de la disputa de la Independencia no sólo resultaron un país devastado y una sociedad desarticulada, sino también, lo que es peor, conciencias abonadas para que brotaran el desencanto, la desilusión y la desesperación, cuando comenzábamos a vivir una república que parecía empeñarse en parecer una monarquía sin Dios.

Porque ya somos históricamente adultos, y por lo mismo capaces de comprender que la Historia se compadece de los flacos de ánimo pero sólo exalta a los que viven con entereza su destino, debemos asumir como pueblo la responsabilidad de un pasado del cual somos herederos solidarios, aunque nos empeñemos, si bien en vano, en ignorar la condición obligante de esa solidaridad. Hasta el punto de que pareciéramos no comprender que vivimos tiempos en que pueblos de todos los niveles de desarrollo, y venerables instituciones, asumen a plenitud su pasado histórico, a veces cargado de delitos mayores contra la humanidad. En cambio, los venezolanos damos ejemplo de infantilismo historicista, retornando en esta materia a la primera mitad del siglo XX, si no más atrás. Para ello no sólo agitamos como banderas demostraciones de una lamentable anemia del sentido histórico, sino que pretendemos que por esas demostraciones se rija el presente y se determine el futuro.

Es el momento de repetirlo, y lo digo ahora con mayor propiedad: los pueblos que pretenden ignorar su historia se extravían, como le sucedió al pueblo alemán bajo el nazismo; y los pueblos que no son capaces de superar su historia ven agostarse su creatividad, como sucede en los Balcanes y nos está sucediendo a los venezolanos. A esto añado la comprobación, habida cuenta de nuestra actual experiencia seudoideológico-política, de que pueblo que no honra críticamente su historia descubre su flaqueza moral, no menos que su desnudez espiritual, y es justamente por ese flanco de la conciencia histórica por donde penetra la agresión antidemocrática, para desgracia de pueblos como el ruso y el cubano, y amenaza del venezolano.

En tiempos difíciles para los españoles, don Miguel de Unamuno los llamó a lanzarse al rescate del sepulcro de quien, justamente por ser quijote, pudo atrapar la fibra más noble del espíritu humano y, volviéndola tesón y valentía, la rindió al bien de la humanidad. Era mandato quitarle ese sepulcro a quienes lo usurpaban, al tiempo que labraban el infortunio de España; y los excitó a restablecer con aquél que, como el Cid, también podía vencer después de la muerte, un contacto que tonificara el espíritu colectivo en su determinación de progresar socialmente y de instaurar la libertad.

En tiempos no menos difíciles es oportuno, por contrapartida, que los venezolanos nos alejemos del sepulcro de Bolívar, para que él pueda dormir en paz su alta gloria; y que nos dispongamos a montarle guardia con nuestra conciencia crítica, para que la merecida admiración que le rendimos deje de perturbar su sueño y podamos enderezar nuestro sentido histórico. También para que él mismo deje de contribuir a que quienes han usurpado su sepulcro continúen labrando el infortunio de los venezolanos, y así recobremos la confianza en el progreso social y moral, y preservemos el disfrute de la libertad.

SI BIEN PUEDE DECIRSE QUE EL TRECHO RECORRIDO NO HA SIDO EXCESIVAMENTE LARGO, TAMBIÉN PUEDE DECIRSE QUE NO HA SIDO FÁCIL

Abundó el heroísmo, de parte y parte, como también la crueldad en la guerra; y la injusticia y el despotismo, que habían sido enrostrados al poder colonial como sus distintivos, se prolongaron en la República, como lo prueban los decretos de expulsión ejecutiva de los desafectos al nuevo régimen, fuesen españoles, fuesen colombianos.

Hubo, por consiguiente, quienes fijaron su atención en lo real y dieron testimonio de su desilusión. No eran de espíritu débil quienes esto hicieron, ni habían dejado de probar su heroísmo, ni eran proclives a la frustración. Por el contrario, el trasfondo de su pesimismo era la aspiración de hacer reverdecer una esperanza que pugnaba por convertirse en vana ilusión: la de una república donde no se diese la injusticia ni el despotismo pudiese restaurar su reinado.

Es una creencia historiográfica autocomplaciente la que contrapone la sobrevalorada aspiración de independencia de los venezolanos de entonces a su forzada inserción en el cuerpo de la República de Colombia. Dimos el primer paso legal para crear esa República cuando necesitábamos sus recursos materiales y humanos, así como su aval político en lo internacional, y su inmediato apoyo estratégico para flanquear el eficaz dispositivo militar

montado por el Conde de Cartagena. Dimos el primer paso para romper
la que había dejado de ser la garantía de nuestra independencia, justamente
porque creíamos amenazados los precarios resultados alcanzados en el restablecimiento del poder colonial, bajo la tutela del Pacificador. Así fueron
tergiversados los contenidos liberales de la legislación colombiana y los mencionados decretos de expulsión de los desafectos al régimen republicano, con
la prevista confiscación de sus bienes; al igual que causó alarma la abolición
inmediata de la esclavitud, predicada, propuesta y recomendada por Simón
Bolívar a los congresos constituyentes de la República de Venezuela, de la
República de Colombia y de la República Bolívar.

No nacimos, por consiguiente, como nación independiente, enar-
bolando el estandarte de la libertad sino el de la seguridad. Y en aquellos
momentos y circunstancias tuvimos razón: habíamos contribuido más que
ningún otro pueblo a regar de sangre propia y ajena el territorio suramerica-
no, en busca de la independencia de otros para perfeccionar y preservar
la nuestra. Llegamos hasta decretar, y en ocasiones practicar, una versión
circunstancial de la muy antigua y hoy universal y justamente condenada
«limpieza étnica»; al mando de ejércitos colombianos desarrollamos una
estrategia política anexionista respecto de Quito, e invadimos y desmem-
bramos el Virreinato del Perú. Lo hicimos con la conciencia tranquila que
daba el también socorrer pueblos sometidos y procurar su independencia,
o imponerla, según los casos, salvaguardando la de la República de Colombia. Y lo hecho entonces ha quedado registrado, con toda justicia, como las
hazañas de los venezolanos de Bolívar en la América Andina. Sin embargo,
a la hora de la cosecha republicana prevaleció en los demás venezolanos,
los que resultaron ser de Páez, la aspiración de seguridad. Pero ¿quién que
sea capaz de imaginar los hechos de aquellos catorce años de guerra podría
condenar ese repliegue pragmático, invocando para formular tal condena
preceptos morales o abstracciones revolucionarias?

Tres décadas nos tomó llegar a comprender que la seguridad sin
libertad desemboca en la autocracia y el despotismo. Más tiempo aún nos
ha llevado comenzar a comprender que sólo la libertad conduce a la seguridad, auténtica y perdurable, por estar socialmente arraigada y democráticamente determinada.

Significa mucho la circunstancia de que a los venezolanos no nos
tomó, esta evolución, más tiempo del que les tomó a los europeos rescatar
su ánimo del miedo a los excesos de la Revolución francesa y de la tormenta

napoleónica. Para los franceses fue el lapso que medió entre la Restauración de la monarquía con Luis XVIII y la revolución de 1848, que tuvo amplia proyección continental.

Sobre este telón histórico se han proyectado los dos legados que, como he dicho, comparten el haber permanecido ocultos, y sin embargo estar a la vista de todos durante largo tiempo. Merece destacarse, igualmente, el hecho de que ambos legados ocultos tienen sentido antitético. Me refiero a los de José Gil Fortoul y Simón Bolívar.

EL LEGADO OCULTO DE JOSÉ GIL FORTOUL

El legado oculto de José Gil Fortoul consiste en haber dejado sentada históricamente la convicción de que los constructores de la República venezolana hemos sido los civiles. Formó esta convicción en medio del apogeo de una creencia social generalizada, que contrariaba eficazmente ese esfuerzo, para lo que se apoyaba en el crudo sentido común y en el libresco teorizar de historiadores y sociólogos de la época. Al formar esa convicción, José Gil Fortoul dio prueba de que poseía un sentido histórico crítico sólidamente asentado, pero también de que le guiaba una certera concepción de la responsabilidad social del historiador. Sea dicho esto último sin olvidar el juicio de Rufino Blanco Fombona, quien en un momento dado vio a José Gil Fortoul como un joven inquieto intelectualmente e ingenioso, pero casi obsesivamente preocupado por cuidar su cargo diplomático.

Permítanme una digresión para dejar sentada la naturaleza crítica de la alta valoración que hago del sentido histórico crítico de José Gil Fortoul. Mi reconocimiento es compatible con algunas de sus debilidades interpretativas, equivalentes, sin embargo, de las que pueden hallarse en la obra de cualquier gran historiador. Refiriéndose a la peripecia de Francisco de Miranda, escribió en el capítulo VII de la primera edición de la *Historia constitucional de Venezuela*, hecha en Berlín en 1907: «En Caracas se tenían noticias de sus gestiones en Londres. Era que la clase dominante sabía que Miranda expedicionaba con oro inglés; que el resultado inmediato del triunfo de la expedición sería la dominación de Inglaterra, y que con ello perderían los criollos su predominio oligárquico». Dicho esto entró en un extenso examen de testimonios probatorios. Pero en la edición revisada, ya mencionada, de 1942, además de algunos ajustes en la puntuación añadió al pasaje citado el siguiente: «Desde el punto de vista patriótico, claro está que los criollos andaban errados, porque es más que probable que bajo el régimen inglés la civilización moderna de estas Colonias se hubiera impuesto rápidamente y con menos sacrificios de vidas y riquezas». El prefacio de la segunda edición está fechado en Caracas, 1930, pero no parece posible determinar la fecha en la cual el autor introdujo el segundo pasaje citado. De allí que sólo pueda conjeturarse sobre los motivos y comprobar, eso sí, que el autor parece no haber considerado debidamente cuando menos tres manifestaciones del colonialismo británico, muy divulgadas en Europa: la colonización de Australia, que fue coetánea con los empeños de Francisco de Miranda; las Guerras Maoríes en la conquista de la hoy Nueva Zelanda (1863-1872); y las guerras anglo-boers (1880-1881 y 1899-1902); de cuyas motivaciones y prácticas, así como de su extrema crueldad, tuvo que estar enterado el historiador diplomático. ¿O, nos preguntamos, era tal el lamentable estado de la civilización en Venezuela que al historiador le impresionaba el orden reinante, por ejemplo, en Puerto España, con sus calles limpias, sus parques cuidados y sus negros disciplinados? ¿O, simplemente pagó tributo, como lo hemos hecho muchos, al antihispanismo patriótico inculcado por las historiografías patria y nacional?

Sin embargo de algunas inconsistencias, como la señalada, es atendiendo a su legado oculto que considero a José Gil Fortoul el historiador del Proyecto Nacional venezolano. Ese legado ha permanecido oculto tras dos gruesos cortinajes, uno político y el otro historiográfico.

El cortinaje político ha derivado del consecuente servicio del diplomático político a la dictadura del general Juan Vicente Gómez Chacón, lo que a la vista de su convicción civilista sólo podría comprenderse invocando la explicación que una vez me dio otro gran historiador, Caracciolo Parra Pérez, en una conversación privada en la que, abusando quizás de la tardía amistad historiográfica que mantuvimos hasta su muerte, respondió a mi pregunta de cómo podía explicarse que un hombre de su talento y cultura hubiese servido al mencionado general. Luego de un breve silencio, y quizás sopesando conmiserativamente la que, con toda seguridad, consideró mi todavía juvenil ingenuidad, me respondió con una sentencia que jamás olvidaré: «Por la más venezolana de las virtudes, amigo Carrera: la doblez».

El cortinaje historiográfico que oculta el legado de José Gil Fortoul al que me refiero ha resultado del título de su obra fundamental, *Historia constitucional de Venezuela*. Este título nos ha hecho pensar que se trata de la historia de Venezuela presentada a través de sus constituciones, o de la historia de las constituciones venezolanas o, a lo sumo, de la historia del constitucionalismo venezolano.

Durante muchos años participé de estas visiones, si bien es cierto que no me planteaba entonces, como cuestión verdaderamente significativa, el sentido y el alcance de que tal obra madurase a la sombra de la más eficaz dictadura que los venezolanos hemos padecido, por ahora. Ha sido mucho después, y como resultado de revisar la historia de Venezuela empleando otros instrumentos metodológicos y conceptuales, cómo he podido percatarme de la extraordinaria significación del que denomino el legado oculto de José Gil Fortoul.

La esencia de este legado, nada rebuscada, consiste en el resultado de haberse propuesto su autor demostrar no solamente cómo la República venezolana ha sido construida por quienes mantuvieron viva y activa su confianza en la institucionalización del Proyecto Nacional venezolano, sino también que poco o nada significativo ni perdurable han aportado a esa construcción quienes han violado esa aspiración, aunque lo hayan hecho alegando propósitos de orden, más que de paz y progreso.

Mucho tuvo que ceder el hombre José Gil Fortoul al miedo y/o al interés, pero a la sombra de éstos fue acumulando el legado al cual me vengo refiriendo. Se advierte en la formación de ese legado una secuencia que corre desde la reivindicación de «los trabajos de la paz», en el prefacio de la primera edición de su *Historia*, hasta el terrible final del primer tomo de la misma, en que pinta a un Simón Bolívar cadavérico en lo físico y retrógrado en lo ideológico. Para subrayar la contradicción que advertía en la conducta final de Simón Bolívar, el historiador intentó resaltar el civilismo del Libertador; pero escaso de argumentos, recurrió a inventarlo como un demócrata, en el prefacio de la segunda edición, lo que vino bien al sostenido empeño del general Eleazar López Contreras de constituir la República Bolivariana de Venezuela, aunque sin cambiarle de nombre.

Con esta pirueta intelectual quiso José Gil Fortoul subrayar la trascendencia de la tragedia ideológica y sentimental de quien fue literariamente presentado por el historiador como el héroe supremo, capaz de consentir el sacrificio de su prestigio y de sus convicciones para intentar salvar la República de Colombia, asumiendo, entonces de manera abierta, la dictadura comisoria que no había dejado de ejercer en ningún momento desde que la asumió en Angostura en 1819, luego de haber resuelto drásticamente la pugna por el mando supremo.

Pero ¿cómo continuar la *Historia constitucional de Venezuela* después de que el general Antonio Guzmán Blanco moldease el país a su leal saber y entender? Habría sido necesario hilar muy fino para argumentar el deslinde entre la modernización autocrática que él inició y la autocracia retrógrada de sus sucesores, más aún viviendo en el seno de esta última y sirviéndola. Quizás por eso no ha aparecido el cuarto tomo.

Recordemos que temerle a Juan Vicente Gómez fue el más popular de los deportes practicados por los venezolanos durante tres décadas largas. Al ejercitarlo, el hombre José Gil Fortoul lo hizo como procuraba hacerlo con su prosa, preocupado por alcanzar la perfección. Ello le permitió presentar el legado fundamental de su obra envuelto de tal manera que permaneciese oculto, sobre todo a la vista de los chismosos rivales que podían malponerlo con el dictador, manipulando su bolivarianismo con hedor de calabozo. Lo hizo tomando como pauta la moda historiográfica francesa del momento, al igual que su rival Laureano Vallenilla Lanz lo hizo con las ciencias sociales también francesas.

EL LEGADO OCULTO DE SIMÓN BOLÍVAR

El sentido del legado oculto de Simón Bolívar es diametralmente opuesto al de José Gil Fortoul. Constituye la matriz, a un tiempo objetiva y heroica, del prolongado extravío de la conciencia histórica de los venezolanos.

Poco de imaginario hubo en los fundamentos de la aspiración de seguridad de los venezolanos cuando rompimos la República de Colombia. No soporta la crítica el pretender que ésa fue una aspiración alentada sólo por la ambición de poder de los sobrevivientes de la clase dominante colonial. Entre las enseñanzas que ofrece nuestra historia está la de que el despotismo y la crueldad se ceban de preferencia en los humildes, sólo que su cotidianidad no grita. Quien lo dude no tiene más que recordar los estímulos al patriotismo aplicados por unos y otros en la disputa en torno a una Independencia que era temida por su carga antimonárquica y que, por ello mismo, era considerada pecaminosa. El resultante estado de desarticulación de la estructura de poder interna de la sociedad avaló los temores, y la conducta consiguiente, que llevaron a que se pretendiese, al constituir la República de Colombia, meter al Rey en la república, rescatando del naufragio del poder colonial probados instrumentos de control social.

Pero ¿por qué calificar también de heroica la matriz del prolongado extravío de la conciencia histórica de los venezolanos? Valga lo dicho por el historiador que hoy todos reconocemos como el horcón de la historiografía republicana venezolana: la matriz tuvo de heroica el haber representado el postrer sacrificio de su prestigio por quien gozaba del reconocimiento como Padre de la Independencia, pues así valoró el historiador la dictadura montada por Simón Bolívar y sus fieles tenientes en 1828. Para el caso, importa mucho advertir que no se trataba de la dictadura comisoria otorgada por autoridades constituidas, en representación de un congreso soberano, como lo fue la encargada a Francisco de Miranda en 1812; sino la dictadura arreglada mediante pronunciamientos militares, si bien el reticente dictador había dictaminado años antes que en Colombia el pueblo estaba en el ejército y que los que no estaban en él eran ciudadanos pasivos.

Si sopesamos el que llamo el legado oculto de Simón Bolívar, podremos concluir que para él siempre hubo distancia entre el ejercicio eficaz del poder y su fundamento institucional. Por eso es quizás posible sostener que él nunca gobernó, y muchas veces afirmó su incapacidad para hacerlo, declarándose soldado.

Pero he dicho el legado oculto de Simón Bolívar y esto requiere alguna explicación. Simón Bolívar negó la existencia de un pensamiento oculto, y así lo dijo a Estanislao Vergara el 31 de agosto de 1829, cuando éste lo incitó a que compusiese una constitución que ayudase a superar la crisis que vivía Colombia, al declarar que quien quisiera conocer sus opiniones no tenía más que releer sus papeles públicos.

Esta salida no fue evasión ni jactancia. Estaba en lo cierto. Desde el denominado «Manifiesto de Cartagena», de 15 de diciembre de 1812, hasta los documentos públicos del final de su malhadada dictadura, corre una impresionante continuidad ideológica que fue fundamento de su acción política y militar. Y es en ese denso corpus documental donde está explayado, si bien negado a la vista de quien no pueda ni quiera verlo, el legado oculto de Simón Bolívar.

Dos circunstancias condicionan el querer y el poder ver el legado oculto de Simón Bolívar. La primera no le fue exclusiva; la segunda ha llegado a serlo por obra de quienes la han hipertrofiado y hasta han revelado un insensato gusto de caer en el ridículo.

La primera circunstancia la comparte Simón Bolívar con todos los grandes reformadores de sociedades; y llevar una sociedad, aunque fuese a los porrazos, de la monarquía a la república, no es poca cosa. A esos hombres, grandes de toda grandeza, suelen pasarles inadvertidas las que terminan por revelarse como las repercusiones potencialmente más eficaces de su propia acción reformadora. Por ello sucede que, cuando el curso de su obra les hace tan comprometedora revelación, fijan su atención en la distancia que separa esas consecuencias del que fue su proyecto original, e incurren en el error de tratar de encauzarlas o, lo que es peor, de frenarlas. El saldo de esta actitud ha sido siempre la desesperación y el desacierto político, y muy alto el precio pagado: el exilio o la muerte. El siglo XX aportó conocidos ejemplos de esta peripecia de la grandeza.

La segunda circunstancia que envuelve el querer y el poder ver el legado oculto de Simón Bolívar es el culto a Bolívar. Este instrumento de adoctrinamiento ideológico concebido por el general Eleazar López Contreras, desarrollando lo iniciado por el general Antonio Guzmán Blanco, ha sido y es tan eficaz que ha condicionado y condiciona la visión histórica de estas materias, incluso la de quienes hemos alertado sobre los peligros encerrados en tal culto para la democracia y la libertad.

El juego de estas circunstancias ha permitido que el legado oculto de Simón Bolívar permaneciese como tal hasta que, perversamente, el militarismo tradicional y el socialismo en derrota se confabularon para explotar el irracional bolivarianismo, componer el absurdo cóctel ideológico denominado «marxismo-leninismo-bolivarianismo», y utilizarlo para embriagar amplios sectores sociales y elementales mentalidades militaristas.

EL DOBLE SIGNIFICADO DE LA VALORACIÓN HISTÓRICA DEL LEGADO OCULTO DE SIMÓN BOLÍVAR

Lo escrito no sólo pertenece a todo quien lo lea sino que deja de pertenecer a quien lo escribió. Esta es la venganza terrible ejercida por quien padezca, por efecto de la lectura, las consecuencias de los afanes de los espíritus atrapados por la modalidad de la locura que, según Erasmo, consiste en llenar papeles de pensamientos y citas, estando pendientes sólo del juicio exclusivo del colega. Pero ¿qué decir de quien al leer ve letras, y a lo sumo palabras, pero no advierte la presencia, sin embargo dominante, de lo que éstas no entregan de suyo? Valgan esta advertencia, y el ejemplo que les sigue, para estimular el sentido crítico al interpretar el referido legado oculto de Simón Bolívar.

Cuando Simón Bolívar escribió al general Antonio Nariño, el 21 de abril de 1821, que el Presidente de la todavía no fundada definitivamente República de Colombia debía ser militar, estableció una pauta, la de privilegiar el poder militar sobre el civil, que ha sido nefasta para la democracia venezolana, probablemente porque olvidó subrayar la transitoriedad de su recomendación, ni tuvo la prudencia de limitarla, terminantemente, a las circunstancias que rodeaban el acto fundacional. Y al justificar su recomendación, en carta al general Francisco de Paula Santander de igual fecha, echó por la borda el civilismo que reinó en Venezuela y Nueva Granada al brotar la crisis política que desembocó en la disputa de la independencia, del que hizo sangrienta burla en el denominado «Manifiesto de Cartagena». Esto sea dicho, si bien, obviamente, no puede imputársele a Simón Bolívar responsabilidad directa por el hecho de que los militares venezolanos, atropellando el sentido histórico, llegaran a considerarse los continuadores históricos de los ejércitos libertadores, todo por dictatorial decreto de la Junta Militar de Gobierno, de 22 de junio de 1949.

Al incurrir en este exabrupto historicista, quienes por su medio pretendieron legitimarse ignoraron uno de los más luminosos componentes del legado oculto de José Gil Fortoul, contenido en el prefacio de la segunda edición de su *Historia*:

> La República venezolana nació en el cerebro de sus próceres criollos. La propaganda europea y panamericana de Miranda; el programa de la rebelión de Gual, de España y de sus compañeros en la prisión, en el destierro y en la horca; la diplomacia revolucionaria de 1808 a 1810; las teorías constitucionales del Congreso de 1811, significaron mucho más que las guerras posteriores, como que en todas aquellas ideas estaba ya el alma y el impulso de las sucesivas batallas y victorias.

También al incurrir en este exabrupto historicista quienes entonces usurpaban la República pretendieron recomendarse no ya como defensores de la independencia nacional, sino como sus autores. «Nosotros hicimos la Independencia», le oí decir, jactancioso, a un general cuyo nombre fue sumido en el olvido por el lado piadoso de mi memoria.

La utilización militarista y autocrática del pensamiento y la acción política de Simón Bolívar brota, sin requerir esfuerzo alguno, del contenido declaradamente antidemocrático de los mismos. Pero entre la naturaleza de ese legado y su utilización militarista media la responsabilidad de los desbocados oficiantes del culto a Bolívar, que tanto empeño han puesto en proclamar la intemporalidad, y por lo mismo la eterna vigencia, del pensamiento y el ejemplo de Simón Bolívar. La versión de un Simón Bolívar demócrata, como la sostenida por José Gil Fortoul, valiéndose del retórico contrasentido de su sentencia sobre que los verdaderos demócratas suelen venir de arriba, no resiste la lectura crítica de los documentos que produjo El Libertador, como tampoco la valoración de sus actos de gobierno. Aunque siempre será posible rastrear en ellos indicios contrarios a lo que llevo dicho, no son éstos los que marcan la continuidad de su pensamiento ni su vínculo con la acción política. En los hechos, el persistente y razonado rechazo de la democracia que corre en el pensamiento y la acción política de Simón Bolívar, sitúa su legado oculto en franca contradicción con la vocación democrática de la sociedad venezolana a que vengo refiriéndome.

COMO CONTRAPARTIDA DEL LEGADO OCULTO DE SIMÓN BOLÍVAR, UN MENSAJE TÁCITO QUE LOS VENEZOLANOS NOS HEMOS NEGADO A RECIBIR

Mas, al mismo tiempo que el legado oculto de Simón Bolívar ha servido para labrar, en muchas ocasiones y por largos períodos, el infortunio de la tenaz aspiración democrática de la sociedad venezolana, al legitimar la usurpación de la República por autócratas y dictadores, se desprende del pensamiento y la obra de Simón Bolívar un mensaje que incluso sus más fervorosos adoradores, ya sean sinceros, ya sean perversos, se han negado a recibir.

Hace mucho tiempo que intento llamar la atención de los jóvenes sobre este mensaje, porque considero que de ser escuchado y seguido podría generar el antídoto que anule los efectos del que he denominado el legado oculto de Simón Bolívar. Lo hice, inicialmente, en una ponencia presentada en el acto conmemorativo del Bicentenario del nacimiento de Simón Bolívar, organizado por el Instituto Iberoamericano del Patrimonio Cultural Prusiano, en Berlín, en septiembre de 1983. Dije entonces que la «... valoración herética del pensamiento, la figura y la obra de Simón Bolívar sugiere que la manera de identificarse con la esencia de ese pensamiento, y sobre todo con la actitud de Simón Bolívar como pensador, consiste en practicar la percepción creativa de la propia realidad, y en no tomar el atajo de la invocación de un pensamiento para proceder a adaptarlo hasta suplir el esfuerzo creativo». Sostuve, además, que el haber procedido de esta manera le permitió a Simón Bolívar formular una teoría de la independencia de las colonias españolas de América, que se reveló ajustada a su tiempo, creativa y operativa, lo que debería constituir lo más acabado y fundamental de su legado. Por último afirmé que tal mensaje nos convoca a evitar el fácil expediente de marchar con las muletas en que ha sido convertido su pensamiento, y a producir nuestra teoría del presente.

En tiempos actuales vemos cómo ese mensaje no solamente no ha sido escuchado, sino que en su lugar ha sido saqueado el pensamiento de quien lo emitió. Así ha sucedido al ser utilizado el bolivarianismo con fines de manipulación, más sentimental que racional, con el alevoso designio de reunir, en una abigarrada ideología de reemplazo, el socialismo desvirtuado y el militarismo tradicional. De esta manera, quienes cometen tal atropello al sentido histórico no sólo rehúyen la tarea, para ellos irrealizable, intelectual y éticamente, de actualizar el socialismo, sino que también abusan del sentimiento popular bolivariano, explotando de manera proditoria el que ese sentimiento haya sido convertido en una suerte de segunda religión.

El mensaje dirigido a estimular la creatividad no ha podido llegar por la interferencia de una dañina empresa de semideificación de Simón Bolívar, que ha podado su pensamiento y su obra de cuanto podía contrariar esa empresa. Para ello se distrajo la atención de la historiografía de lo más incómodamente creador, dejándolo de lado o desviando su significado. Me limitaré a enunciar, de manera sumaria, algunas muestras muy representativas de tal proceder:

Mientras la Constitución Política de la Monarquía Española, de 1812, abrió el capítulo II sentando los principios de que «La Religión de la Nación española es y será perpetuamente la católica, apostólica, romana, única verdadera...» y que «...La Nacion la protége por leyes sábias y justas, y prohibe el exercicio de cualquiera otra»; y que en la Constitución federal venezolana, de 1811, ya se habían postulado preceptos semejantes, Simón Bolívar puso empeño en que no se legislase sobre tales materias religiosas, por considerarlas del dominio exclusivo de los creyentes y Dios. Mas la historiografía ha puesto su atención en indagar sobre la sinceridad del sentimiento religioso personal de Simón Bolívar, y ha prestado poca atención, si alguna, a la experiencia adquirida por él, a costa de grandes fracasos, sobre las consecuencias de la conexión eficacísima entre la conciencia monárquica absolutista y la conciencia cristiana católica. Una lectura con prejuicio de los mismos acontecimientos, atribuyó a una Iglesia desorientada lo que concernía a una forma de conciencia. Al bolivarianismo obsesivo no le bastaba un Simón Bolívar respetuoso del creyente.

No ha merecido mejor suerte el constitucionalismo cultivado por Simón Bolívar, sobre todo en su Proyecto de Constitución para la República Bolívar. Al respecto, la controversia tomó el camino, bastante irrelevante, de si encubría o no un plan y hasta una aspiración monárquica personal. Se desdeñó, por consiguiente, su mayor mérito: el de ser el proyecto resultado de la vivencia creativa de una experiencia política enriquecida, al salir del ámbito venezolano, que le llevó a cometer la osadía de proponer y recomendar una vía sintética que condujese a la instauración de la República, semejante a la procurada por los franceses, a partir de 1848, para estimular su digestión de la monarquía. Pero, por sobre todo, la historiografía ha escamoteado mediante ese debate, también cargado de prejuicio, la muy temible circunstancia de que en el texto constitucional se consagra la inmediata y absoluta abolición de la esclavitud, dejando para un futuro incierto la indemnización de los amos.

La vinculación de la Capitanía General de Venezuela y el Virreinato de Nueva Granada no fue idea del todo de Simón Bolívar, pero si lo fue la fundación de la República de Colombia en Angostura el 17 de diciembre de 1819; como lo fueron la estrategia de llevar la guerra al Sur y sus instancias fundamentales, es decir, la política anexionista que incorporó la Presidencia de Quito a la nueva República, y la invasión del Virreinato del Perú y su desmembramiento, para garantizar la independencia de Colombia. En suma, un despliegue de realismo político y de creatividad que ha sido presentado como una cruzada desinteresada, libertadora de pueblos oprimidos, aunque en algunos casos arrojase también ese resultado.

El realismo no se mide, en estos casos, por la feliz y perdurable realización de los proyectos, sino por la autenticidad de la demanda que se buscó satisfacer y por la atingencia de los proyectos formulados con tal fin. La creatividad se expresa en este caso por lo que una vez le escribí a mi admirado y querido amigo David Bushnell: la diferencia fundamental entre Simón Bolívar y Francisco de Paula Santander consistía en que cuando el primero necesitaba una idea la producía; cuando el segundo necesitaba una idea, la recordaba.

CONCLUSIONES

Estoy consciente de que no he dicho cosas nuevas, ni me lo he propuesto.

No he dado demostraciones de tremendismo historiográfico, ni lo he intentado.

He querido, tan sólo, presentar, ante esta digna corporación e invitados, con sinceridad y hasta con candidez, parte del curso que han seguido las dudas y preocupaciones que contribuyó a despertar en mí la lectura de las obras básicas de José Gil Fortoul, iniciada a favor de una lentísima navegación en un pequeño carguero alemán.

Londres, agosto-septiembre de 2002

SIMÓN BOLÍVAR: IDEOLOGIZACIÓN E HISTORIOGRAFÍA[*]

UN LUGAR COMÚN DEL USO Y ABUSO DE LA HISTORIA

En rigor no es fácil, y quizás hasta sea imposible, establecer una precisa diferencia entre esas dos actitudes ante la historia. La consecuencia de existir históricamente es la necesaria conjugación de ambas actitudes. No es descabellado pensar que se vive la historia en un incesante uso y abuso de ella. Es probable que la conciencia histórica deba partir de la asunción de que esta aparente contradicción es inmanente a la elaboración historiográfica. Recuérdese la célebre sentencia de Anatole France acerca del pastor, las ruinas de Palmira y la conciencia histórica.

La historia, ¿maestra de la vida?

Esta convencional concepción de la historia parece recoger el temor del hombre a quedarse a solas con su libre albedrío. Suele decirse que quien no conoce la historia está condenado a repetirla, sólo que esta aserción parece presuponer que el hombre puede existir fuera de su historia, lo que es un imposible porque la primera víctima del conocimiento histórico es la ilusión de originalidad.

El momento histórico y la conciencia histórica
En ninguna ocasión deja de haber una correlación entre momento histórico y conciencia histórica. Pero así como la conseja popular de «se adelantó a su tiempo» es compensatoria de un presente de frustración, existe la posibilidad de un desfase entre el momento histórico y la conciencia histórica. La sociedad venezolana vio agudizarse este desfase durante las últimas décadas del siglo XX.

---

* Escuela de Historia, Facultad de Humanidades y Educación, Universidad Central de Venezuela, Caracas, 23 de julio de 2003.

Un presente por eludir y el pasado convertido en santuario
El malestar causado por el desfase formado entre el momento histórico y la conciencia histórica, induce a intentar eludir el presente, que llega a volverse intolerable, y sin embargo ineludible, como no sea por la vía del pensamiento utópico o por la conversión del pasado en un santuario en el cual puedan refugiarse y reconfortarse los espíritus atribulados.

Seudo paralelismos e imitaciones
La posible salida de la situación así creada, por la vía del pensamiento utópico, es impracticable para los más, pues requiere el uso de un don muy escaso, que es la imaginación creativa. En cambio, el hacer del pasado un santuario está al alcance de los espíritus comunes, pues la condición sine qua non es la ignorancia del pasado. Esta ignorancia auspicia el uso y abuso de la historia al establecer supuestos paralelismos con personajes y conductas del pasado, que suelen desembocar en imitaciones groseras y hasta ridículas.

Repetición de la historia
Este triste desenlace de la evasión por la vía de la conversión del pasado en santuario, dio origen a la muy conocida sentencia de Carlos Marx acerca de la tendencia de la historia a suceder como drama y a repetirse como farsa. En todo caso, a quienes pretendan recurrir a la historia como si consultasen el oráculo, es oportuno hacerles una recomendación, deducida de la conducta asumida ante ella por los genuinos grandes realizadores de sus propios destinos, a la manera de Simón Bolívar: No preguntes a la historia, usa y abusa de ella haciéndola decir lo que quieres oír, pues ella nunca da respuestas claras y categóricas, y éstas te sumirían en el pantano crítico y metódico de la interpretación, o te harían incurrir en la ingenua confianza de Creso.

¿Una elemental procuración de legitimación?

Quienes confunden el vivir para la historia con el intento de ponerla al servicio de sus vidas, suelen buscar en ella la fuente de legitimidad de que no gozan en su presente, o que la ven disminuir en grado preocupante. Este procedimiento brinda la ventaja de prescindir de intermediarios, bien sean cuerpos sociales, bien sean institucionales, capaces de generar dependencia por la vía de obligarse a tener que responder a expectativas ajenas.

El difícil arte de interpretar la voluntad nacional

Cierto que los modernos métodos estadísticos vienen ocupándose de reducir el lado artístico de esta operación. Pero, y ciertamente para desgracia de los pueblos, los espíritus autocráticos tienden a ignorar las virtudes de la estadística, porque les resultan muy complejas o porque demuestran una intolerable tendencia autonómica. En consecuencia, al igual que unos interpretan la voluntad divina elevándose hasta Él siguiendo los senderos de la piedad, el autócrata desciende hasta el Pueblo desandando esos caminos e interpreta directamente la voluntad nacional.

La legitimación del ejercicio del poder

El poder interpretar la voluntad del Pueblo dota, a quien crea poseer tal don, de la posibilidad de interpretar igualmente su silencio, de manera que poco o nada importa que el interpretado sea ignorado mediante el subterfugio o acallado mediante la violencia. Pero esta interpretación desborda el conocer, pues es la nación el asiento de la soberanía, y el sentirse respaldado por su voluntad artísticamente interpretada brinda al autócrata el aplomo, por no decir la prepotencia, que autoriza a conducir o empujar ese pueblo hacia su infortunio: cuando ya preparaba su suicidio, Adolfo Hitler interpretó la voluntad de su pueblo y de la nación alemana ordenando aplicar una política de tierra arrasada a ser practicada por los propios alemanes, ya derrotados, para que el sagrado suelo de la patria fuese irreparablemente hostil a los judeobolcheviques y sus aliados capitalistas.

La encarnación del pueblo

La encarnación del pueblo, tenido éste como una abstracción o percibido a través de sus símbolos, es la culminación del arte de interpretar la voluntad popular. Son muchas las posibilidades de lograrlo, y de manera bidireccional: en nuestro caso, y por obra del culto a Bolívar, sentirse Simón Bolívar es para el autócrata –y cada día más sólo para él–, ser el pueblo venezolano; ser el pueblo venezolano es para el autócrata sentirse Simón Bolívar. Sergei Eisenstein hizo que Iván el Terrible y Alexander Nevsky fuesen José Stalin, como hizo que José Stalin fuese Iván el Terrible y Alexander Nevsky. Pero a veces hay tropiezos: Carl G. Jung respondió una vez que Adolfo Hitler era el pueblo alemán –se refería a que personificaba los rincones más oscuros de su inconsciente colectivo–, y fue tildado de nazi, pese a que no llegó a decir que el pueblo alemán fuese Adolfo Hitler.

Un expediente para insertarse en la Historia con H mayúscula

Pocos hombres sensatos llegan a afirmar que viven para la historia; pero los autócratas terminan siempre por caer en el desuso de la sensatez, si alguna vez la tuvieron. Si fuese posible penetrar en el tejido íntimo de la conciencia de unos y otros, quizás sería posible hallar que coinciden en la aspiración de insertarse en la Historia con H mayúscula, mediante uno de los siguientes procedimientos.

Albaceas del pasado heroico

El más común de los procedimientos, y también el más vinculado con el culto a Bolívar, ha sido sentirse comprometido a completar su obra. Para ello es necesario combinar una buena porción de desparpajo con una porción aun mayor de ignorancia de la historia, conjugadas en un impúdico uso y abuso de la historia. No detienen a los albaceas espontáneos de los héroes, y por ello hacedores del destino de los pueblos, las dificultades que presenta la determinación de la naturaleza de la obra que se sienten comprometidos a completar, ni la de tiempos históricos y situaciones. Les basta con su don de interpretación de voluntades ausentes o supuestas.

Mesianismo

Puede resultar de la exacerbación de la capacidad de interpretar mágicamente la voluntad de la nación, del pueblo o de sus símbolos, personificados o no. Pero suele corresponder también a un cuadro psicopatológico producto de la identificación llevada hasta la encarnación. Esta última tiene la ventaja de que permite superar lo pensado, hecho o dispuesto por el personaje encarnado, haciéndolo corresponder a realidades y situaciones que no sólo le son extrañas sino que incluso fueron objeto de su rechazo, expreso y reiterado, como sucede con Simón Bolívar.

Acreditación de roles individuales

Si abundan los espíritus que, confesa o tácitamente, aspiran a ingresar a la Historia con H mayúscula, son menos, mucho menos, los que tiene el coraje de procurarlo con sus propios pasos. Antes bien, ellos son superados numéricamente por quienes compensan su falta de coraje, intelectual o espiritual, arrimándose a una prestigiosa sombra que los proteja de su propia mediocridad arropándolos, o que les introduzca casi de contrabando en el santuario de los afectos y la admiración populares ya consolidados. Además, ¿qué venezolano se atreve a decir que se propone no ya superar a Bolívar sino ser como Él?

Una práctica tradicional: las Venezuelas bolivarianas

Han variado modo y contenido, pero no lo orgánico de la vinculación de los venezolanos con el bolivarianismo. Las Venezuelas bolivarianas han mantenido el curso desde la solemne repatriación de los restos de Simón Bolívar en 1842. En correspondencia, ha sido constante el delirio de encarnar a Simón Bolívar padecido por gobernantes necesitados de legitimidad.

Antonio Guzmán Blanco
a. Realizó el prodigio de hacer de Simón Bolívar, el inspirador del liberalismo federal y guía de su obra de gobierno.
b. El programa liberalizador y modernizador de Antonio Guzmán Blanco pasó a ser la herencia, en vías de realización, de Simón Bolívar.
c. En consecuencia, la autocracia de Antonio Guzmán Blanco continuaba la autocracia bolivariana.

Juan Vicente Gómez Chacón
a. Sus acólitos hicieron de Simón Bolívar el acatado inspirador del liberalismo dictatorial.
b. El programa de Simón Bolívar: Unión, Paz y Trabajo, era realizado, por fin, por el dictador eterno.
c. Los acólitos de Juan Vicente Gómez Chacón, con su beneplácito, lo convirtieron, valiéndose también de coincidencias cronológicas, en la primera encarnación de Simón Bolívar.

Eleazar López Contreras
a. Hizo de Simón Bolívar el inspirador y guía del neogomecismo.
b. El programa antidemocrático y anticomunista del albacea de Juan Vicente Gómez Chacón pasó a ser el dejado inconcluso por Simón Bolívar.
c. Dio fundamento doctrinario, inicio sistemático y estructura institucional al culto a Bolívar, como política de Estado y como estrategia política personal.

La República Bolivariana de Venezuela
a. Simón Bolívar ha sido convertido en inspirador del militarismo-boli-varianismo.
b. Con el concurso retórico de ex comunistas y ex socialistas, el ejercicio autocrático del poder ha sido convertido en la misión de realizar una suerte de programa socialista de Simón Bolívar.
c. Se adelantan los trabajos para conformar la segunda encarnación de Simón Bolívar.

Un mecanismo simple y eficaz

De la historia se desprende la comprobación de que la eficacia de los mecanismos de manipulación de la opinión pública guarda estrecha relación con la sencillez del mensaje que se transmite. Goebbels lo comprendió así y lo sistematizó. Antes que él otros lo comprendieron también y lo practicaron. Recuérdese la fórmula «independencia igual patria igual nación igual república», en lugar de «independencia igual patria igual nación igual monarquía».

Consagración del estado primario de la conciencia política, fundada en el estancamiento de la conciencia histórica

Tal estancamiento, y el subsiguiente retraso, está regido por la influencia determinante de la perturbación de la cadena funcional establecida entre la conciencia histórica, la conciencia social y la conciencia política, que es el resultado de la falta de desarrollo crítico de la conciencia histórica.

El retraso acumulado entre momento histórico y conciencia histórica
Este retraso resulta del diferente ritmo de desarrollo del momento histórico y de la conciencia histórica. El primero está determinado, fundamentalmente, por los cambios ocurridos en la base material de la sociedad, promovidos e impulsados por factores externos, mientras que la segunda depende de la evolución cultural de la sociedad, envuelta en una red de creencias producto del conocimiento escasamente crítico de su historia.

Historiografía patria, historiografía nacional e historiografía marxista nacionalista

En Venezuela el desfase de la conciencia histórica respecto del momento histórico vivido por la sociedad, se origina en la perduración de las creencias históricas generadas por las historiografías patria y nacional. El desfase fue reforzado y ensanchado como consecuencia de las operaciones ideológicas denominadas «nacionalización del marxismo» y «rescate de Bolívar», que revistieron de un ropaje retórico «revolucionario» valores esencial y funcionalmente ajenos a tales propósitos.

La independencia nacional y el establecimiento del régimen republicano liberal democrático

La expresión más concreta de este fenómeno ideológico es la continuidad así establecida entre la creencia sembrada por la historiografía patria de que la independencia política fue el resultado suficiente de la disputa de la independencia, creencia consolidada por la historiografía nacional; y reforzada por los postulados antiimperialistas del marxismo primario que estuvo vigente en Venezuela hasta el colapso del socialismo, y todavía no superado críticamente. En cambio, aún prevalece la reticencia a reconocer que ya no es la preservación de la independencia nacional sino la realización del régimen liberal democrático la meta del Proyecto Nacional.

¿VOTAR POR COLORES O VOTAR POR SÍMBOLOS?

El analfabetismo generalizado –y no me refiero al básico saber leer y escribir–, fue siempre un obstáculo, pero no insuperable, para la difusión de programas políticos, a condición de que éstos fueran reducidos a símbolos. Simón Bolívar percibió y desarrolló esta concepción al elogiar, en la denominada «Carta de Jamaica», la habilidad de los independentistas mexicanos al convertir en símbolo de su lucha el mismo que Fray Servando Teresa de Mier había tildado de instrumento de sometimiento y sumisión: La Virgen de Guadalupe.

El Proyecto Nacional liberal democrático.

Desde el inicio de su formulación inicial, representado por la Constitución de 1811, la realización de este Proyecto pasaba por la adopción del federalismo, y por lo mismo tropezaba por la creciente hostilidad –que llegó a ser declarado rechazo– ante el liberalismo y la democracia, recogidos en ocasiones en la condena del federalismo. En esta tarea fue Simón Bolívar el más temprano, claro, firme y constante abanderado.

Programas políticos y ejercicio pedagógico del poder.
El ejercicio pedagógico del poder que caracterizó los esfuerzos por establecer el liberalismo democrático, hechos durante el último medio siglo, tuvo que realizar dos proezas ideológicas. Una consistió en la conversión de Simón Bolívar, hombre y doctrina, en guía ideológico de la democracia, contrariando de manera patética sus más claras posturas ante ella. La otra, política, consistió en la omisión del federalismo. La ambigüedad del culto rendido a Bolívar permitió que se convirtiese en una suerte de segunda religión, y por lo mismo compatible con diversos grados de devoción y de práctica.

Colores y símbolos en lugar de ideas.
De manera progresiva la elemental asociación entre símbolos y contenidos ideológicos fue debilitándose como consecuencia del retraso entre la conciencia histórica y el momento histórico vividos por la sociedad. Tal asociación fue reduciéndose al símbolo mismo, constituido inicialmente por los nombres de los partidos, hasta concentrarse en una representación simplificada del símbolo: el color de la boleta de votación. Por temor reverencial, quizás; pero quizás sobre todo para evitar la confusión de «programas» a que daría lugar, se llegó a prohibir el uso de la imagen de Simón Bolívar en la propaganda electoral.

Manipulación de la conciencia histórica

Se hizo de esta manera cada día más claro que símbolos y programas estaban subordinados al objetivo primordial de manipular la conciencia política, y la eficacia de los instrumentos a emplear con tal fin guardaba estrecha relación con su sencillez.

Elocuentes programas vacíos de compromiso.
La simplificación del instrumento empleado para manipular la conciencia política brindaba la ventaja, que de adicional se fue convirtiendo en fundamental, de diluir los compromisos hasta hacerlos desaparecer en una relación de fidelidad a un símbolo concretado en un color. A su vez, lo

esencial del compromiso era endosado al culto a Bolívar, referente genérico de la conducta ciudadana, de la moral política y aun de la moral individual. Con tal de no ser un «mal hijo de Bolívar» se podía ser cualquier otra cosa.

Haga Ud. mismo su programa político, siempre que nos respete el manejo del programa electoral.

De esta manera la participación política fue dejando de ser «militancia» en función de –como se dice ahora– «un proyecto de país», para reducirse al apoyo y la promoción de candidaturas, sin entrar a valorar sus contenidos doctrinarios y políticos. Se instaló y generalizó el hábito de confundir expectativas grupales, y aun individuales, con programas políticos, en desmedro de la lealtad partidista.

Proyecto liberal democrático y programa socioeconómico de inspiración socialista.

El precio más alto que hubo de pagarse, para la instauración y promoción de la democracia liberal, fue el encargarla de la realización de gran parte del programa social y económico que el socialismo no podía ni ha podido cumplir, ni aun en las sociedades en las que ha prevalecido como sistema sociopolítico durante décadas. Pero esto requiere un desarrollo que no cabe ofrecer en esta charla.

Un trance de alienación colectiva

Estamos los venezolanos atravesando un fenómeno psicohistórico relativamente frecuente, si bien no muy conocido en su génesis y dinámica, pero sí en sus efectos y consecuencias. Descriptivamente se le puede catalogar de estado cercano a la histeria colectiva, y en lo individual como el síndrome del fanático. Consiste en una exacerbación de la credulidad impulsada por el temor a asumir la responsabilidad de tomar las decisiones individuales inherentes al ejercicio de la democracia, delegando esta facultad en un supremo ordenador inspirado en Simón Bolívar.

Reemplazo de las ideologías sistemáticas

El fenómeno someramente descrito es función del debilitamiento de las ideologías sistemáticas, y de su reemplazo por disposiciones de ánimo salvacionistas que abren la puerta al brote de ideologías de reemplazo, o al aparente renuevo de posturas salvacionistas históricamente clausuradas.

La crisis general del socialismo.

El factor determinante del clima de desorientación ideológica que actualmente padecen los venezolanos es la crisis general del socialismo, no sólo la del autocrático, como se ha pretendido, sino también la del socialismo doctrinario, inseparable de sus aplicaciones económicas y políticas, que han desembocado en totalitarismo, miseria generalizada y desconocimiento de los derechos humanos.

La desnaturalización de la democracia.

La crisis general del socialismo ocurre en momentos cuando el sistema democrático venezolano sufre su primera gran crisis, en cuatro décadas, luego de superada su difícil instalación. La crisis de crecimiento y de desarrollo de la democracia venezolana puso de relieve la contradicción originaria entre el sistema sociopolítico liberal y el programa socioeconómico de inspiración socialista que se asumió en 1961. De esta manera al descrédito operativo de la democracia se sumaron los efectos de la desorientación ideológica resultante de la crisis general del socialismo, con el cual se había pretendido establecer una relación simbiótica, cuya versión inversa corre actualmente en China y despunta en Vietnam.

El ejercicio del poder como mecanismo de participación, en sus diversos niveles.

El deterioro de la democracia, ocurrido por los factores y en las circunstancias anotadas, coincidente con la desorientación ideológica, ha derivado hacia la más cruda y estéril práctica populista, consistente en exacerbar las expectativas de sectores o grupos sociales ofreciendo satisfacerlas por medios puramente políticos. En suma, la participación desecha todo sentido de incorporación a una realización colectiva, para convertirse en mera reivindicación de intereses exclusivos, es decir negando lo que, sin embargo, se postula como esencia del mensaje bolivariano.

¿Avance o regresión de la conciencia política?

Hago una pregunta retórica a la que corresponde la más rotunda respuesta: atravesamos una fase de regresión de la conciencia política, que corresponde al estado de desorientación ideológica padecido por la sociedad y a la adopción del militarismo-bolivarianismo como ideología de reemplazo.

La crítica del socialismo.

Incapaces de emprender y conducir la crítica del socialismo, hasta en su muy rudimentaria práctica local, los sobrevivientes venezolanos del socialismo autocrático han abandonado incluso sus más elementales banderas doctrinarias, allanando así el camino hacia su fusión con el militarismo tradicional, al sumarse a él en su bolivarianismo.

El rebrote del militarismo tradicional.

El militarismo tradicional fue conformado en su bolivarianismo elemental durante las tres fases de la dictadura gomecista, desde 1908 hasta 1945. Desatendiendo voces de alerta, el régimen sociopolítico democrático persistió en el uso del culto a Bolívar como instrumento de conducción ideológica de la sociedad, contribuyendo con ello a su preservación como cultivo de ideas y actitudes antidemocráticas.

¿Hoy, como en 1883, Simón Bolívar y el bolivarianismo sirven de coartada para enfrentar un estado social de frustración?

De esta suerte, al ocurrir la crisis de la democracia y darse el clima de desorientación ideológica generalizado que he señalado, la única proposición ideológica que sobrevivía, con cierto grado de coherencia instrumental, era el bolivarianismo, cultivado y preservado por el militarismo tradicional, y ahora asumido por los sobrevivientes del socialismo autoritario como pasaporte hacia su participación en un remedo de poder. Es decir, Simón Bolívar y el bolivarianismo vuelven a desempeñar el papel de coartada que se le endilgó en 1883, con ocasión de la conmemoración del Centenario de su nacimiento, en momentos cuando al desaliento causado por el saldo adverso de la disputa de la Independencia comenzaba a sumársele el semejante derivado de la federación.

Explotación del inconsciente colectivo

Se ha procedido de esta manera a una grosera explotación del inconsciente colectivo de los venezolanos, regido por la práctica del culto a Bolívar, cumpliendo su función como la segunda religión de los venezolanos. Para ello se han utilizado los mecanismos derivados de la fe cristiana católica.

La transferencia de la responsabilidad.
Si, como se proclama, la tarea presente es completar la obra emprendida por Simón Bolívar, es, obviamente, porque Él no pudo realizarla. Para completarla se requiere, por consiguiente, quitar de en medio los obstáculos que hasta ahora lo impidieron. Ello implica derrotar los fantasmas de un pasado cuya interpretación histórica abusiva corre pareja con el descarado uso de la historia, que se ejerce como factor de legitimación de este retroceso de la conciencia histórica representado por el militarismo-bolivarianismo.

Elusión del compromiso con el pasado reciente
Hubo tiempos cuando los niños venezolanos procuraban reparar sus juguetes deteriorados; actualmente tratan de reemplazarlos por nuevos. Algo semejante ha sucedido con la democracia, tan esforzadamente establecida como culminación de una larga marcha cuyo inicio institucional se halla representado por el «Estatuto de Garantías» dado por el general Juan Crisóstomo Falcón en 1863.

¿La expiación del parricidio cometido en 1830?
Cuesta, y no poco, desechar la tentación de afirmar que la manipulación de la conciencia histórica del venezolano, en crisis por obra de factores y circunstancias concretas, y actualmente en fase de superación, se ha visto favorecida por el hecho de que está sembrada en la conciencia histórica del venezolano, tácita o expresamente, la obligación religiosa de expiar el parricidio cometido en 1830, lo que se lograría con una agresiva y obsesiva invocación del Padre benefactor y protector.

CONCLUSIÓN

Está formándose.

Caracas, 19-21 de mayo de 2003.

BOLÍVAR, LA REVOLUCIÓN DE LA INDEPENDENCIA Y LA CREACIÓN DEL SISTEMA REPUBLICANO[*]

Simón Bolívar merece reconocimiento histórico por haber sintetizado en una fórmula propia las teorías de la independencia de las colonias españolas de América. Simón Bolívar merece reconocimiento histórico por haber diseñado, y llevado a la práctica con éxito, la estrategia militar y política que puso fin al imperio español en América, en la Batalla de Ayacucho, librada el 9 de diciembre de 1824. Estos son títulos suficientes para enaltecer su figura histórica.

El culto a Bolívar lo ha erigido el Héroe Nacional Padre de la Patria, reconocido y proclamado hasta el exceso por los venezolanos. Menos entusiastamente, si no con franca reticencia o compartiendo méritos, lo ha sido en otros de los teatros de su acción histórica directa.

Simón Bolívar es proclamado, con mucho de razón, creador de cinco repúblicas, pero no, como lo pretenden algunos exaltados del culto que se le rinde, creador de cinco naciones. Para determinar la creación de estas últimas es necesario remontar el curso de la historia hasta el primer contacto de los europeos con las sociedades aborígenes, y lo digo de esta manera porque fueron los primeros quienes llegaron adonde estaban las segundas.

Cabe hacer algunas consideraciones previas sobre el enunciado del tema que se me ha fijado: «Simón Bolívar: la revolución de la Independencia y la creación del sistema republicano».

La primera consideración concierne al vínculo, establecido por la historiografía, entre la Independencia y la República. La Independencia representa

[*] Conferencia dictada en Organización de Estados Iberoamericanos para la Educación, la Ciencia y la Cultura. Cátedra de Historia de Iberoamérica. Red Andina de Apoyo. Primer Módulo Itinerante de la Cátedra de Historia de Iberoamérica. Universidad Andina Simón Bolívar, Sede Ecuador. Quito, Ecuador, del 9 al 12 de diciembre de 2003.

la ruptura del nexo colonial, o el triunfo del separatismo, si se aceptase que el estatus jurídico-administrativo de provincia, prevalecía sobre la naturaleza política, económica y social del vínculo con la Corona. La República representa la abolición de la monarquía. A muchos de los que combatieron para romper el nexo colonial no les resultaba descabellada la idea de una monarquía independiente.

La segunda consideración concierne a la respuesta que se le dé a la pregunta sobre si la Independencia fue o no una revolución. La indeterminación terminológica del siglo XIX, y de buena parte del XX, llamó revolución a la guerra de Independencia, y calificó de guerras civiles a los movimientos armados que la continuaron hasta fines del siglo XIX. Este criterio ha sido acuñado por la historiografía denominada tradicional, y aceptado por la ciencia social, pese a que la disputa de la Independencia se inició, en varios de sus teatros principales, como una guerra civil; carácter éste que perduró parcialmente aún después de adquirido por la contienda el estatus de guerra internacional.

Este logro historiográfico se vio reforzado por la irrupción, en las historiografías *patria* y *nacional*, del materialismo histórico, el cual negó la condición revolucionaria de la guerra de Independencia, por considerar que no estuvo asociada con un cambio en las relaciones de producción; de lo que nos ocuparemos.

La tercera consideración concierne a la trayectoria de Simón Bolívar como arquitecto de repúblicas. Puede afirmarse que pese a haber sido un dedicado diseñador de repúblicas no estuvo acompañado, al menos en un grado equiparable, del mérito de ser constructor de las mismas. Incluso la más lograda, la República de Colombia, no fue reconocida del todo por él como su obra, por sentirse insatisfecho con el sistema republicano liberal adoptado.

I. Pero estas consideraciones previas, suscitadas por el título dado a mi conferencia por los organizadores de esta reunión, obligan a hacer ciertas precisiones de concepto antes de entrar propiamente en materia. A quienes me han hecho el honor de invitarme a hablar ante ustedes les ruego que acojan con benevolencia las majaderías de quien pasó más de un cuarto de siglo entonteciendo alumnos, como decía Simón Rodríguez que era la función del maestro.

A. Creo que si bien no es sostenible que la disputa de la Independencia fuera una revolución, en sentido propio y actual del término, sobrepasa la duda razonable la comprobación de que tuvo proyecciones revolucionarias. Sólo que éstas, nada desdeñables aun vistas con criterios actuales, quizás no han sido debida y críticamente valoradas.

La ruptura del nexo colonial marcó el comienzo del tránsito desde la monarquía hacia la república, pero éste no se realizó, sobre todo en su inicio, por un camino de sentido único. Hasta casi la mitad del siglo XIX no estuvo fuera de agenda la posibilidad de una monarquía independiente.

En todo caso, para negar la factibilidad de tal proyección monárquica habría que demostrar, por ejemplo, que el tránsito, en Francia, desde la monarquía absoluta a la monarquía constitucional, y luego fugazmente a la república para retornar a la monarquía absoluta, ahora vestida de Imperio, y volver a la monarquía semiconstitucional con Luis XVIII y su Carta, todo entre 1789 y 1814, tuvo, si se le ve al ras de los tiempos, más alcance revolucionario que el tránsito, en la América hispana, desde la monarquía absoluta a la monarquía constitucional y luego a la república, para retornar a la monarquía absoluta y encallar finalmente en la república.

Pero si admitimos que el tránsito de la monarquía a la república fue en Europa una revolución, es forzoso admitir que ello mismo sucedió en las colonias españolas de América, siempre que rescatemos para las respectivas sociedades la esencial condición de monárquicas, y rescatemos también, para los acontecimientos políticos, algo de su antiguo prestigio.

Para los fines de la valoración crítica de estos conceptos, valga el juicio de Simón Bolívar, contenido en una carta a José de San Martín, fechada Quito, 22 de junio de 1822: «No es el interés de una pequeña provincia lo que puede turbar la marcha majestuosa de América meridional, que, unida de corazón, de interés y de gloria, no fija sus ojos sobre las pequeñas manchas de la revolución» (*Simón Bolívar fundamental*, v. I, p. 220).

B. Creo que la republica moderna, ensayada a lo largo de la disputa de la Independencia, no fue una creación; tampoco una invención, como lo pretende una reciente escuela historiográfica. Tuvo dos antecedentes globalmente válidos: la república norteamericana, que resultaba ser cuestionable por el federalismo y la libertad religiosa; y la república francesa, a su vez cuestionable por la abolición de la esclavitud y su carácter antirreligioso.

Además, la república fue para los hispanoamericanos la alternativa a la monarquía constitucional, representada no por la Constitución francesa de 1791 sino por la Constitución Política de la Monarquía Española, promulgada en Cádiz el 19 de marzo de 1812. Esta última influyó positivamente en la Constitución de la República de Colombia, de 1821, sobre todo en la figuración de un poder presidencial que estuvo muy cercano del poder del Rey en la monarquía constitucional inicial, en cuanto a sus atribuciones y su alcance en la conducción política de la sociedad.

Debo observar, igualmente, que no se ha prestado suficiente atención a la circunstancia de que, para los independentistas, la lucha por romper el nexo colonial estaba orgánicamente vinculada con el horror al despotismo. Y era el despotismo un atributo de la monarquía absoluta, mientras que el ordenamiento republicano liberal parecía brindar la mejor garantía contra el rebrotar del despotismo.

C. No me parece muy apropiado hablar de sistema republicano, si por tal se entiende una disposición conceptual y fáctica armónicamente diseñada, montada y promovida. En la práctica política fueron frecuentes y nada accesorios los compromisos con el pasado, al igual que los tanteos teóricos y doctrinarios.

Si bien el Estado republicano, formulado constitucionalmente en 1821, con mucho de provisionalidad y al amparo del sable victorioso en las batallas de Boyacá y Carabobo, se reclamó de manera expresa de los valores fundamentales del ideario republicano liberal, la república tuvo que constituirse, necesariamente, tanto en lo político como en lo administrativo, como un compromiso entre el ordenamiento monárquico colonial, que estaba socialmente vigente, y el naciente ordenamiento liberal inherente a la versión, también inicial, del Proyecto Nacional republicano.

Prueba de que tal compromiso no era accidental ni accesorio es que la interacción así practicada, entre lo tradicional y lo que se quería nuevo, culminó en la concepción de la presidencia vitalicia, con derecho a elegir sucesor, contemplada en el Proyecto de Constitución para Bolivia, presentado por Simón Bolívar. Esta concepción estuvo inspirada en el ejemplo del presidente Anne Alexandre Sabés, llamado Petión, y su casi milagroso rescate del orden en la República de Haití, calificado para el caso de «...prueba triunfante de que un *Presidente vitalicio, con derecho para elegir el sucesor*, es la inspiración más sublime en el orden republicano» («Mensaje al Congreso Constituyente de Bolivia», Lima, 25 de mayo de 1826, *ibidem*, p. 116).

II. Hechos estos reparos, que componen una especie de telón de fondo historiográfico del tema de mi conferencia, veamos, siquiera sumariamente, algunas muestras de la presencia histórica de Simón Bolívar en los aspectos conceptuales comentados.

A. En cuanto a la presencia histórica de Simón Bolívar en relación con el carácter revolucionario de la que denomino la disputa de la Independencia, es necesario apuntar tres aspectos que juzgo muy significativos:

a. En primer lugar reconozco que señalar, y más aún encarecerlo, el realismo político de Simón Bolívar, no agrada a quienes cultivan el culto que le rinden. Quizás por estar llevados del deseo de subrayar en su favor el contraste con la cortedad de miras de sus sucesores, realzan sus cultores las dotes de visionario de Simón Bolívar, hasta convertirlo en poco menos que en un soñador. Creen acreditar con ello el prestigio como creador de quien dio incontables pruebas del más crudo pragmatismo, a lo largo de la guerra como a su término, tanto en su lucha por el mando supremo como en el ejercicio del mismo, si bien supo siempre enmarcar ese realismo en la feliz combinación de una doctrina y una estrategia independentistas. Por eso, para él, legislar fue siempre corregir; pero guardando conciencia de que esto último sólo era viable obedeciendo a una evaluación realista de lo que debía ser corregido.

No obstante, el realismo político de Simón Bolívar no era, ni podía serlo, inmune al impacto de situaciones y emociones de incontrolables efectos. Es posible afirmar que Simón Bolívar fue hombre de arranques, es cierto, pero también de arranques bien pensados y hasta calculados, si así puede decirse.

Es difícil juzgar sobre el grado de compatibilidad que pueda darse entre el realismo político y lo que de destemplado pueda caber en el arranque, disparado por el desaliento derivado de un complejo de actos y situaciones que consideraba torpes o desatinados. Prueba de este difícil equilibrio lo hallamos en la abrumadora sentencia que espetó al general Francisco de Paula Santander, en carta de 1º de junio de 1820, cuando, enfrentado a tales actos y situaciones, sostuvo que los españoles «... nos han inspirado por espíritu nacional el terror. Cuanto más pienso en esto tanto más me convenzo de que ni la libertad, ni las leyes, ni la más brillante ilustración nos harán hombres morígenos, y mucho menos republicanos y verdaderamente patriotas. Amigo, por nuestras venas no corre sangre sino el vicio mezclado con el miedo y el error. ¡Qué tales elementos cívicos! Basta de filosofía política» (*ibid.* p. 170). Lo que nos permite preguntarnos si tal disposición de los pueblos podía servir de base a proyectos, y más aún a realizaciones, de índole revolucionaria.

b. En segundo lugar, nada podría ser menos revolucionario que el admitir que Simón Bolívar pudiese abrigar temor a la innovación. Esto parecería ser incongruente con una vida de Libertador.

Sin embargo, no vaciló en expresar ese temor en lo concerniente al cambio político cuando, a su juicio, éste se despegaba de la realidad y se iba por las nubes de los principios y las teorías, comprometiendo con ello el curso de la guerra, o poniendo en riesgo mayor los fundamentos de la sociedad, que era necesario y urgente restablecer.

No cabía esperar menos de quien fue un crítico espontáneo, y tan acerbo como injusto, de los repúblicos venezolanos de 1811, y de su obra constitucional, imputándoles el haber incurrido en la inexcusable falta de subordinar la realidad sociopolítica a los principios y doctrinas. En este orden de ideas, el 31 de diciembre de 1822 le comunicó al general Francisco de Paula Santander, refiriéndose al primer congreso constitucional que estaba por reunirse, su insuperable temor de que «...los legisladores se dejen llevar del espíritu de innovación que ha cundido en esa capital [Bogotá]». Y añadió imprecando: «¿De dónde pueden creerse autorizados los representantes del pueblo a cambiar constantemente la organización social? ¿Cuál será entonces el fundamento de los derechos, de las propiedades, del honor, de la vida de los ciudadanos? Valdría más vivir bajo el feroz despotismo, pues al fin el sagrado del hombre tendría apoyo en el poder mismo que lo oprime» (*ibid.,* p. 236).

Lo que nos permite preguntarnos si el temor al cambio social –si bien se refiere al que califica de constante– es compatible con una actitud, y más aún con realizaciones, de índole revolucionaria.

c. En tercer lugar cabe preguntarse si en Simón Bolívar pudo ser prueba de realismo, si no de elemental prudencia, el temer a los cambios concebidos y propuestos con riesgo para la estabilidad de la sociedad ¿cómo compaginar esta actitud con la asumida por él respecto de la esclavitud? Abogar y trabajar por su abolición ¿no era pretender introducir en la sociedad un cambio revolucionario?

Por ser un político realista, y por lo mismo estar consciente de los mecanismos del teatro social en el que actuaba, no podía escapársele a Simón Bolívar el significado de la esclavitud para esa sociedad. No obstante, luego de la elocuente condena en el «Discurso de Angostura», de esa institución que estaba orgánicamente vinculada con el proceso de implantación de la sociedad colonial, elevó su argumento al absoluto en carta al general Francisco de Paula Santander, de 20 de abril de 1820: «Es, pues, demostrado por las máximas de la política, sacada de los ejemplos de la historia, que todo gobierno libre que comete el absurdo de mantener la esclavitud es castigado, por la rebelión y algunas veces por el exterminio, como en Haití» (*ibid.*, p. 161). Pero si al decir esto Simón Bolívar pagó tributo al principismo que tan severamente criticaba, de inmediato dejó aflorar al político realista, al conductor pragmático, en términos tan descarnados que sobrecogen el sentido crítico, porque trasunta la conciencia esclavista primigenia, no del todo superada por él. En efecto, añade, refiriéndose a la incorporación de los esclavos al ejército, como precio de su libertad: «...¿Qué medio más adecuado ni más legítimo para obtener la libertad que pelear por ella? ¿Será justo que mueran solamente los hombres libres por emancipar a los esclavos? ¿No será útil que éstos adquieran sus derechos en el campo de batalla, y que se disminuya su peligroso número por un medio poderoso y legítimo?» (*ibid.*, pp. 161-162). De paso dejó marcada la consecuencia con lo estipulado en el artículo tercero del decreto que había dado en Carúpano el 2 de junio de 1816, en el que dispuso «...la libertad absoluta de los esclavos que han gemido bajo el yugo español en los tres siglos pasados...», pero imponiéndoles «...a los nuevos Ciudadanos...», como les correspondía dada su condición, incorporarse al ejército, so pena de que «El nuevo ciudadano que rehúse tomar las armas para cumplir con el sagrado deber de defender su libertad, quedará sujeto a la servidumbre, no sólo él, sino también sus hijos menores de catorce años, su mujer, y sus padres ancianos».

Hasta qué punto pudo Simón Bolívar darle al término revolución, también por él utilizado, como hemos visto, para designar la lucha adelantada por los independentistas, un alcance transformador en el ordenamiento sociopolítico, nos lo indica en carta al vicepresidente general Francisco de Paula Santander, fechada Tulcán, 31 de diciembre de 1822: «La soberanía del pueblo no es ilimitada, porque la justicia es su base» (*ibid.*, p. 236).

Lo que nos permite extraer, posiblemente, la lección de que no siempre las actitudes y disposiciones de carácter revolucionario hacen realidades revolucionarias; y que, en cambio, en la dialéctica de la historia concurren, más que compiten, lo que afirma y lo que niega, generándose realizaciones de naturaleza poco o nada previsible.

B. En cuanto a la presencia histórica de Simón Bolívar en el proceso de instauración de la república moderna en las trastornadas ex colonias, cabe señalar igualmente tres aspectos que juzgo fundamentales:

a. El primero de esos aspectos es la insuperable desconfianza de Simón Bolívar respecto de la democracia. Entendida la democracia como apertura al desbordamiento popular, la desconfianza que le inspiraba fue expuesta, con lujo de argumentos, en el «Discurso de Angostura». Destaca allí, como razón de ese rechazo, la condición moral y cívica del pueblo, interpretada como un claro legado del oscurantismo cultivado, y el despotismo practicado, que consecuentemente denunció como característicos del régimen colonial, para el caso valorado en su sólo componente metropolitano y salvando de responsabilidad, mediante la omisión, el componente criollo de ese poder. Es decir, utilizó el mismo expediente propagandístico mencionado en el decreto sobre la abolición condicionada de la esclavitud, dado en Carúpano en 1816, al declarar entonces «...la libertad absoluta de los esclavos que han gemido bajo el yugo español en los tres siglos pasados».

No obstante, no debe subestimarse el influjo que tuvo en la conciencia política de Simón Bolívar, en lo concerniente a la valoración de la democracia, la experiencia vivida a partir de 1813, es decir la desintegración de la estructura de poder interna de la sociedad colonial, que se había buscado preservar al iniciarse la disputa de la Independencia, y la aparición de formas sucedáneas del componente metropolitano del poder colonial, representado ahora por un brote de caudillos en el cual destacó, como arquetipo, José Tomás Boves, cuyo prestigio quedó asociado, tanto en la historiografía como en la controversia política, con el desbordamiento popular y la democracia.

Cabe afirmar que la desconfianza de Simón Bolívar respecto de la capacidad política, y aun la conducta social, del pueblo, y sobre todo del que consideraba su instrumento disolvente, la democracia, fue una constante de su pensamiento político. El 8 de octubre de 1828 escribió al general Juan José Flores: «Conociendo que nuestros pueblos no presentaban base para ninguna empresa heroica o digna de gloria no me ocuparé más de sostener el decoro nacional. A esta consideración añadiré que del disgusto de esos pueblos contra las autoridades que les han exigido sacrificios, temo las mayores calamidades» (*ibid.*, p. 548).

b. En segundo lugar debo apuntar que el rechazo del federalismo fue también una constante del pensamiento político de Simón Bolívar. Es posible afirmar que ese rechazo no estuvo especialmente relacionado con la fase de formación de la República de Venezuela, en el lapso 1811-1814.

No deja de llamar la atención el hecho de que el realismo político de Simón Bolívar, y su conocimiento de los acontecimientos de las colonias británicas de América del Norte, no le hicieran advertir que la adopción constitucional de la organización federal de la república era, entonces, la única salida practicable a la epidemia de separatismo que se desencadenó a partir de los fallidos intentos de someter, por la persuasión primero y luego por la violencia, a las provincias y ciudades disidentes, Maracaibo y Guayana, entre las primeras, y Coro entre las últimas, a la autoridad de la Junta Suprema Conservadora de los derechos de Fernando VII, primero, y respecto de la Declaración de Independencia a partir del 5 de julio de 1811.

En los hechos, desaparecida la Corona y desarticulado el poder colonial, se daba paso al rebrote de las autonomías provinciales y regionales, que no fueron menos ni menos tenaces en el seno del propio campo independentista aun durante el desarrollo de la guerra.

Si puedo permitirme una conjetura, asomo la posibilidad de que en lo relacionado con el pueblo, la democracia y el federalismo, pesara en la visión política, entonces rudimentaria, de Simón Bolívar, sobre todo el legado de desorden dejado por los acontecimientos revolucionarios de Francia y Haití.

c. Por último, sentada en la mente política de Simón Bolívar la desconfianza en la democracia, y razonado y sostenido el rechazo del liberalismo asociado con el federalismo, quedaba suelta la libertad, y a ésta la veía presta a entregarse a la seducción de la demagogia, y por lo mismo a encaminarse hacia su triste pérdida.

En este curso autodestructivo de la libertad, pero posiblemente también de la Independencia, siempre amenazada por una posible reconquista al amparo de la Santa Alianza, sólo podía ser obstáculo eficaz el establecimiento de un gobierno fuerte. Pero tal gobierno debía estar a salvo de reproducir el despotismo contra el cual se luchaba denodadamente.

La experiencia colonial, y lo ya vivido por la república, permitían pensar que tal gobierno fuerte debía estar, necesariamente, más cerca de la monarquía, que gozaba de una eficacia acreditada en materia de control social, que de la república, sobre todo si ésta pretendía ser la federal y democrática acusada de haber causado la pérdida de los primeros ensayos republicanos en Venezuela y Nueva Granada.

Simón Bolívar ratificó su pensamiento sobre esta difícil cuestión en carta a Robert Wilson, de 7 de febrero de 1828: «La influencia de la civilización produce una indigestión en nuestros espíritus, que no tienen bastante fuerza para masticar el alimento nutritivo de la libertad. Lo mismo que debiera salvarnos nos hará sucumbir. Las doctrinas más puras y más perfectas son las que envenenan nuestra existencia» (*ibid.*, p. 506). Al escribir esto Simón Bolívar hizo eco a lo dicho por él en el «Discurso de Angostura», unos diez años antes: «Nuestros débiles conciudadanos tendrán que robustecer su espíritu mucho antes que logren digerir el saludable nutritivo de la libertad» (*ibid.*, v. II, p. 76). Y, poniendo por delante sus convicciones de teórico y estratega de la Independencia, añadió esta especie de profesión de pragmatismo: «Sólo la democracia, en mi concepto, es susceptible de una absoluta libertad; pero, ¿cuál es el gobierno democrático que ha reunido a un tiempo, poder, prosperidad y permanencia?» (*ibid.*, p. 77).

Pero quedaba por resolver la cuestión de la legitimidad de ese poder fuerte, que habría de salvar, al mismo tiempo, la Independencia y la Libertad. No parece que Simón Bolívar hubiese olvidado la resistencia que encontró en Venezuela cuando quiso hacer valer su cuestionado mandato del Congreso de Nueva Granada, en 1813-1814, para establecer el gobierno fuerte que había recomendado en su «Manifiesto de Cartagena», de 1812.

Pareciera, igualmente, que el pensamiento de Simón Bolívar en este campo siguió un curso cuyo punto de partida fue el «Mensaje al Congreso Constituyente de Bolivia», de 25 de mayo de 1826, y el

Proyecto de Constitución, sobre el cual escribió al general Francisco de Paula Santander, el 27 de diciembre de 1825: «...estoy haciendo una constitución muy fuerte y muy bien combinada para este país, sin violar ninguna de las tres unidades [¿se refería a la división de poderes?] y revocando, desde la esclavitud abajo, todos los privilegios (...) En general, la constitución está muy bien trabajada y el discurso que daré para probar su utilidad será muy fuerte. No dudo que será mejor que el otro de Angostura, pues ya no estoy en estado de transigir con nadie. Mi constitución será más liberal que la de Colombia, pero también más durable» (*ibid.*, pp. 380-381). Sobre el alcance revolucionario de estas orientaciones constitucionales cabe citar con especial énfasis la abolición incondicional de la esclavitud, a partir de la publicación de la Constitución.

El punto de llegada es, en este curso del pensamiento político de Simón Bolívar, su carta a Patricio Campbell, de 5 de agosto de 1829, tan poco leída y tan mal interpretada. Consiste en una suerte de valoración de la monarquía restaurada, superando lo dicho sobre la monarquía inglesa en el «Discurso de Angostura»: «...Por más que se examine la naturaleza del Poder Ejecutivo en Inglaterra, no se puede hallar nada que no incline a juzgar que es el más perfecto modelo, sea para un reino, sea para una aristocracia, sea para una democracia» (*ibid.*, p. 90), si bien no se subestiman las dificultades que llegaban a hacer inviable el restablecimiento de la monarquía.

C. En cuanto a la presencia histórica de Simón Bolívar en lo tocante a la autenticidad del denominado sistema republicano, también cabe señalar tres aspectos fundamentales:

a. En primer lugar debo hacer que sobresalga la circunstancia de que Simón Bolívar ejemplificó con su pensamiento político y sus diseños constitucionales, que lo hicieron, quizás, el más tenaz y fecundo constitucionalista americano de su tiempo, el realismo esencial que impregna las tesis de Montesquieu sobre la correspondencia que debe existir entre la ley y la sociedad a la que debe regir. Permaneció fiel a esta convicción desde que la sostuvo en el «Discurso de Angostura», el 15 de febrero de 1819, al decir que:

...ni remotamente ha entrado en mi idea asimilar la situación y naturaleza de los estados tan distintos como el inglés americano y el americano español. ¿No sería muy difícil aplicar a España el Código de Libertad política, civil y religiosa de Inglaterra? Pues aun es más difícil adaptar en Venezuela las leyes del Norte de América. ¿No dice el *Espíritu de las leyes* que estas deben ser propias para el pueblo que se hacen? ¿que es una gran casualidad que las de una nación puedan convenir a otra? ¿que las leyes deben ser relativas a lo físico del país, al clima, a la calidad del terreno, a su situación, a su extensión, al género de vida de los pueblos? ¿referirse al grado de libertad que la Constitución puede sufrir, a la religión de los habitantes, a sus inclinaciones, a sus riquezas, a su número, a su comercio, a sus costumbres, a sus modales? ¡He aquí el código que debíamos consultar, y no el de Washington!. [Las últimas cinco palabras fueron suprimidas]. (*Simón Bolívar fundamental*, v. II, p. 79).

Como constitucionalista aficionado, Simón Bolívar hizo un recorrido sembrado de experiencias más bien ingratas: fue en el «Manifiesto de Cartagena», de 1812, crítico acerbo de la Constitución federal venezolana de 1811. Sentó las bases teórico-doctrinarias del ordenamiento republicano en su «Carta de Jamaica». Inspiró doctrinariamente a los legisladores en su «Discurso de Angostura», y participó en la redacción de la Constitución venezolana de 1819. Fue crítico de la Constitución de la República de Colombia, de 1821. Formuló la base doctrinaria y redactó el proyecto para la Constitución boliviana de 1825. E intentó orientar la Gran Convención de Ocaña, que debía conocer de la eventual reforma de la Constitución, en 1828.

Esta experiencia le llevó a que, en carta al general Francisco de Paula Santander, de 22 de diciembre de 1822, expusiera su récord de constitucionalista en términos reveladores de su decepción:

...V.E. sabe, y Colombia entera lo sabe también, que yo he consagrado mi vida a la integridad de Colombia, a su libertad y a su dicha. Mi política ha sido siempre por la estabilidad, por la fuerza y por la verdadera libertad. El congreso de Guayana oyó mi dictamen sobre gobierno, y siguió una parte de mis opiniones; el de Cúcuta hizo otro tanto; y V.E. sabe que por docilidad y obediencia juré la constitución y me constituí su garante (*Simón Bolívar fundamental*, v. I, p. 236).

El 31 de agosto de 1829, en carta a Estanislao Vergara, reiteró su poco halagador balance de constitucionalista: «...estoy ya desengañado de constituciones, y aunque están de moda en el día, todavía están en más rigor sus derrotas. Yo he compuesto dos, y en menos de diez años; la primera sufrió muchas alteraciones fundamentales, y últimamente ha sido abolida con fracaso; la segunda apenas duró dos o tres años; y aunque últimamente se ha vuelto a levantar de su caída, no durará más que una cuchara de pan» (*ibid.*, p. 583).

Merece atención el sostenido y renovado contraste entre el ejercicio poco menos que discrecional del poder por un jefe militar que anduvo en campaña, ininterrumpida, durante más de una década, y en cuyo ejercicio de ese poder no son escasas las demostraciones de un autoritarismo que en ocasiones desbordaba lo propiamente militar, por una parte, y por la otra la preocupación por someter ese poder a la institucionalidad constitucional. No importa que en fin de cuentas los congresos le resultasen engorrosos. Tampoco que las constituciones no respondiesen plenamente a sus expectativas. Lo que importa es el hecho de que no se advierten olvidos en su convicción de que el uso de la espada sólo adquiría sentido en tanto le abría camino a la independencia y la ley.

b. En segundo lugar debo subrayar la circunstancia de que desde el llamado «Manifiesto de Cartagena», de 1812, dio Simón Bolívar pruebas de insubordinación respecto de los sistemas republicanos codificados, ya fuesen reputados, ya estuviesen de moda, buscando alternativas funcionales determinadas por la realidad social y la experiencia sociopolítica por él acumulada.

Quizás sea en lo concerniente al rechazo del federalismo, que él consideraba una síntesis de los males derivados del ejercicio de la democracia y de los vicios de la libertad practicada por pueblos no preparados para ello, en lo que mejor se expresa la resistencia de Simón Bolívar al prestigio de lo generalmente acatado en materia de organización político-constitucional. Su posición en esta materia también revela notable persistencia.

Casi una década después del varias veces comentado «Manifiesto de Cartagena», escribió al general Francisco de Paula Santander, desde San Carlos, el 13 de junio de 1821: «Por aquí se sabe poco del congreso y de Cúcuta: se dice que muchos en Cundinamarca quieren federación; pero me consuelo con que ni Vd., ni Nariño [Antonio], ni Zea [Francisco Antonio], ni yo, ni Páez [José Antonio], ni otras muchas autoridades venerables que tiene el ejército libertador gustan de semejante delirio» (*ibid*, p. 192).

Consecuente hasta el final con este juicio adverso, el 13 de septiembre de 1829 escribió a Daniel Florencio O'Leary desde Guayaquil, como una suerte de anticipo a su testamento político:

Todavía tengo menos inclinación a tratar del gobierno federal: semejante forma social es una anarquía regularizada, o más bien, es la ley que prescribe implícitamente la obligación de disociarse y arruinar el estado con todos sus individuos. Yo pienso que mejor sería para la América adoptar el Corán que el gobierno de los Estados Unidos, aunque es el mejor del mundo. Aquí no hay que añadir más nada, sino echar la vista sobre esos pobres países de Buenos Aires, Chile, Méjico y Guatemala. ¡También podemos nosotros recordar nuestros primeros años! Estos ejemplos solos nos dicen más que las bibliotecas (*ibid.*, p. 591).

c. Por último apunto que si bien, según he dicho, era ya muy rica la experiencia de Simón Bolívar como constituyentista aficionado, en 1825 tuvo la osadía intelectual de exhibirse como un constitucionalista a título propio, y además creativo hasta el punto de intentar culminar la síntesis funcional entre la monarquía y la república que había comenzado a destilar en el «Discurso de Angostura», sin pasar, como lo hicieron los constituyentes franceses y españoles, por la monarquía constitucional. Tal hizo en el Proyecto de Constitución para Bolivia y en su Mensaje correspondiente.

Ellos son, probablemente, junto con el denominado «Mensaje a la Convención de Ocaña», de 29 de febrero de 1828, los documentos fundamentales del pensamiento político de Simón Bolívar. No ilustran sobre el arrebato crítico, como lo hace el «Manifiesto de Cartagena», de 1812; ni sobre el entusiasmo visionario de la llamada «Carta de Jamaica», de 1815; ni sobre la expectativa razonada del «Discurso de Angostura», de 1819. Recogen, en cambio, los afanes reiterados, los empeños estériles y las esperanzas frustradas de su autor, pero no para exhibirlos ni para exorcizarlos, sino para extraer de ellos claves para el que creía que debía ser el porvenir de Colombia.

En cambio, las historiografías *patria* y *nacional* han centrado, y mantenido fija su atención, en lo que dichos documentos podían significar como pasos encubiertos hacia la realización de una aspiración personal a la monarquía. Y han dejado poco menos que de lado el estudio crítico sistemático de lo que el autor del Mensaje escribió al general José Antonio Páez el 26 de mayo de 1826: «El discurso no es más que la expresión de mis ideas republicanas y patrióticas. Dice todo y explica todo. He conservado intactas las cuatro grandes garantías: *libertad, igualdad, seguridad* y *propiedad*. Los principios federales se han adoptado hasta cierto punto y la del gobierno monárquico se logrará también. Esta constitución es un término medio entre el federalismo y la monarquía» (*Simón Bolívar fundamental*, v. I, p. 402).

Por otra parte, creo que no se ha puesto suficiente atención en el hecho de que Simón Bolívar, hombre y pensamiento dieciochescos, ejerció siempre el poder, de hecho y circunstancia, en forma de una suerte de dictadura comisoria, ya fuese para lograr la Independencia, ya fuese para preservarla, hasta el momento en que tal dictadura se hizo abierta y semilegítima en el lapso 1828-1830. Y no parece necesario hilar muy fino para percibir la semejanza entre el ejercicio de tal dictadura y el gobierno de estilo monárquico-republicano que consecuentemente prescribió para las sociedades que tanto contribuyó a desordenar y alborotar.

De manera semejante, esas historiografías han fijado su atención en la figura del Poder Moral, propuesta por Simón Bolívar a los legisladores de Angostura en 1819. Esta proposición, que se correspondía con su diagnóstico de la salud moral y cívica del pueblo, ha merecido un debate cuyos extremos son el elogio al visionario moralizador y la sugerencia reverencial de una falta de sentido de lo real.

III. El sino histórico del Simón Bolívar como constitucionalista aficionado, y como campeón de la Independencia y la libertad, le ha jugado la mala pasada consistente en pasar de ser un diseñador de repúblicas centradas en la libertad, a que su pensamiento y obra en esta materia sean pervertidos, sirviendo de coartada para la zapa de los proyectos nacionales republicanos latinoamericanos, mediante la instauración solapada, fraudulenta y violenta de la antítesis de esos proyectos.

A. El proyecto republicano diseñado, promovido y defendido por Simón Bolívar, ya fuese federal a su pesar, ya fuese central a su placer, ya fuese un híbrido con la monarquía a su entender, tuvo como fundamento un conjunto de valores sobre los cuales nunca aceptó compromiso derogatorio alguno.

    a. Esta afirmación resiste el contraste con el hecho de que por largos períodos Simón Bolívar ejerció, de hecho o con algunos precarios visos de legitimidad, apuntalada por su ascendente prestigio , una suerte de dictadura comisoria, tácita o expresa, pero siempre orientada a establecer, o a restablecer, las condiciones para que imperasen la Independencia y la libertad. Así lo revela el sentido histórico aplicado de manera informada y circunstanciada.

    Se trataba de preservar los valores propios de la república liberal, si bien no fue el liberalismo doctrinario, como hemos visto, parte favorita de su devoción ideológico-política, dados sus postulados democráticos, que detestaba, y sus inclinaciones federales, que temía.

    El resultado perdurable de los afanes de Simón Bolívar en esta materia ha sido el haber contribuido a consolidar un conjunto de miras que son todavía válidas, sobrepasando toda controversia, para el establecimiento eficaz del régimen republicano liberal. Fue esta esencial fidelidad a los principios republicanos liberales lo que le indujo a hacerles la conocida advertencia a los legisladores reunidos en Angostura, en 1819:

...os recomiendo, representantes, el estudio de la Constitución británica que es la que parece destinada a operar el mayor bien posible a los pueblos que la adoptan; pero por perfecta que sea, estoy muy lejos de proponeros su imitación servil. Cuando hablo del gobierno británico sólo me refiero a lo que tiene de republicanismo, y a la verdad ¿puede llamarse pura monarquía un sistema en el cual se reconoce la soberanía popular, la división y el equilibrio de los poderes, la libertad civil, de conciencia, de imprenta, y cuanto es sublime en la política? ¿Puede haber más libertad en ninguna especie de república? ¿y puede pretenderse a más en el orden social? (*Simón Bolívar fundamental*, v. II, p. 86).

Actualmente el republicanismo proclamado y practicado por Simón Bolívar es esgrimido como un aberrante proyecto nacional bolivariano, inconfesamente socialista, e impuesto dolosamente en suplantación del Proyecto Nacional republicano liberal.

b. Esta operación ideológico-política no marca continuidad histórica, como pretenden sus promotores, con el pensamiento constitucional de Simón Bolívar, que estuvo centrado siempre en el ejercicio de la libertad, como meta, y en el referendo indispensable de la opinión pública, como requisito. Ninguno de los dos regímenes que hoy saquean el prestigio histórico de Simón Bolívar, es decir los impuestos en Cuba y Venezuela, satisfacen los requisitos establecidos por él en relación con el régimen británico en 1819: «...un sistema en el cual se reconoce la soberanía popular, la división y el equilibrio de los poderes, la libertad civil, de conciencia, de imprenta, y cuanto es sublime en la política» (*idem*).

c. Por lo demás, tales regímenes son resultado de una grosera felonía, pues sus instauradores no podrán decir nunca, como lo hizo su pretendido inspirador: «...he mostrado mis opiniones pública y solemnemente en todas ocasiones. Si se quieren consultar no hay necesidad de que yo las repita, pues se pueden encontrar en los documentos de mi vida pública» («Carta a Estanislao Vergara», *Simón Bolívar fundamental*, v. I, p. 583). Antes por el contrario, estos usurpadores de la gloria de Simón Bolívar desembozaron sus propósitos paulatinamente, y luego de asaltar el poder por la vía violenta uno, por la institucional el otro.

B. La ideología de reemplazo que se reclama del republicanismo bolivariano ha sido convertida en una línea de repliegue ideológico-política. En ella se han parapetado los sobrevivientes del socialismo autoritario derrotado y los socialistas desorientados.

a. El fracaso del socialismo como criterio para la estructuración del Estado, y como principio del sistema económico, es ya un hecho admitido, de manera abierta o apenas disimulada, incluso por Estados que mantienen el autoritarismo político y la negación de los más elementales derechos humanos. Pero en los países donde se ha establecido la democracia liberal ha llevado a que se fragüen estrategias para la destrucción de los proyectos nacionales surgidos de la Independencia, más que para la reformulación de los mismos o para su sustitución por proyectos socialistas renovados, o más o menos coherentes, como se pretendió en el siglo XX.

b. La desorientación ideológica producida por la crisis del socialismo, no ya del autocrático sino también de su más elaborada versión teórica, es decir la socialista soviética, ha obligado a los sobrevivientes latinoamericanos del socialismo autocrático a procurarse una salida que les permita lograr alguna participación política sin tener que enfrentar la para ellos imposible tarea de autovaloración crítica. Para esto han seguido un periplo que ha significado la penetración y degradación de movimientos antes vistos por ellos con desdén, si no con franca hostilidad, tales como la teología de la liberación, el ecologismo, el indigenismo, y la antiglobalización; desdeñadas por la muy poderosa y doctrinaria razón de que no ponían en el centro de su acción la lucha de las masas lideradas por la clase obrera, y antes bien, eran estigmatizadas como naderías de la clase media.

c. Las posibilidades y limitaciones del republicanismo bolivariano, como ideología de reemplazo del socialismo en crisis, que intenta aprovecharse del estado de desorientación ideológica reinante en mi sociedad, y extenderse al conjunto de América Latina, están condicionadas por cuatro factores y circunstancias.

En primer lugar, esta operación ideológica tiene como referente simbólico, pues no alcanza a ser una fuente de orientación sociopolítica que se corresponda con el mundo contemporáneo, una figuración de Simón Bolívar fabricada en función del culto a Bolívar, cultivado obsesivamente en Venezuela, pero con significado decreciente en los demás países del continente.

En segundo lugar, se pretende poner a provecho el fondo autoritario que ciertamente se halla en el pensamiento y en la acción histórica de Simón Bolívar, para legitimar gobiernos autocráticos impuestos sobre pueblos que han conocido formas de democracia y de vida en libertad.

En tercer lugar, se carece de ofertas económicas y sociales acordes con las nuevas tendencias mundiales, y con la satisfacción de las crecientes necesidades de los pueblos, a las cuales se incorpora la mayoría de los países que han soportado regímenes socialistas o inspirados en el socialismo.

En cuarto lugar, los regímenes que representan las tendencias bolivariano-militaristas están marcados por la indetenible decadencia económica y el deterioro político y social. Este saldo está dolorosamente arraigado en Cuba, y su advenimiento tiende a ser galopante en Venezuela.

C. El republicanismo bolivariano-militarista carece de una formulación media-
namente coherente, y luce como una agrupación colecticia de creencias en la
que predominan las formas históricamente reaccionarias, tanto en lo nacional
como en lo internacional, sembrada de impromptus despóticos.

a. El republicanismo bolivariano-militarista es la versión compacta
de un engendro ideológico cuya versión completa es «marxismo-leninismo-bolivarianismo». La paternidad de este engendro se la disputan hoy algunos revolucionarios-reaccionarios o «revorreaccionarios»
venezolanos, algunos de los cuales han llegado, en su delirio, hasta a
cuestionar el actual régimen venezolano alegando su inconsecuencia
revolucionaria.

b. El bolivarianismo-militarismo es un compuesto galimático que se
basa en el uso perverso del culto a Bolívar, convertido en la segunda
religión de los venezolanos. El bolivarianismo tradicional, cultivado,
mantenido y protegido como política de Estado, había sido tradicionalmente el brazo ideológico de las dictaduras militares. Tuvo su
apogeo en Venezuela durante el gobierno del general Eleazar López
Contreras, sucesor y heredero del también bolivariano Juan Vicente
Gómez. Pero ha sido bandera de toda suerte de movimientos, desde
democráticos hasta socialistas. Sólo el Partido Comunista mantenía
una posición reticente ante el culto, por reacción ante el uso del culto
que hizo el gobierno antidemocrático y anticomunista del mencionado
general Eleazar López Contreras, pero también por reverencia debida
al juicio terrible de Carlos Marx sobre Simón Bolívar. La desorientación ideológica padecida por los náufragos del socialismo autocrático los ha llevado a asociar estos dos últimos nombres en un mismo
propósito revolucionario, y con ello han tendido un puente sobre la
brecha que los había mantenido separados del militarismo tradicional.

c. El tendido de este puente entre los sobrevivientes del socialismo
autocrático y el militarismo tradicional, ha desembocado en una versión de la autocracia decimonónica, revestida de una apariencia institucional, en el caso de Venezuela, y de un desvaído ropaje socialista
en el caso de Cuba. Se pretende, sin embargo, presentar al bolivarianismo-militarismo como una ideología de reemplazo válida para
toda América Latina, y especialmente para los países herederos de la
República de Colombia.

CONCLUSIÓN

En la forzada brevedad de una conferencia, no he podido sino asomarme a la significación histórica del Simón Bolívar visto como factor de un proceso que tuvo proyecciones revolucionarias y como constitucionalista varias veces reincidente. De mis palabras sale como responsable principal de ensayos republicanos que tuvieron breve o difícil presente, pero que contribuyeron de manera fundamental a componer el fondo de libertad e igualdad que ha guiado los proyectos nacionales de cinco repúblicas, y que hoy padecen el asalto de los enemigos de la democracia y la libertad.

Caracas, noviembre-diciembre de 2002

www.ingramcontent.com/pod-product-compliance
Lightning Source LLC
Chambersburg PA
CBHW032057080426
42733CB00006B/306